W0272296

LES HOMMES DE MAIN DU PRÉSIDENT

FRÉDÉRIC CHARPIER

LES HOMMES DE MAIN DU PRÉSIDENT

DE FOCCART À BENALLA

ÉDITIONS DU SEUIL
57, rue Gaston-Tessier, Paris XIXe

ISBN 978-2-02-142096-8

www.seuil.com

En guise de prologue

Dérapage

1er mai 2018, jour de la fête du Travail, et jour du muguet. C'est l'occasion d'une manifestation traditionnelle, le plus souvent pacifique, mais ce n'est pas le cas ce jour-là.

En fin d'après-midi, place de la Contrescarpe, une caméra de surveillance filme un homme casqué aux airs de policier en civil. Il gesticule, va et vient, puis se jette sur un manifestant qu'il entrave. Il tente sur lui un étranglement, s'y reprend à plusieurs fois, et finit par le faire tomber au sol avant de le livrer à la police.

Cet homme casqué est un collaborateur de l'Élysée, mais on ne l'apprendra que des semaines plus tard. Il émarge à la présidence où il est chargé de la sécurité d'Emmanuel Macron, le président. Que faisait-il là ? Depuis le matin, il assistait en « observateur » au défilé de la fête du Travail. Officiellement pour voir et apprendre, se familiariser avec les techniques de maintien de l'ordre. La journée aura sans doute été riche d'enseignements car policiers et manifestants n'ont cessé de s'affronter sporadiquement. En ce qui le concerne, elle va sceller son avenir.

Le 2 mai 2018, Patrick Strzoda, le directeur de cabinet du président à qui l'incident de la Contrescarpe – entièrement filmé – a été rapporté, convoque dans son bureau ce collaborateur impulsif, mais il est vrai jeune (il a encore 26 ans ce 1er mai) et fougueux, qu'il a lui-même recruté à la demande du président dont il a été, pendant la campagne présidentielle, le garde du corps. Celui qu'il réprimande occupe à l'Élysée le poste d'adjoint au chef de cabinet du président de la République. Patrick Strzoda l'interroge sur cette vidéo qui le montre molestant un homme. Il le sermonne. Mais sa moue réprobatrice et en même temps paternelle rappelle qu'on est encore en famille, entre soi. Le feu n'a pas encore pris à l'Élysée et le président n'est pas encore menacé. Strzoda prévient son collaborateur qu'avec Alexis Kohler, le secrétaire général, ils décideront de la sanction que mérite ce regrettable dérapage.

L'affaire reste alors cantonnée dans les hautes sphères de l'Élysée. Quelques jours plus tard, le couperet tombe. Mais peut-on vraiment parler de couperet ? Quinze jours de suspension sans traitement et une révision de ses fonctions, tel est le verdict, telle est la sanction. Rien de bien méchant. Avec une certaine bienveillance, Emmanuel Macron, qui peu après croise l'impulsif garde du corps dans les couloirs de l'Élysée, lui fait la leçon mais lui renouvelle sa confiance.

Pouvait-il en être autrement alors que, depuis de longs mois, cet imprudent collaborateur partage jour après jour son intimité ? Cela crée des liens et puis, il ne s'agit que d'un incident qui sera vite oublié. Sauf que…

L'affaire aurait pu en rester là mais la vidéo de la Contrescarpe fait irruption le 18 juillet 2018 sur la scène publique, et l'incident s'étale à la une du journal *Le Monde*. Les frasques du collaborateur de l'Élysée deviennent aussitôt une affaire qui aurait pu ne pas en être une, tant elle paraît insignifiante. Mais elle prend au contraire les allures d'une affaire d'État, instillant un poison à action lente dans les veines de la présidence. Ce séisme médiatique et politique marque même un tournant dans le quinquennat. L'onde de choc est si forte que deux commissions d'enquête parlementaires se constituent. Emmanuel Macron se retrouve englué dans une crise politique à rebondissements.

Pourquoi cette affaire fait-elle tant de vagues et prend-elle une telle ampleur alors que, de prime abord, elle semble presque dérisoire ? Certainement pas du fait de ce collaborateur, un certain Alexandre Benalla, connu du seul microcosme et qui a dérapé place de la Contrescarpe. Sa « viralité » tient en une phrase. L'affaire éclabousse la présidence, ce haut lieu du pouvoir absolu. C'est, pourrait-on dire, un « effet Ve République ». Tout ce qui concerne le président et l'institution est sacré et sensible. Quel qu'ait été son locataire par le passé, la pierre d'angle de la Ve République repose sur cette trinité : arrogance, sentiment d'impunité et fait du prince.

De Gaulle a lui-même évoqué l'étendue de ce pouvoir régalien que confère la Constitution de 1958 et qui peut enivrer celui qui le détient : « Il doit être évidemment entendu que l'autorité indivisible de l'État est confiée tout entière au président par le peuple qui l'a élu, qu'il n'en existe aucune autre, ni ministérielle, ni civile, ni militaire, ni judiciaire, qui ne soit conférée et maintenue autrement que par lui[1]. »

Avec lucidité, il clarifiait ainsi les contours de son pouvoir personnel qu'il léguera constitutionnellement à ses successeurs.

L'histoire de la Ve République est d'abord celle de l'hypertrophie de ce pouvoir qu'attestent ses arcanes les plus secrets. Emmanuel Macron ne fait pas exception. Tous les présidents qui se sont succédé ont, à un moment ou un autre, abusé de leurs prérogatives, ou confondu leurs intérêts personnels et ceux de la nation. Ils ont sans doute couvert des crimes, fait silence

1. Conférence de presse du 31 janvier 1964.

sur ce qui les embarrassait et méprisé ceux qui les mettaient en accusation. C'est d'ailleurs là une vieille histoire, qu'il suffit de revisiter pour réaliser que l'ensemble des présidences ont tour à tour alimenté cette face obscure de la République.

Chapitre 1

De Gaulle, le père fondateur (1959-1969)

Le plébiscite

La Ve République voit le jour le 28 septembre 1958 quand 80 % des Français approuvent le projet de Constitution que le général de Gaulle a soumis à leurs suffrages. Devant une telle victoire, aux accents de plébiscite, l'homme du 18 Juin et de la France libre n'hésite pas à se considérer, tels un roi ou un empereur, comme « consacré » par ce vote. Il se voit en recours de la France et s'érige en homme providentiel, ce qui est l'essence du bonapartisme dont se réclament le gaullisme et les gaullistes.

Le 30 novembre 1958, de Gaulle dispose d'une majorité législative et d'un gouvernement stable, mais au prix de l'extinction de la proportionnelle et de la mise en place d'un redoutable découpage électoral qui pénalise la gauche, pour laquelle il faudra désormais bien plus de voix pour élire un député qu'il n'en faut à la droite.

C'est le début de cette Ve République que de Gaulle va durablement modeler et qui fait table rase de la IVe : de Gaulle ne sera pas René Coty, l'homme qui lui cède la place à l'Élysée, mais un véritable chef d'État aux pouvoirs étendus et bien souvent discrétionnaires. La France vit maintenant à l'heure du superpouvoir conféré à ce « pontife constitutionnel » qu'est le président. Un pouvoir quasi sans limites, issu de la nouvelle Constitution qui a balayé tout ce qui l'a précédée.

Jusque-là, les prérogatives de la présidence étaient encadrées, sanctuarisées eu égard à la répartition pointilleuse des rôles : les présidents de la IVe évoluaient dans un cadre constitutionnel dont ils ne s'évadaient pas ; il n'y avait à l'Élysée ni « cellule » ni « bureau spécial » chargé des affaires douteuses ou complotant dans l'ombre, à l'insu des autres pouvoirs législatif, judiciaire ou ministériel. Matignon ne présentait lui-même qu'un risque bénin et relatif, tant le turnover gouvernemental empêchait qu'une telle dérive pût se produire, faute de temps. Les influences s'exerçaient davantage et plus durablement par le noyautage des enceintes de la haute administration militaire, économique, policière ou encore celle du renseignement.

L'Assemblée concentrait alors un réel pouvoir. Elle votait les lois et le budget et conduisait la politique nationale et internationale. Elle disposait de capacités d'enquête bien supérieures à ce qu'elles deviendront après l'avènement de la nouvelle Constitution, en 1958.

La France passe-t-elle alors vraiment de l'ombre à la lumière ? Une fois instaurée, la Ve République double alors l'ensemble des pouvoirs. Tout converge vers l'Élysée.

Au fil du temps, et par conseillers interposés, l'exécutif définit et encadre la politique gouvernementale. Cette prééminence constitue le fil rouge de la Ve République et ne s'est jamais démentie. Mais est-ce vraiment un bienfait pour la démocratie et les libertés, voire la morale et l'éthique ? La question reste posée.

La pieuvre élyséenne

Le pouvoir absolu d'un seul homme n'est rien sans entourage dévoué. La nouvelle Constitution inaugure l'âge des « conseillers », le plus souvent des inconditionnels, qui forment la garde rapprochée du président.

L'Élysée devient l'antre d'un pouvoir sans partage qui aspire la crème et les plus ambitieux représentants de la haute fonction publique.

S'agrège autour des postes clés du secrétaire général et du directeur de cabinet une élite resserrée, compacte, qui compte quarante-cinq collaborateurs entièrement dévoués au chef de l'État. Certains sont des historiques issus de l'épopée gaulliste, les autres viennent du Conseil d'État, de l'École normale supérieure ou encore de la Cour des comptes. Si la Constitution stipule bien que le gouvernement gouverne, le pouvoir de décision et l'autorité de l'État n'ont qu'un siège unique, l'Élysée. Ces conseillers dont la puissance découle de celle que confère au président la Constitution de 1958 n'existaient pas sous la IVe République (ils étaient douze, pas un de plus). Ils vont désormais proliférer et former le bras séculier de la nouvelle présidence.

D'eux émane une puissance parallèle, souvent invisible, une caste redoutée d'intouchables. Qu'ils soient issus des grands corps de l'État, simples « conseillers techniques » ou « chargés de mission », voire « barbouzes », ils investissent l'Élysée où ils sont affectés aux grandes et nobles tâches, à la protection du président ou aux « domaines réservés », tels l'Afrique, la politique internationale, le pétrole et l'uranium, l'espionnage ou encore la basse police.

L'Élysée accouche au fil du temps d'un monde parallèle qui engendre quelques personnages mémorables qui vont hanter et incarner la face sombre, obscure du pouvoir : Jacques Foccart, Pierre Juillet, le mystérieux et effacé Victor Chapot, Christian Prouteau, Philippe Massoni, Bernard Squarcini, Bernard Bajolet jusqu'à Alexandre Benalla, cet ultime avatar de la confrérie des hommes de l'ombre, désormais plus exposés à la lumière que leurs prédécesseurs.

En dépit de leurs dissemblances (un Foccart n'a évidemment pas beaucoup de similitudes avec un Benalla), leur histoire s'inscrit dans un lignage unique, la même trame obscure. Elle se tisse dans l'ombre et commence avec l'avènement de la Ve République qui marque la fin d'une époque, car c'est bien de la disparition d'un monde qu'il s'agit.

La fin d'un monde

René Coty, dernier président de la IVe, était entré le 1er janvier 1954 à l'Élysée. Il avait été élu une semaine plus tôt par le Congrès réuni en décembre 1953 à Versailles. Le 23 décembre, au treizième tour de scrutin, les dés sont jetés et il obtient plus de 54 % des suffrages. Coty téléphone à son épouse, Germaine : « Je crois qu'il va falloir que tu prépares mes habits, je vais être élu, je te rappellerai », dit-il.

Élu de la Seine-Inférieure, sénateur du Centre national des indépendants et paysans (CNIP), René Coty a toujours mené une vie modeste, sans tapage ni excès. Avocat et ancien ministre, il occupe un petit appartement quai aux Fleurs, à Paris, qu'il a acheté trois semaines avant son élection à la présidence – il a vue sur la Seine et la cathédrale Notre-Dame. C'est un homme rangé qui dîne à heure fixe avec son épouse, laquelle le sert et fait souvent elle-même la cuisine (elle excelle, peut-on lire dans la presse de l'époque, dans la pâtisserie). Il passe ses week-ends en famille – il a deux filles et dix petits-enfants – dans sa maison d'Étretat.

René Coty a été choisi par les parlementaires. Le président est encore élu par le Parlement et non au suffrage universel, par le peuple. Le vrai pouvoir réside alors à l'Assemblée d'abord, puis à la présidence du Conseil, dont les titulaires se succèdent au gré des combinaisons partisanes. Ce turnover qui a fait la marque de fabrique de la IVe et a aussi été son repoussoir s'explique notamment par cette ère troublée où la France, confrontée à la décolonisation et à la guerre froide, en paie le prix par une instabilité gouvernementale chronique.

À bord d'une Talbot d'apparat flanquée d'une escorte motocycliste pléthorique, à laquelle se joignent sur les Champs-Élysées les cavaliers de la garde républicaine, René Coty entre à 11 h 30 au palais de l'Élysée où Vincent Auriol, le premier président de la IVe République, l'accueille avant de lui céder la place. Il lui présente le « haut personnel » de la maison et lui offre une réception dans le salon doré du premier étage[1]. Puis il se retire.

René Coty n'occupera l'Élysée que quatre années, essentiellement marquées par l'aggravation du conflit algérien. Il campe au palais au cours de cette période dont on retiendra les excès de toute nature, la férocité du combat militaire et la rudesse de la répression. Les milieux gaullistes s'activent alors pour ramener au pouvoir celui qui l'a quitté en 1946 parce qu'il rejetait déjà la Constitution d'alors, trop démocratique à son goût.

Alors que l'armée s'apprête à prendre le pouvoir à Alger où la guerre civile fait rage, les partisans de De Gaulle en profitent et font de leur héraut l'arbitre de la situation. Plébiscité par le bas, il l'est aussi par le haut, et les députés, qui voient en lui un rempart, en font le dernier président du Conseil de la IVe République.

1. *Paris Match*, 26 décembre-3 janvier 1954.

De Gaulle n'a plus qu'à faire passer son projet de nouvelle Constitution « taillée à sa mesure », comme il est convenu de dire, et à s'installer à la tête de l'État dans les habits d'un monarque républicain au pouvoir quasi absolu.

Le Général s'encaserne à l'Élysée

Charles de Gaulle a 68 ans et deux mois le jour de son investiture[1]. Il entre début 1959 à l'Élysée où, dit-on, le futur Napoléon III a ourdi le coup du 2 décembre 1851 qui a étranglé la IIe République. Faut-il y voir un signe ? De Gaulle a hésité à s'installer au château de Vincennes, plus grand, plus spacieux, plus digne peut-être d'accueillir le chef de l'État[2] ? Certains de ses proches lui ont suggéré le Grand Trianon à Versailles, mais c'eût été « excessif », aurait dit le Général. Il n'insiste pas.

L'Élysée sera sa résidence et la Boisserie, sa propriété de Colombey-les-Deux-Églises, sa maison.

Très vite, la vie s'organise. Voyons de quelle façon, du plus commun au plus singulier.

De Gaulle installe ses quartiers au premier étage. Dans ce cœur de la ruche, il établit son bureau relié à ceux de ses principaux collaborateurs ainsi qu'à la salle du Conseil des ministres. S'y trouve son appartement, cinq pièces de taille moyenne qui donnent sur la rue de l'Élysée. Il y dispose notamment d'un petit bureau et d'une chambre à coucher dont deux fenêtres avec vue plongeante sur le jardin. Succédant à René Coty, rapporte

1. Jean Lacouture, *De Gaulle*, tome III : *Le Souverain*, Seuil, 1986, p. 12.

2. En cas de crue de la Seine, un plan prévoyait le transfert de l'Élysée au château de Vincennes.

son biographe Jean Lacouture, la taille du lit a été modifiée eu égard aux mensurations de De Gaulle, bien supérieures à celles de son prédécesseur : le lit élyséen fera désormais 2 mètres 20 de long.

Pour ce qui est de la restauration, les cuisines sont situées au sous-sol. Livrés par un vieux monte-plats à corde, les repas ont le temps de refroidir en cours d'acheminement. Trois marins assurent le service.

Le cœur du nouveau système présidentiel comprend aussi la salle Murat et la salle des fêtes, réservées aux réceptions, objet après l'élection d'Emmanuel Macron d'un vaste chantier de rénovation.

Le bureau de De Gaulle est la pièce centrale au premier étage, le « salon doré », qu'il appelle dans ses Mémoires la « pièce capitale ». Au plafond, des nymphes du temps de la Pompadour et, au-dessus de la cheminée, des muses peu vêtues confèrent au décor un aspect égrillard pour un général aux mœurs, a-t-on dit, austères[1].

Trois fenêtres qui donnent sur le parc éclairent le bureau dont une des portes communique avec la salle des aides de camp – tous militaires – par laquelle transitent les ministres et les visiteurs. C'est le passage obligé. Au nombre de trois[2], ils dépendent directement du chef de l'État ; ils sont ses gardiens ultimes et forment le dernier rempart : « Nul n'est plus proche qu'eux du président », a écrit Jean Lacouture. Ils gèrent les audiences, la vie privée, les déplacements. Ils veillent également sur son habillement, sa santé, ses revenus et le règlement de ses impôts. Rien de la vie du général-président ne leur échappe. Voilà pour le cadre.

1. Jean Lacouture, *De Gaulle*, tome III, *op. cit.*, p. 15.

2. Bonneval, Flohic et Teisseire, plus tard remplacés par d'Escrienne, Desgrées du Loû et Kermadec.

Ses relations avec ses collaborateurs sont empreintes à la fois de respect et d'esprit hiérarchique. Le président se tient informé de l'actualité d'abord par le directeur de cabinet, dont dépend l'attaché de presse, ainsi que par le chef d'état-major particulier et le secrétaire général pour la communauté, Jacques Foccart, « l'homme des renseignements secrets ».

S'il n'est en contact physique qu'avec une poignée de collaborateurs, le Général ne néglige pas le travail que fournissent les plumes de l'Élysée. Il lit et compulse les notes diplomatiques, financières, juridiques ou encore sociales. Il consulte en particulier son expert des questions monétaires et du marché commun, Alain Prate.

« En moyenne, sur les onze ans passés à l'Élysée, écrit Bernard Tricot, qui sera un de ses proches conseillers puis son secrétaire général, de Gaulle aura eu moins de cinquante collaborateurs en permanence ». Il y en avait quatre fois moins du temps de René Coty. Il ne fait pas la leçon, dit-il, et « était un patron qui ne cherchait pas la petite bête[1] ». En revanche, tatillon et pointilleux, de Gaulle refuse les situations ambiguës. On n'a pas un bureau à l'Élysée et un autre ailleurs. Avec lui, on ne passe pas non plus directement de l'Élysée à un poste ministériel, ce qui n'empêche pas quelques-uns de se servir de leur passage rue Saint-Honoré comme tremplin pour leur carrière : l'un d'eux deviendra président d'Air France et un autre secrétaire général de l'aviation civile.

Pour sa sécurité, de Gaulle s'en remet à ceux qui en ont la charge. Jusqu'en août 1962, elle dépend directement du secrétariat général de la présidence et bénéficie d'une grande autonomie, voire d'une certaine indépendance. Mais cela va changer. Une semaine après l'attentat du Petit-Clamart (22 août 1962) qui a failli coûter la vie au président, Roger Frey, le ministre de

1. Bernard Tricot, *Mémoires*, Quai Voltaire éditeur, 1994, p. 218.

l'Intérieur, reprend en main la sécurité du Général. Les terroristes de l'OAS sont décidément bien trop téméraires et opiniâtres. Ils s'acharnent contre celui qui a trahi leurs espérances et en ont fait une cible obsessionnelle. La menace est bien réelle. Les projets d'attentats sont même de plus en plus audacieux, à l'instar de celui du Petit-Clamart où le chef de l'État a été pris sous le feu d'une mitrailleuse et de plusieurs armes automatiques. Il se rendait à Villacoublay pour y embarquer dans un hélicoptère afin de se rendre à Colombey via l'aéroport de Saint-Dizier, le reste du trajet jusqu'à la Boisserie s'effectuant en voiture. Les tueurs du Petit-Clamart s'étaient embusqués sur la route.

Le président a échappé à la mort par miracle. Quittant l'Élysée, le convoi avait le choix entre quatre itinéraires pour se rendre à Colombey-les-Deux-Églises, mais cela n'a pas empêché les tueurs de se positionner au bon endroit.

Outre la providence, de Gaulle peut aussi saluer l'adresse du conducteur, soumis comme les autres chauffeurs de la présidence à un entraînement poussée à la conduite sur les DS 19 affectées à la présidence.

Le casse-tête de la protection présidentielle

Jusqu'à l'attentat du Petit-Clamart, la sécurité dépendait du service du commissaire André Ducret et d'une douzaine d'inspecteurs logés à l'entrée du palais.

Le colonel Dupuy, commandant militaire de l'Élysée, veillait de son côté avec deux cents gardes sur la sécurité des bâtiments. Ils pouvaient compter sur des renforts en hommes et en matériel, des voitures radio ou des cordons d'agents. Au fil du temps, la protection du président s'enrichit de nouvelles mesures et de précautions supplémentaires. Un service de santé d'abord rudimentaire est créé, qui s'étoffera par la suite. De Gaulle fait appel au médecin qui le soignait déjà à Londres et à Alger, le docteur Lischwitz. Celui qui suit le président au jour le jour lors de ses déplacements dispose d'un matériel d'urgence, d'un bloc opératoire miniature, d'une bouteille d'oxygène, de plasma et de garrots.

D'autres mesures concourent à améliorer la sécurité du président. En cas de sortie inopinée a été instituée une permanence. Le véhicule du Général ne sort jamais seul. L'accompagnent une autre voiture avec deux gardes du corps et un médecin ainsi qu'une voiture suiveuse. Cette dernière a pour consigne de ne jamais perdre de vue le chef de l'État, de ne pas s'arrêter et, en cas de besoin, de servir de voiture de secours.

Le plus souvent, la voiture suiveuse a à son bord le « Franco-Kabyle » Henri Djouder, qui veillait déjà sur le Général à Londres pendant la guerre. Il est un des quatre membres de la garde personnelle rapprochée de la présidence, ceux qui, hors du « Château », lors des sorties et des voyages veillent sur le Général.

Ces gardes du corps figurent dans la légende du gaullisme sous l'appellation de « gorilles », ils sont quatre comme les quatre mousquetaires : Paul Comiti, Roger Tessier, Henri Djouder et René Auvray, réunis après guerre tous les quatre par Dominique Ponchardier, le fondateur du service d'ordre (SO) du RPF et auteur de polars. Tous les quatre ont en commun un goût pour le combat physique, une résistance au mal certaine, et un sens aigu du dévouement.

Roger Tessier, né en 1925 dans un taxi, près de la place d'Italie à Paris, à la silhouette aussi large que haute, est réputé pour ses capacités respiratoires hors du commun : il a, c'est un fait établi, du « coffre ». Il a aussi du punch. Début 1942, encore adolescent, il se lance dans l'apprentissage du « noble art » et on le dit doué pour la boxe. En cette période de guerre, ce hobby ne le nourrit pas, il boxe pour le plaisir. Tessier, dont le père arrêté a été déporté en Allemagne, enchaîne, pour remplir son assiette, les petits boulots, terrassier, manœuvre. Il fait aussi un peu de marché noir[1] avant de participer aux combats pour la libération de Paris. Quelque temps après, son destin se scelle quand un de ses amis boxeurs, René Serre, un gaulliste ardent et convaincu, le présente au capitaine de Rancourt, le chef du SO de la Région parisienne du RPF, le Rassemblement du peuple français, le mouvement gaulliste auquel Tessier adhère en 1947. Il pense que sa carrure et ses talents pugilistiques le prédestinent pour les corps à corps du SO mais il se trompe. On l'affecte tout d'abord au bureau des fichiers de la Seine-et-Oise où il remplit une fonction de « rond-de-cuir ».

Côté positif, il y rencontre cet autre « gorille » qu'est Paul Comiti, dont il va devenir l'ami inséparable. Lui a déjà croisé de Gaulle en 1941 dans les Forces françaises libres, les FFL. Il enrage alors à l'idée que l'Italie de Mussolini puisse faire main basse sur sa Corse natale. Fait prisonnier, bientôt évadé, Comiti rejoint cette année-là l'Angleterre puis l'Écosse où il sert sur une petite corvette de la France libre.

Leur activité de gratte-papier pour le compte du mouvement gaulliste n'a qu'un temps. Les affrontements entre le PCF et le RPF qui, à partir de 1947, se multiplient y mettent un terme. Ils entraînent en effet la création d'une « équipe de choc » au sein du RPF à laquelle les deux baroudeurs sont aussitôt affectés et où les rejoint Henri Djouder, le troisième des « gorilles », que l'on dépeint en force de la nature dotée, dit-on, d'un courage exceptionnel. Débarqué en juin 1944 à Ouistreham avec le commando Kieffer, l'ancêtre des forces spéciales françaises, il se serait à lui seul rendu maître du casino de la petite station balnéaire normande, bravant le feu des mitrailleuses allemandes.

1. Roger Tessier, *J'étais le gorille du Général*, Perrin, 2002, p. 16.

Quant au « gorille » numéro 4, René Avray, il rallie lui aussi l'« équipe de choc ». Ancien combattant de la bataille de Bir Hakeim, Avray a bourlingué comme lieutenant avec les unités aéroportées. Plus sec que monumental ou herculéen (il mesure 1 mètre 78 et pèse 78 kilos), cette ceinture noire de judo est, paraît-il, âpre et coriace dans le combat rapproché.

L'arrivée au palais de l'Élysée de personnages au caractère aussi trempé et au passé aventureux ne va pas cependant sans tiraillements.

De Gaulle et les « gorilles »

N'étant pas du sérail les quatre armoires à glace ne sont pas les bienvenues. Difficile de se faire accepter dans une administration où l'on se méfie des intrus. Il faudra l'autorité d'un gaulliste historique et influent, Pierre Lefranc, un ancien du BCRA, le Bureau central de renseignements et d'action, autrement dit les services secrets de la France libre, et ex-directeur de cabinet de Charles de Gaulle, pour que les services de sécurité intègrent dans les cadres officiels cette garde rapprochée de fidèles et bénévoles du temps du RPF.

L'Élysée devra également intervenir pour que les gorilles aient une arme et un titre d'officier de police adjoint contractuel. Sans doute était-ce la moindre des choses pour ces hommes en première ligne dans les bains de foule, prêts à faire rempart de leur corps, et à se sacrifier. Plus le danger est grand et imminent, plus on s'en remet à leur abnégation et à leur courage. Ils inspirent une confiance absolue tant ils sont dévoués, moins au président qu'au Général lui-même, l'homme du 18 Juin.

Quand de Gaulle est confronté à des problèmes de santé, sa sécurité relève d'un des quatre gorilles, Roger Tessier. Lorsqu'il se rend à l'hôpital Cochin pour y subir une intervention à la prostate, aucun ministre n'est prévenu ou informé. L'opération, qui se déroule le 17 avril 1964, dure une heure quarante. Tessier y assiste, déguisé en infirmier, et dissimulant sous une blouse blanche une mitraillette[1]. De Gaulle s'est absenté quelques jours dans le plus grand secret, l'Élysée laissant croire que le président travaille et reçoit car il ne saurait y avoir de vacance du pouvoir.

Ses gardes du corps le suivent partout et ne le lâchent jamais. Ils le serrent de près car, sans ses lunettes, il arrive au Général de trébucher. En Algérie, où l'OAS a lancé ses tueurs contre lui, ils campent la nuit devant sa chambre. La sécurité du président sera ainsi longtemps tributaire de la fin du conflit algérien et de ses séquelles.

De Gaulle s'emploie depuis son accession au pouvoir à solder la question algérienne. Le succès de son retour aux affaires en a dépendu. Elle en a été la clé. Elle doit être réglée.

À l'Élysée, il constitue à cet effet une équipe dédiée aux affaires algériennes qui se réunit autour du secrétaire général Geoffroy de Courcel et de Bernard Tricot, son adjoint. Si l'aristocrate de Courcel est un pilier historique du gaullisme londonien, Tricot, monarchiste dans sa jeunesse, enseignant en droit sous l'Occupation et ayant rallié le maquis au printemps 1944, n'a rejoint l'entourage de Gaulle qu'en juin 1958, alors que ce dernier est encore président du Conseil. Tricot devient, à Matignon, le directeur de cabinet de René Brouillet, alors secrétaire général des Affaires algériennes. Il a été coopté en raison notamment de sa contribution à la préparation de l'indépendance tunisienne et de ses compétences juridiques. Il n'a pas été choisi au hasard.

Début 1959, Tricot suit le Général à l'Élysée et lui sert de conseiller pour les questions algériennes. À ce titre, il est un des

1. Roger Tessier, *J'étais le gorille du Général*, *op. cit*, p. 139.

organisateurs de la rencontre très secrète en juin 1960 entre des représentants de l'Élysée et ceux du GPRA, le Gouvernement provisoire de la République algérienne, qui se déroule à Melun et a pour but d'amorcer un processus de négociations avec le FLN en vue de l'autodétermination de l'Algérie[1].

Sous l'autorité de Courcel et du président, Bernard Tricot et sa petite équipe coiffent et orientent la politique menée à Matignon et appliquée en Algérie par le délégué général du gouvernement à Alger, Paul Delouvrier. Mais ceux qui croyaient que l'Algérie demeurerait dans le giron de la République se sont trompés. Le chef de l'État penche pour une tout autre solution : l'indépendance et la paix avec ceux qui sont en guerre contre la France depuis 1954.

Affaires algériennes

Le changement de cap aura pour conséquence la fin du gouvernement de Michel Debré, qui prélude au départ de ses plus proches collaborateurs. De Gaulle dessaisit en effet son Premier ministre des affaires algériennes et les confie à un de ses secrétaires d'État, Louis Joxe. On ne peut passer de la défense de l'Algérie française à l'autodétermination sans perdre sa crédibilité. Mais ce qui vaut pour Debré vaut aussi pour le chef de l'État qui a décidé de faire table rase d'un passé devenu encombrant. Il se démarque de ce qui a été fait et condamne notamment certaines pratiques (attentats, meurtres…). Il dénonce les « éléments paraofficiels » exécuteurs des basses œuvres[2]. Sans le dire ni l'avouer, il se livre à une autocritique.

1. Bernard Tricot, *Mémoires*, *op. cit.*, p. 88.
2. Constantin Melnik, *De Gaulle, les services secrets et l'Algérie*, Nouveau monde éditions, 2012, p. 354.

Chargé à Matignon des questions de police et de renseignement, Constantin Melnik ironise. Jeune conseiller d'origine russe, descendant direct du médecin du dernier tsar, il s'épanouit dans les opérations secrètes de la guerre froide après avoir fait ses classes dans les services du Vatican. En plein conflit algérien, alors que sa tête est mise à prix, il se déplace sans garde du corps, simplement armé d'un pistolet. Cet homme courageux, exécutant fidèle d'une politique, n'apprécie guère cette façon de tirer un trait sur le passé. La volte-face du Général lui paraît injuste et non dépourvue d'hypocrisie. Au moment où l'Élysée stigmatise les « paraofficiels », de Gaulle mobilise tous les moyens du SDECE, Service de documentation extérieure et de contre-espionnage, pour renverser Sékou Touré, le chef d'État guinéen. Son tort est de ne pas être le candidat de l'Élysée et de la Françafrique. Autre handicap non négligeable, son flirt avec Moscou qui en inquiète plus d'un à Paris mais aussi à Washington. En conséquence, sur ordre du président, les services français vont tenter de l'effacer de la scène guinéenne. En vain.

À quoi fait précisément allusion le chef de l'État quand il dénonce les « paraofficiels » et certaines pratiques ? Il songe avant tout aux opérations de type « homo » ou « arma[1] », au contre-terrorisme et ses exécutions extrajudiciaires, qui ne pouvaient être entreprises sans l'aval des plus hautes autorités de l'État. C'est-à-dire sans son accord.

« Toute opération devait être soumise à l'approbation du chef de l'État et du Premier ministre responsable à l'époque des services spéciaux », écrit Constantin Melnik[2]. Se détournant de

1. Terme employé pour désigner les opérations de sabotage et de destruction effectuées par les services spéciaux.

2. Constantin Melnik, *De Gaulle, les services secrets et l'Algérie*, *op. cit.*, p. 361.

ces pratiques qu'il a lui-même validées, de Gaulle se déjuge. Le tableau de chasse de la présidence comporte ainsi comme faits d'armes 7 bateaux coulés, 103 trafiquants éliminés, 2 avions interceptés, et cela rien que pour l'année 1961. Des opérations exécutées par le service action du SDECE « le plus efficace du monde occidental », écrira Melnik[1].

C'est sans compter les ratages inhérents à la lutte antiterroriste, et dont très peu ont été rendus publics et reconnus. Parmi ces bavures avouées, la bombe fabriquée dans les laboratoires du SDECE qui explose le 22 janvier 1962 dans les locaux de la « valise diplomatique » du Quai d'Orsay, faisant un mort innocent. Elle pesait 10 kilos, devait être acheminée en Afrique du Nord et servir ultérieurement contre le FLN. Le général Paul Grossin, le patron du SDECE, se rendra à l'Élysée pour assumer sa part de responsabilité dans ce drame (le « colis » était destiné au poste du SDECE au Maroc) et offrir sa démission, qui est rejetée. L'artificier du service action, dont le nom n'apparaît sur un aucun document, y compris interne, continuera sa carrière que Melnik qualifie de « brillante ». L'OAS n'a donc pris aucune part dans cet attentat, même si on lui en a fait porter le chapeau. L'enquête de la PJ n'aboutira jamais, pour cause de « secret d'État ».

Ex-conseiller pour les services de sécurité du Premier ministre Michel Debré, Constantin Melnik a, dans un livre de souvenirs, levé le voile sur cette explosion qui n'aurait été qu'une tragique méprise[2]. Il quitte Matignon début 1962, avant que Michel Debré ne cède lui-même en avril 1962 sa place à Georges Pompidou, les larmes aux yeux. Le patron du SDECE est également congédié. Ils ont le tort avec quelques autres d'avoir été les exécutants d'une ligne que de Gaulle a radicalement modifiée et à laquelle il tourne le dos.

1. *De Gaulle, les services secrets et l'Algérie*, *op. cit.*, p. 362.
2. *Mille jours à Matignon*, paru chez Grasset en 1988.

L'ex-patron des services spéciaux est remplacé par une créature de Jacques Foccart, cet archétype du conseiller omnipotent dont l'autorité s'exerce derrière un mur impénétrable où se cachent les secrets de l'État les plus inavouables. Un « drogué du secret et des opérations clandestines », écrit encore Melnik[1] pour décrire cette figure emblématique et controversée du gaullisme qu'on a parée de tous les vices[2].

Jacques Foccart a nourri durablement la face obscure de Ve République dont il a été l'incarnation.

Le pouvoir parallèle

Personnage à demi légendaire, de taille moyenne, le crâne dégarni, souvent habillé de noir, Jacques Foccart a instillé dans les mœurs de la Ve l'idée selon laquelle il coexistait en marge du pouvoir légal un pouvoir parallèle, aux pratiques s'il le fallait illégales, légitimant par là même le non-droit.

Initiateur de ce pouvoir obscur et parallèle, Jacques Foccart cultive le secret. Il œuvre dans une sorte d'anonymat auquel cet ancien de la DGER, les services spéciaux français issus de la Résistance, et du BCRA, le réseau gaulliste de renseignements et d'action, met fin lors de la guerre d'Algérie. En 1945, Foccart a le grade de capitaine de réserve et, en 1958, se retrouve avec celui de colonel. Il a gagné ses galons dans le renseignement tout en effectuant chaque été des stages de

1. Constantin Melnik, *De Gaulle, les services secrets et l'Algérie*, *op. cit.*, p. 385.

2. Sur Jacques Foccart, voir, par Pierre Péan, la seule étude de fond réalisée sur lui à ce jour, *L'Homme de l'ombre*, Fayard, 1990, et la série d'entretiens de Jacques Foccart publiée en plusieurs volumes par Fayard-Jeune Afrique, *Foccart parle*, notamment le tome II, 1997.

saut en parachute à Cercottes, près d'Orléans, dans un centre de formation du SDECE[1].

Nommé, en juillet 1952, conseiller de l'Union française, Jacques Foccart crée la section du RPF, le mouvement gaulliste de l'époque, en Afrique, laquelle prendra au fil du temps la forme d'un vaste réseau de renseignements centralisé à Paris, rue de Solferino. Foccart dispose, dans sa terre de prédilection qu'est l'Afrique, de ses propres agents qui opèrent sous couverture diplomatique, camouflés dans les ambassades françaises.

Cet homme clé de la nébuleuse gaulliste serait aussi le financier occulte du Rassemblement du peuple français. Il coiffe un enchevêtrement de sociétés d'import-export employant d'anciens membres du BCRA, et gravitant autour de la maison mère, la SAFIEX, des sociétés spécialisées dans le commerce de produits exotiques, et qui entretiennent des relations ambiguës avec des firmes du bloc de l'Est.

À partir de 1959, cet homme au passé obscur devient un des principaux collaborateurs du chef de l'État, qui le reçoit tous les soirs dans son bureau. Pour la présidence, il a la main sur les services, les affaires africaines, l'outre-mer. Il sert également de conseiller politique. En contact avec les chefs du mouvement gaulliste, il supervise la campagne présidentielle de 1965 que remporte de Gaulle après un ballottage avec François Mitterrand, ce qui fait de ce dernier pour l'avenir le principal opposant au régime.

Jacques Foccart est aussi le parrain des polices parallèles, en particulier du SAC, le Service d'action civique, créé à la même époque. Service d'ordre plutôt musclé, disposant de gros moyens et de complicités dans l'appareil d'État, il s'illustre le

1. Georges Chaffard, « L'homme des affaires secrètes », *Le Nouvel Observateur*, 20 octobre 1969.

plus souvent à la rubrique des faits divers, surtout au moment des campagnes électorales. Certains de ses membres n'hésitent pas alors à faire le coup de poing mais aussi le coup de feu. Infiltré par le grand banditisme, le SAC apparaît bientôt impliqué dans des affaires de racket, de braquage et de trafic de drogue.

Au printemps 1960, Foccart veille aussi à l'Élysée sur la sécurité personnelle de De Gaulle et sur ses déplacements. Rien ne se fait en matière de sécurité sans qu'il en soit informé ou ne donne son avis.

Ce maître de l'ambiguïté et du mystère, cet adorateur du secret, inspire aussi les plus insolites spéculations. Foccart endosse ainsi et bien malgré lui les habits du traître qui le hissent à la hauteur du célèbre espion britannique Kim Philby, colonel au KGB et un des chefs de l'Intelligence Service, cela en pleine guerre froide.

Agent russe à l'Élysée

En avril 1968, l'écrivain Léon Uris publie *Topaz*, un roman d'espionnage à clé. Il puise son inspiration dans les débriefings du transfuge soviétique Anatoly Golitsine qui, après avoir fait défection en décembre 1961, a prétendu que les services et la haute administration français étaient infestés d'agents et d'espions soviétiques. L'un d'eux aurait niché à l'Élysée et serait un proche du président.

Entre les lignes, à demi-mot, Foccart est ciblé. Washington a alors prévenu l'Élysée et une mission emmenée par Étienne Burin des Roziers, le secrétaire général de l'Élysée, s'est rendue aux États-Unis pour y interroger le transfuge et étudier ses déclarations. Semble-t-il, l'infiltration était moins importante qu'il le prétendait. On débusquera quand même un agent infiltré à l'OTAN, Georges Pâques, le plus gros poisson qu'ait pêché dans cette histoire le contre-espionnage français[1]. Ces accusations portées contre un collaborateur de l'Élysée étaient restées jusque-là secrètes. Le livre d'Uris, en rompant le silence, les répand à mots couverts sur la place publique. Un réseau qu'il baptise « Saphir » aurait infiltré le SDECE, où douze officiers de renseignements agiraient pour le compte du KGB. L'entourage même de De Gaulle compterait un agent du KGB « identifié » sur lequel on va bientôt mettre un nom. *Le Canard enchaîné* démasque l'espion mystère : « c'est Foccart », écrit-il.

Interdit en France, le livre d'Uris passe les frontières sous le manteau. Il excite d'autant plus la curiosité qu'Alfred Hitchcock va, sous le titre *L'Étau*, l'adapter au cinéma. Le 14 avril 1968, l'Élysée sort de son mutisme et publie un communiqué qualifiant le livre d'Uris de « ridicule » et d'« absurdité pure ». Il balaie d'un revers de main les théories de son auteur.

Derrière ces accusations se trouve un agent français du SDECE, Philippe Thyraud de Vosjoli, en poste à Washington où l'a retourné le contre-espionnage de la CIA. Il avait dénoncé les liens entre le SDECE et les Cubains et prétendait que son service avait livré son réseau d'informateurs à La Havane.

Qu'y a-t-il de vrai au juste dans cette histoire ? Un agent soviétique était-il réellement installé à l'Élysée ? Pourquoi viser Jacques Foccart, et quels éléments pourraient donner de la substance à cette accusation ? L'OAS, qui l'a ciblé depuis longtemps, a semé le doute. Des rapports des services français, détournés par l'organisation terroriste, affirment que les sociétés de Foccart se livrent à des trafics d'armes avec des sociétés tchèques sous contrôle soviétique[2]. Cela ne suffit pas, bien sûr, à étoffer un tel soupçon.

1. Voir Frédéric Charpier, *La CIA en France*, Seuil, 2008.
2. Archives de l'auteur.

Pierre Péan, l'auteur de la biographie de Foccart, s'est penché sur ce mystère[1]. Jusque-là, les accusations étaient lancées sans le moindre fondement, il s'agissait principalement d'une rumeur déjà ancienne qui circulait sans que la moindre preuve soit apportée. Cette fois, un document attesterait d'une relation suspecte entre Jacques Foccart et les Soviétiques. Pierre Péan le livre en précisant que la source n'est pas « sans réserves ».

Fin 1974, début 1975, relate-t-il, lors d'une réception officielle à l'ambassade soviétique de Fort-Lamy, au Tchad, Jacques Foccart est aperçu dans un couloir conduisant aux appartements privés de l'ambassadeur de l'URSS, un certain Nercessov, suspect aux yeux des services de renseignements français d'être un officier du KGB. Après avoir été vu, l'air chagriné, Foccart se serait évaporé et n'aurait pas assisté à la réception. Voilà les seuls éléments autour desquels se noue l'intrigue. L'info est acheminée en 1976 jusqu'au sommet de la hiérarchie du SDECE et transmise au ministre de l'Intérieur de Giscard, Michel Poniatowski. Voilà qui est bien maigre.

Les contacts entre responsables ou membres de services adverses durant la guerre froide étaient fréquents et pouvaient se justifier de bien des façons. Pierre Péan rappelle qu'à Paris, de 1958 à 1962, Jacques Foccart avait eu des contacts officiels avec le général Tcheredeiev, membre du GRU, le service de renseignements militaire soviétique, en poste à l'ambassade d'URSS à Paris. Il souligne aussi la fragilité de l'accusation portée contre Foccart, à la fois mince, voire inconsistante, et grossièrement romanesque. Pour autant, l'influence soviétique s'exerçait bel et bien à cette époque à l'Élysée, y compris dans l'entourage présidentiel, mais cela est une autre histoire.

1. Pierre Péan, *L'Homme de l'ombre*, *op. cit.*, p. 398-399.

Jacques Foccart est ciblé et ne l'est pas au hasard. Cet homme qui appartient au monde des services spéciaux navigue dans les eaux troubles de la vie internationale. Il a joué aux côtés du général de Gaulle un rôle essentiel au moment de la décolonisation. Il devait gérer cette zone d'influence appelée la « Françafrique », maintenir le contact avec les dirigeants des ex-colonies d'Afrique noire plus ou moins installés par la France, et, au-delà, sauvegarder les intérêts stratégiques français, qu'il s'agisse de pétrole, de gaz, de minerais rares et précieux ou d'uranium. Il avait mis en place un réseau d'informateurs qui le renseignaient sur les entreprises adverses et hostiles. En cela, il gênait et constituait une cible.

Cette zone d'influence est au cœur des préoccupations de l'Élysée, car la décolonisation attise les appétits. La place de la France est convoitée. De Gaulle voit ainsi avec agacement et irritation les entreprises d'Enrico Mattei, le grand patron de l'ENI (Ente Nazionale Idrocarburi). Cette société nationale italienne des hydrocarbures[1] a noué des liens étroits et complices avec le FLN, qu'elle épaule dans ses achats et ses transports d'armes. En échange de ces bons procédés, l'ENI sera la bienvenue en Algérie pour y exploiter le gaz et le pétrole de ses sous-sols à la place des Français.

Un deal qui n'a pas échappé au SDECE qui possède des agents infiltrés au sein même de l'ENI. Les Italiens s'installent dans les ex-colonies françaises au grand dam de De Gaulle et de Jacques Foccart qui n'entendent pas les laisser faire.

1. L'ENI comprend cinq grandes entreprises qui couvrent des activités telles que la prospection du gaz et du pétrole avec des filiales étrangères, un réseau de distribution d'essence, le raffinage, la construction de pipelines ou encore le nucléaire.

Mort d'Enrico Mattei, la piste élyséenne

Enrico Mattei piétine ostensiblement les plates-bandes françaises. Il ne cache pas qu'il veut sa part du gâteau dans l'exploitation des hydrocarbures au Sénégal, au Mali, au Cameroun, en Côte d'Ivoire et même à Madagascar.

Pour dissuader Mattei de s'engager en Algérie, Paris recourt d'abord à la méthode douce, car cet homme – né en 1906 dans une famille nombreuse, d'un père carabinier et d'une mère marchande des quatre saisons – est puissant. Il ne dirige pas que la grande entreprise qu'il a créée en 1953 pour le compte de l'État. Haut fonctionnaire réélu tous les trois ans à son poste de directeur, il distribue aussi des fonds aux partis politiques et finance des journaux. Certains l'ont surnommé le « dictateur du pétrole ».

Pour l'amadouer, un diplomate du Quai d'Orsay vient négocier avec lui. Mais le patron de l'ENI n'entend pas se laisser dicter sa conduite dans les affaires. Il n'est pas un homme qu'on impressionne facilement ou qui cède aux menaces. Il refuse donc la généreuse compensation financière qu'on lui propose s'il acceptait de se tenir à l'écart de l'Algérie et de ses ressources d'hydrocarbures.

Il renvoie fermement le diplomate. Peut-être signe-t-il ce jour-là son arrêt de mort ? Peu après, une rumeur affirme que le service action du SDECE est déjà sur ses talons.

Lorsque Mattei meurt dans un mystérieux accident d'avion, fin 1962, difficile de ne pas s'interroger : l'Élysée a-t-il forcé le destin et trempé dans cet accident qui s'avérera avec le temps être bel et bien un attentat ? Le soupçon est d'autant plus légitime que le contentieux entre la France et Mattei pèse lourd. Ce dernier a joué la carte de l'islam puis s'est attaqué à l'OAS. Sa presse a toujours soutenu le FLN et des œuvres de bienfaisance que finance l'ENI secourent les blessés du GPRA (le Gouvernement provisoire de la République algérienne).

La veille de la mort de Mattei, le journal communiste *L'Unità* annonçait que l'ENI s'apprêtait à conclure un accord pétrolier avec Ben Bella, le chef du gouvernement algérien. Mattei façonnait même, dira-t-on plus tard, la politique du GPRA en matière de pétrole. Au contentieux déjà bien solide s'ajoute la construction d'un pipeline Italie-Allemagne, en passant par Genève, destiné à contrer celui que la France installe dans la vallée du Rhône.

La France avait plus d'un mobile pour se débarrasser de ce concurrent qui chasse sur ses terres et soutient activement les combattants du FLN. Comment balayer par principe les soupçons, même si une commission d'enquête instituée après l'accident a penché à l'époque pour la thèse de l'accident ? Il aura fallu du temps pour que les faits émergent et se précisent. Un rapport d'expertise, daté des 24-26 juin 2009, effectué à Turin trente ans après le crash d'octobre 1962, établit qu'une petite charge explosive a été placée à l'arrière du tableau de bord de l'avion de Mattei. Depuis, la thèse de l'attentat ne fait plus réellement débat.

Une question reste pendante : qui a placé la bombe ? Les pistes sont légion et aucune n'a été écartée par principe, mais la thèse favorite, celle qui tient la corde, fourmille de détails et revient depuis le jour de « l'accident » avec le plus d'insistance, est la piste française.

Or, un attentat commis par le service action du SDECE n'aurait pu être exécuté qu'après accord des plus hautes autorités de l'État français, soit, en clair, avec le feu vert présidentiel.

Scénario d'un crime d'État

Le récit qui suit date de 1970, soit bien avant que la thèse de l'attentat ne soit établie officiellement et après que l'affaire a été classée. Il émane d'un ex-officier du SDECE dont l'objectivité, on l'a vu, n'est certes pas exempte de critique. Philippe Thyraud de Vosjoli est celui-là même qui dénonçait l'existence d'un réseau d'espionnage soviétique opérant dans l'entourage présidentiel[1].

Si sa fiabilité n'est pas totalement garantie, les faits rapportés, dont certains peuvent paraître contradictoires avec l'expertise de 2009, sont suffisamment précis pour être pris en compte.

Voici ces éléments. « Laurent » (l'exécuteur), né en Corse et parlant couramment l'italien, est envoyé fin 1962 en Sicile où il s'installe temporairement, à Catane, et trouve un emploi à l'aéroport Fontanarosa.

La station de Rome du SDECE, grâce à ses agents infiltrés dans l'entourage de Mattei, suit de près les déplacements du patron de l'ENI. Elle se tient informée des rapports météo et des lieux que Mattei doit visiter.

Le 26 octobre 1962, on apprend que l'avion de Mattei pourrait quitter Catane en fin d'après-midi le lendemain, soit le 27 octobre, et arriver à la nuit tombée à Milan. Le plafond nuageux est prévu bas et on annonce un épais brouillard sur Milan. Laurent se prépare à passer à l'action. Les conditions semblent favorables.

Le samedi 27 octobre, Laurent reçoit le feu vert. Il se faufile dans l'avion et, en moins de quinze minutes, trafique les instruments de bord. Ouvrant la boîte noire de l'altimètre, il modifie certains éléments et, son intervention terminée, efface soigneusement les traces de sa visite.

1. P. L. Thyraud de Vosjoli, *Lamia*, Little, Brown and Company, Boston/Toronto, 1970, p. 271-277.

D'ici quelques heures, trois hommes vont périr. Mais Laurent s'éloigne sans le moindre remords. Il est entraîné et a déjà reçu l'argent pour ce travail. L'agent s'apprête à exécuter un « crime patriotique » mais il ignore, semble-t-il, qu'il fera une victime collatérale. Il obéit à un ordre qui ne peut venir que du sommet de l'État.

Ce 27 octobre 1962, Enrico Mattei ne voyage pas seul. L'accompagne le chef du bureau de Rome du magazine *Time*, William McHale, à qui il a fait visiter dans la journée le champ pétrolier de Gela. Le journaliste devait regagner Rome par un vol commercial mais Mattei l'a convaincu de profiter de son avion personnel.

Vers 16 h 30, McHale et Mattei arrivent à l'aéroport Fontanarosa de Catane. Ils se dirigent directement vers le Morane-Saulnier à bord duquel se trouve déjà le pilote de Mattei, Irnerio Bertuzzi, avec lequel le patron de l'ENI va souvent pêcher à la truite.

L'avion décolle à 17 heures. La distance entre Milan et Catane est d'environ 1 000 kilomètres, l'appareil vole à 450 km/heure à 25 000 pieds. À 18 h 45, l'avion est en approche de Milan, la nuit est d'un noir d'encre, le temps exécrable, la visibilité mauvaise. Les appareils de bord, sabotés, ne lui donnent pas les bonnes mesures. L'avion perce l'épais brouillard et s'écrase aux alentours de 18 h 54, l'heure qu'indique la montre de Mattei qui semble s'être arrêtée au moment du crash. Le Morane-Saulnier a piqué plein nez dans un marécage près de Bascape, un patelin situé dans les environs de Pavie. Enrico Mattei meurt, âgé de 56 ans.

Ce récit suggère un dérèglement des instruments de vol alors que l'expertise de 2009 parle d'une petite charge explosive glissée derrière le tableau de bord. Mais l'un n'exclut pas forcément l'autre. D'autres témoignages ont mentionné, la veille de l'« accident », la présence de trois individus suspects, dont deux en salopette blanche de technicien et un autre en uniforme de carabinier inspectant l'avion alors que le pilote aurait été éloigné par un appel téléphonique.

Aucune preuve formelle ne conforte le rôle qu'aurait pu jouer la France dans cet attentat. Pourtant, en 2017, le ministère algérien de l'Armement et des Liaisons générales, le MALG, privilégie lui aussi la piste des services secrets français[1].

Lors de la guerre d'Algérie, le service action du SDECE s'est illustré dans plusieurs assassinats. Constantin Melnik, qui a dit tout le bien qu'il en pensait et suivait ces opérations depuis Matignon, a été formel, il l'a même écrit : ces opérations devaient être validées au plus haut niveau ! Cela n'aurait pas été une première. Si la France a bien trempé dans ce crime, ses exécutants ont alors obtenu le feu vert des plus hautes sphères.

L'affaire Mattei n'est pas l'unique mystère de la présidence du général de Gaulle. Elle est cependant une de celles sur laquelle a pesé et pèse encore un lourd et opaque secret.

Mai 68, « Dix ans c'est trop »

Le 29 mai 1968, à 10 h 30, Roger Tessier accourt d'urgence à l'Élysée, Paris est une ville en état de siège et l'État vacille. Le garde du corps a juste eu le temps d'emporter avec lui une brosse à dents et un pyjama. En 1965, songeant à son avenir et à son inévitable reconversion, il a ouvert un restaurant de couscous près des Champs-Élysées, La Rose des Sables, que fréquente le tout-Paris : Bardot, Sagan, Delon, Ventura, Johnny Halliday, des ministres et des diplomates. Mais les affaires privées passent après celles de la « France », surtout quand il s'agit du Général.

1. *Le Soir d'Algérie*, 16 mars 2017.

À 11 h 45, la voiture présidentielle quitte sur les chapeaux de roues la grille du Coq qui donne sur l'avenue des Champs-Élysées, suivie de celle de la sécurité, et fonce en direction de l'héliport d'Issy-les-Moulineaux. Elle emprunte à vive allure la rive droite, puis le quai de Javel sur la rive gauche, avant d'atteindre l'héliport. Deux hélicos venus de la base militaire de Villacoublay l'attendent. Leurs pales tournent et brassent l'air au ralenti, comme dans un film. On embarque cinq ou six valises, ce qui n'est pas l'habitude pour un séjour à Colombey, se dit Tessier qui n'a pas encore été informé de la destination du Général, mais qui devine que ce ne sera pas la Boisserie. Dans l'hélico de sécurité ont pris place avec lui le commissaire Puissant et le médecin du service, un jeune militaire.

Vers 15 heures, de Gaulle lève le secret. Il indique que l'hélico se dirige vers l'est, l'appareil soumis au silence radio vole en rase-mottes pour ne pas être repéré, puis il atterrit à Baden-Baden, en Allemagne. On connaît la suite. De Gaulle a hésité entre le renoncement à sa fonction ou la solution militaire face au mouvement social et estudiantin qui paralyse la France depuis des semaines et a mis son régime à genoux et sa majorité en capilotade.

À Baden-Baden, ville de garnison française, il retrouve son vieux complice le général Massu, l'homme de la bataille d'Alger, qui le requinque, lui blinde le moral et le force presque à reprendre les choses en main, ce que va faire de Gaulle qui rebrousse chemin et revient à Paris : c'est la fameuse déclaration dans laquelle il annonce des élections législatives anticipées que sa majorité remportera haut la main. Mais la blessure ne se referme pas. Il n'oubliera pas ce qu'il a ressenti comme un désaveu et une humiliation portée par la rue. De Gaulle, le premier président de la Ve République, tel un roi déchu, songe à abdiquer, il donnera à sa retraite un caractère politique, celui d'un référendum qu'il savait perdu d'avance.

Au printemps 1969, il se retire donc, laissant à son dauphin Georges Pompidou sa succession, du moins si le peuple le veut bien. Aucun autre candidat n'a la carrure ni le soutien populaire suffisant pour faire barrage à Georges Pompidou qui est élu dans un fauteuil en juin 1969.

Chapitre 2

Le « quinquennat » Pompidou (1969-1974)

Un cas particulier

Georges Pompidou est un homme à part. Il n'a pas le profil du « compagnon ». Il n'a pas été résistant et n'a pas rejoint de Gaulle à Londres. Avant guerre, il a flirté non avec les idées maurrassiennes, comme le général de Gaulle, mais avec des idées de gauche. Intellectuel, agrégé de lettres, il est l'auteur d'une anthologie de la poésie. De quoi se dissocier de l'aventurisme et de l'esprit de baroud de bien des gaullistes d'alors. Lui rédige des notes pour le Général, il ne fait pas le coup de poing. Et s'il a été en 1939, parce qu'il parle allemand, un officier de renseignements au 141ᵉ régiment d'infanterie alpine (RIA), ce n'est pas pour autant un homme de l'ombre. Il apprécie le farniente et les causeries, et accompagne volontiers son épouse dans les salons des grands couturiers.

C'est aussi un libéral et non un jacobin étatiste. Il a été durant six ans le Premier ministre de Charles de Gaulle, ce qui l'identifie aux grands chantiers économiques de la présidence gaulliste dont il a été souvent l'inspirateur. Le premier sous la Vᵉ, il a subi une campagne d'une rare bassesse destinée à le compromettre et l'empêcher d'accéder à l'Élysée. Une fois élu, il s'est servi de son pouvoir, non pour abattre des adversaires, mais châtier ceux qui – pensait-il – avaient œuvré pour le salir, lui et son épouse. Il sera le premier président, et jusqu'ici le seul, à mourir dans l'exercice de son mandat dont la durée, là encore, a été inédite puisqu'il inaugure – certes de façon involontaire – le quinquennat.

Pour le reste, son itinéraire est sans à-coups, rectiligne. Le seul accroc connu est cette affaire montée contre lui, celle des photomontages, dite aussi affaire Marković.

Un grand bourgeois libéral

L'ascension de cet Auvergnat aux sourcils broussailleux, immortalisé une cigarette aux lèvres, l'œil plissé par la fumée de tabac, est continue et lisse, le hissant imperturbablement de Normale Sup à la banque Rothschild, de Matignon à l'Élysée comme si son destin était tracé d'avance.

Georges Pompidou mène la vie d'un grand bourgeois libéral. Il loue quai de Béthune, à Paris, dans la très chic île Saint-Louis, un cinq pièces au quatrième étage de l'ancien hôtel Hesselin, rénové après la guerre par la créatrice de produits de beauté Helena Rubinstein.

Sa femme, Claude, a choisi le mobilier chez les antiquaires et lui, sans doute, les peintures qui ornent les murs ; c'est la marque de fabrique de Pompidou, un homme de culture. On sait son goût, son attirance pour les écrivains, les artistes et les mondains et qu'il aime moins peut-être la compagnie des hauts fonctionnaires. Grand amateur d'art moderne, il a voulu la création du centre national d'art moderne, à Beaubourg, qui sera inauguré après sa mort et qui portera son nom.

Le couple vit dans une certaine aisance. Il possède une maison de campagne à d'Orvilliers, près de Houdan, qui est la propriété de Claude. Des écrivains d'envergure tels que

Julien Gracq ou Henri Queffélec, des acteurs tels que Jean-Louis Barrault ou encore l'ex-danseur, très médiatique à cette époque, Jacques Chazot, fréquentent l'appartement du quai de Béthune.

Les Pompidou flirtent aussi avec le show-biz. Ils assistent à des cocktails à Paris et à Saint-Tropez et trinquent dans les bars à la mode de la petite cité azuréenne. De sorte qu'on a fait de Georges Pompidou un Eddy Barclay version banquier d'affaires, mâtiné d'un chef politique. On l'a associé à une bande – formule sans doute excessive – où l'on retrouve Françoise Sagan, le peintre Bernard Buffet et son épouse Annabelle, Sacha Distel ou encore Guy Béart. Lorsqu'il sera candidat à l'élection présidentielle, des écrivains de renom lui apporteront leur soutien ; ils sont de droite et même très à droite pour certains : Marcel Jouhandeau, Maurice Druon ou encore Armand Salacrou.

Toutefois, ce ne sont que des facettes auxquelles il ne faut pas réduire le personnage.

Georges Pompidou est bel et bien un « animal politique ». À Normale Sup, il se lie à René Brouillet, qui joue un rôle crucial dans sa carrière politique en le faisant entrer au cabinet du général de Gaulle dont il est, à la Libération, le directeur adjoint. Un autre homme pousse également sa carrière : René Fillon, trésorier du RPF et membre de l'écurie Rothschild, que Pompidou rejoint le 1er février 1954, à l'âge de 43 ans. Il n'abandonne pas pour autant le gaullisme ni ses réseaux. Tout au long de ce qu'on a appelé la traversée du désert du Général, cette période où il feint d'avoir pris sa retraite et écrit ses mémoires alors qu'il attend le moment opportun pour faire son retour aux affaires, Pompidou est un de ceux qui font tourner la petite boutique. Il sera ainsi associé en mai 1958 au retour du Général.

Le 29 mai, dans une chambre de l'hôtel Lapérouse, il dresse la liste du futur gouvernement et, durant quelque temps, se met en congé de la banque Rothschild. Son épouse dit alors : « Mon mari a été prêté au Général par la banque Rothschild. » Mais le congé ne devient définitif qu'en avril 1962, quand Georges Pompidou remplace Michel Debré au poste de Premier ministre et forme un cabinet 100 % gaulliste. Durant son passage à Matignon il fédère autour de lui les futures équipes qui formeront l'ossature de l'Élysée après son élection en juin 1969.

La garde « pompidolienne »

À Matignon, qu'il ne quitte qu'après les élections législatives de juin 1968, Georges Pompidou assemble ses équipes, esquisse le noyau dur qui le suivra à l'Élysée.

Au sein de ce premier cercle, une fidèle parmi les fidèles : Anne-Marie Dupuy, issue de la « connexion François Castex », la pierre d'angle du réseau. La femme de Castex, Jacqueline Cahour, est la sœur de Claude Pompidou. Anne-Marie Dupuy rencontre en 1954 Pompidou par le canal de François Castex, dont elle est à l'époque la secrétaire assistante au comité Vendôme, du nom de l'association professionnelle qui regroupe en 1952 les six joailliers, les sociétés et commerçants de luxe de la place Vendôme, et qui donnera naissance à la Haute Joaillerie de France.

Pompidou l'a remarquée et lui propose de le rejoindre à la banque Rothschild. En 1963, elle le suit cette fois à Matignon où, en 1966, elle devient sa chef de cabinet. En juillet 1968, Anne-Marie Dupuy accompagne Pompidou à l'antenne présidentielle de La Tour-Maubourg où, avec une équipe de collaborateurs triés sur le volet, Pompidou va préparer sa prise du pouvoir, et fait le lien entre l'ex-Premier ministre et Robert Poujade, le patron de l'UDR gaulliste ; elle a donc un pied rue de Lille au siège du parti et un autre à La Tour-Maubourg, où elle se rend le soir.

Autre fidèle, du moins le deviendra-t-il, Michel Jobert. Lui aussi est un ami de François Castex. Ce petit homme frêle entre au cabinet comme conseiller pour les questions de l'information[1] et deviendra le directeur de cabinet de Pompidou en 1966, puis son secrétaire général à l'Élysée en juin 1969. En 1964, Édouard Balladur débarque à son tour comme spécialiste des affaires sociales. Conseiller technique en 1966, il sera en 1974 le secrétaire général de l'Élysée au moment de la mort de Pompidou.

En 1967 Marie-France Garaud[2] rallie à son tour le clan des pompidoliens de Matignon où lui sont confiées les relations avec le Parlement. « Mal coiffée et mal habillée, l'air plus vieille qu'elle ne l'était », dira d'elle Anne-Marie Dupuy, qui ne lui porte pas une grande estime.

Passionnée de chevaux en bronze, celle qui passe pour une égérie a fait carrière dans les cabinets ministériels. Elle vit dans une certaine opulence et se fait servir, dans son appartement du 17e arrondissement de Paris, par un maître d'hôtel ganté de blanc ; elle possède aussi un château aux marches du marais poitevin. Venant du cabinet du garde des Sceaux, Jean Foyer, elle débarque à Matignon avec la réputation d'une intrigante. « Pierre Juillet concevait les mauvais coups et c'est elle qui les exécutait », dit Alain Juillet le neveu de Pierre Juillet parlant de cette femme « très dure et très brillante »[3].

Collaborateur et ami de Georges Pompidou, Pierre Juillet occupe quant à lui une place à part[4].

1. Il sera plus tard administrateur de la Sofirad et de l'ORTF.

2. Née le 6 mars 1934, avocate après des études de droit à la faculté de Poitiers, elle est la fille d'un avoué.

3. Entretien avec l'auteur.

4. Né le 22 juillet 1921, mort le 23 décembre 1999.

Homme d'influence, membre d'une dynastie de résistants creusois dont le patriarche est Armand Juillet, ex-militaire d'active courageux, dit-on, et un peu tête brûlée, il crée son réseau durant la guerre. À la Libération, Pierre Juillet connaît tous les membres du RPF de la Creuse et du Limousin. Il fait de la région son fief qui est aussi celui de Georges Pompidou. À cette époque, les deux hommes se rencontrent et se lient d'amitié.

Pierre Juillet, qui évolue après guerre dans les cénacles du gaullisme, épouse le 3 mars 1951 Annick Mousnier, qui travaille au secrétariat de De Gaulle. Un de ses fils deviendra d'ailleurs le photographe officiel du RPF. Juillet est d'abord chargé de mission au RPF pour le Limousin, aux côtés d'un proche de Jacques Foccart, Auguste Richard[1]. Il opère de sa base de Puy-Judeau et son ami Pompidou, lui, de Cajarc.

Lors de la « traversée du désert » du Général, les deux hommes ne se quittent pas. Juillet devient un habitué du petit appartement que Pompidou a loué près de la rue de Solferino, hébergeant une secrétaire mais aussi Claude Mauriac, le fils de François, et sa revue *La Liberté de l'esprit*, ainsi que Jacques Foccart et son service chargé de l'Union française. En 1958, André Malraux, qui a connu Pierre Juillet dans le maquis, en fait son chef de cabinet alors que l'écrivain passé au gaullisme est délégué à la présidence du Conseil. Juillet rejoindra ensuite le cabinet de Pompidou en 1962 en tant que conseiller technique chargé des affaires politiques.

Voilà pour la phalange pompidolienne qui accompagne le futur président lors de son ascension pour l'Élysée. Elle se retrouve en septembre 1968, 8, boulevard de La-Tour-

1. Auguste Richard, né en 1923 à la Guadeloupe, 2e DB à la Libération, puis se lance dans les affaires d'import-export. Quelques escroqueries lui valent d'être condamné en 1954 à treize mois de prison dont neuf avec sursis.

Maubourg, dans un appartement qui a autrefois été celui de la princesse Radziwill et qu'a loué quelques mois plus tôt pour son association d'élus locaux Raymond Marcellin, député du Morbihan, abonné depuis 1948 aux cabinets ministériels et membre influent de « l'état-major » des Républicains indépendants. René Fillon, fondé de pouvoir à la banque Rothschild frères, celui qui a recruté Pompidou pour le baron Guy, est domicilié dans le même immeuble. Simple hasard sans doute.

L'équipe se réunit à cette adresse le lundi pour le whisky hebdomadaire. Depuis juin 1968, Pompidou n'est plus Premier ministre. Il a été remplacé à ce poste par Maurice Couve de Murville, mais il convoite ouvertement la succession du Général.

L'antenne de La Tour-Maubourg

Le bureau de Georges Pompidou, situé près de l'esplanade des Invalides, a vue sur cour et comprend deux petites pièces aux fauteuils tendus de velours. Son équipe se partage trois salons situés face au boulevard, plus bruyants à certaines heures de la journée à cause de la circulation.

Mi-septembre 1968, cinq ou six personnes s'y relaient. Michel Jobert[1] et Édouard Balladur se font face, assis à leurs bureaux respectifs installés dans le salon-bibliothèque.

L'antenne de La Tour-Maubourg accueille aussi ceux qui ont décidé de faire allégeance, car si de Gaulle démissionne ou disparaît, Pompidou est le dauphin désigné, l'héritier déclaré

1. Michel Jobert préside depuis 1966 le conseil d'administration de l'ONF (Office national des forêts) et a succédé à François Bloch-Lainé à la présidence du comité financier de l'ORTF ; il est également membre de la Cité internationale universitaire de Paris.

en dépit des couacs et des profondes différences de culture. Un ancien maurrassien face à un ancien « rad-soc » si ce n'est socialiste d'avant guerre, un militaire et un agrégé de lettres, un amateur de réussites et un fan d'art moderne, un étranger au monde de l'entreprise et un directeur de banque.

Cette filiation n'est pas du goût de tous. Plus d'un dans le microcosme des « compagnons » la rejette. Quelques-uns décident même d'exploiter contre ce dauphin qu'ils refusent une affaire criminelle qui ne le concernait ni de près ni de loin : l'affaire Marković, devenue celle des photomontages[1] qui démarre avant que Pompidou ne soit élu et qu'on agite justement pour faire échouer sa candidature. Elle se développe et enfle, chroniquée par la presse au début de l'automne 1968 alors que Pompidou et son équipe se sont installés boulevard de La-Tour-Maubourg.

L'affaire des photomontages

Tout démarre après la mort de Stefan Marković, un bellâtre peu scrupuleux qui parasite l'intimité du couple Delon, Alain et sa femme, Nathalie. Il sert de doublure et de garde du corps à l'acteur qui l'héberge dans son appartement parisien.

Cet homme à la réputation de gouape a été retrouvé sans vie, le 1er octobre 1968, dans une décharge publique d'Élancourt en région parisienne, sans doute tué aux alentours du 22 septembre 1968 d'une balle de calibre 9mm.

Son frère Alexandre s'avère une partie civile plutôt remuante. On le dit lié aux services secrets yougoslaves et il a été condamné pour malversations. Ses affaires d'import-export

1. Qui seront notamment publiés dans la presse étrangère, dans *Oggi*, le *Corriere del Domenica* ou encore *Der Spiegel*.

ne sont guère reluisantes. Après la mort de son frère, il bat de la grosse caisse, jurant de le venger et de tuer Alain et Nathalie Delon ainsi que François Marcantoni, un truand organisateur de parties fines, lié au milieu de la prostitution, et qu'on accuse d'avoir exécuté Stefan Marković pour le compte des Delon qu'il menaçait de chantage. Après guerre, avec Toto Rossi, le frère du chanteur Tino, il a ouvert un bar aux Champs-Élysées, Les Calanques, rue Quentin-Bauchart. Il fait le juge de paix pour le milieu et aurait des liens avec le SDECE.

Voilà, en vrac, les contours du personnage. Ajoutons cette précision qui a son importance : les photos ayant servi aux montages ont été prises dans la propriété de François Marcantoni à Goussainville, très fréquentée par le show-biz, ses amis chanteurs ou acteurs, tel Alain Delon. Disons encore que ce crime n'a jamais été élucidé. On ne sait qui a tué Marković, ni pourquoi, ni dans quelles circonstances. En revanche, l'affaire a bien été exploitée et sans la moindre retenue.

Au cœur de la machination, un petit malfrat incarcéré à la prison de Fresnes pour un vol de voiture, du nom d'Akow. Sans lui, pas d'affaire Pompidou. Détenu sans envergure, peut-être manipulé par ses avocats, il écrit au juge qui instruit l'affaire Marković. Il a des révélations à lui faire. Le policier Manceau, présenté comme un gaulliste pur et dur, dépêché auprès du témoin, recueille sa déposition[1].

Les deux hommes s'isolent dans une petite pièce. Face à face. Le policier sort son calepin et commence à prendre des notes. Akow, volubile, accable alors Claude Pompidou à

1. Selon le récit d'un des chefs barbouzes du gaullisme, l'avocat Pierre Lemarchand, effectué en partie devant la commission d'enquête parlementaire sur le SAC en 1982 (Rapport, tome II, 17 juin 1982, p. 733 et suivantes) et dans un livre de souvenirs (Pierre Lemarchand, *Barbouze du général*, le cherche midi, 2005).

laquelle il prête des mœurs débridées. Devant cette avalanche de coquineries salaces, le policier le met en garde. Si Akow ne peut prouver ce qu'il avance et qu'il s'avère qu'il s'agit de mensonges, il risque gros. Soudain pensif et inquiet, Akow réfléchit, hésite, puis il se ravise.

Sa mémoire est soudain moins nette. Le policier dresse alors un P-V devenu anodin de son entretien après avoir noté l'intégralité de la confession d'Akow et avant qu'il ne se rétracte.

De retour au service, le policier se presse de rendre compte. Il file d'un pas vif dans le bureau de son patron, le dénommé Samson. Sans même s'asseoir, il lui relate ce que lui a dit Akow. Puis il rapporte son brusque revirement à la perspective d'être puni pour avoir porté des accusations mensongères. Le policier prend ensuite congé. Il range ses notes dans le tiroir de son bureau qu'il ferme à clé.

Quelques jours plus tard, de retour de congés, son tiroir a été forcé. Ses notes manuscrites ont disparu. Il se précipite chez son patron qui le rassure : c'est lui qui a forcé le tiroir, explique-t-il, car « le ministre voulait communication de ces notes manuscrites » qui ont été finalement transmises à la PJ puis au juge d'instruction.

La campagne de calomnies peut démarrer. Le mal est fait et la cabale ne tarde pas à prendre de l'ampleur.

Recopiées en bonne et due forme, les notes remplissent sept feuillets dactylographiés. Une fois intégrées au dossier judiciaire, elles vont circuler et alimenter la charge contre Pompidou, répandues par ses ennemis qui entendent l'empêcher d'accéder à l'Élysée.

Le juge se délecte de cette histoire, son beau linge, ses détails savoureux et épicés. Il s'emballe et fait même rechercher aux quatre coins de France les photos et les films dont on parle. Des films et des photos qui circulent sous le manteau et que les RG, les Renseignements généraux, ont commencé à collectionner.

Quand le fin mot de cette histoire sera connu, on découvre que la femme photographiée à la place de Claude Pompidou était l'épouse d'un haut fonctionnaire, qui lui ressemblait. Quant aux photos, elles ont été prises lors de partouzes qu'organisait Stefan Marković, seul ou avec « Madame Claude », laquelle a longtemps dirigé un réseau de call-girls très protégé. Cette ressemblance n'avait peut-être pas échappé à tout le monde.

Le juge quant à lui ne dévie pas, il s'enferme dans ses certitudes. Il pousse son enquête jusqu'à Saint-Tropez, cette ville méditerranéenne où les Pompidou aiment séjourner avec leurs amis du show-biz. *Minute* publiera une photo de Georges Pompidou entouré de fêtards de luxe dans cette ville à la mode avec une légende sournoisement allusive : « La faiblesse de Pompidou est d'avoir naguère joyeusement sacrifié à Saint-Tropez comme en témoigne cette photo d'une chaude soirée à laquelle participait notamment la vedette du *Fruit défendu* Françoise Arnoul et d'autres gambilleurs locaux ».

Les commères à cœur joie

Peu à peu la rumeur se répand, mais le nom de Pompidou n'est pas cité publiquement. Lui-même n'est pas au courant, il ignore que c'est de lui et de son épouse que parlent les échotiers qui, s'en donnant à cœur joie, attisent la curiosité et le suspense. « Quel est cet homme politique important que cite la presse ? » Fin octobre 1968, son nom commence à circuler dans les milieux judiciaires et politiques, propagé par le bouche-à-oreille. « Pauvre Georges, il ne s'en remettra pas », se lamente sincèrement Michel Debré. Dans les dîners en ville, commentant la mort de la petite frappe Marković, les langues se délient : « Ce sont les Pompidou qui vont trinquer. »

Le ministre de la Justice et garde des Sceaux René Capitant, qui n'est pas un ami de Pompidou – il est même un de ses principaux adversaires –, connaît l'existence et le contenu du P-V revu d'Akow. Il ne se prive pas de s'en faire l'écho. Il se serait, paraît-il, esclaffé devant Raymond Marcellin en citant des extraits de la déposition d'Akow. Un autre de ses amis, gaulliste de gauche lui aussi, Gilbert Grandval, aurait dit : « Pompidou, c'est fini, l'affaire Marković l'a tué. »

Avec René Capitant et Louis Vallon, l'auteur du brûlot *L'Anti-de Gaulle* (Seuil, 1969) qui fustige Pompidou, Gilbert Grandval est un des gaullistes de gauche les plus impliqués dans le colportage de cette histoire de mœurs. Lors de la guerre d'Algérie, il siège au comité de direction de Patrie et Progrès, aux côtés notamment de Louis Pauwels ou encore de l'arabisant et proche des services Pierre Rondot, un mouvement plus proche de l'extrême droite que de la gauche et engagé contre l'OAS. Cette dernière compile, sans doute pour se venger, un petit dossier sur le passé de Grandval, des notes et des témoignages que je n'ai pu vérifier, mais qui semblent avoir été conservés dans les archives des services spéciaux. En résumé, le dossier fait le récit suivant : en janvier 1941, Gilbert Grandval s'évade d'un Oflag (camp de Groß Born) où il était prisonnier. Après avoir transité par l'Union soviétique, il réapparaît à Londres où il devient le chef d'état-major du Général. En 1944, il est nommé gouverneur de la Rhénanie. Alors qu'il est en poste dans cette zone, des dossiers de l'Abwehr, les services d'espionnage allemands, concernant les interrogatoires de Français ayant appartenu à la Résistance et capturés par l'armée du IIIe Reich font surface. Les documents récupérés en 1946 par l'antenne de la sécurité militaire de Metz contiennent notamment les procès-verbaux d'audition de Gilbert Hirsch-Hellendorf dit Gilbert Grandval qui, apparemment, se montrait plutôt bavard sur ses petits camarades[1].

1. Archives de l'auteur.

Devenu donc un « gaulliste de gauche », Gilbert Grandval répand et orchestre même la rumeur sur les frasques de l'épouse de Georges Pompidou, une affaire que l'Élysée, depuis quelque temps, suit avec gravité.

La manip vue de l'Élysée

Dès l'été 1968, soit peu avant que Paris ne bruisse de rumeurs, par une sorte de pressentiment, de Gaulle s'inquiète. Pompidou a tort, pense-t-il, de s'exposer si ce n'est de se commettre avec certains milieux du spectacle. Il charge même son secrétaire général, Bernard Tricot, d'inciter son ancien Premier ministre à plus de prudence.

Quand la rumeur démarre puis, se faisant plus précise, enfle dans les coulisses du pouvoir, de Gaulle exige d'être tenu au courant. Bernard Tricot, son secrétaire général, devra l'informer de tous les développements éventuels ; le président veut aussi savoir ce qu'Akow a déclaré au juge. Pendant ce temps, Pompidou continue pour sa part d'ignorer que son nom et celui de sa femme figurent dans le dossier Marković. De Gaulle ne lui a rien dit et la plupart de ses proches non plus. Par gêne pour certains, par attentisme pour d'autres. Certains peut-être méditent aussi ce grand classique : il n'y a pas de fumée sans feu.

Le ministre de l'Intérieur, Raymond Marcellin, qui suit aussi l'affaire et tient au courant Tricot, se montre pour le moins ambigu. Selon lui, les faits (comme s'ils étaient avérés) dateraient de 1966 et il s'agirait donc d'un chantage. Pompidou se serait trouvé (cette répétition du conditionnel laisse pantois) dans une maison où se seraient déroulées à son insu des « scènes pornos ». Il insiste également sur le fait qu'une note annexe a été rédigée et jointe au dossier judiciaire et qu'on ne peut ni l'escamoter ni la détruire.

À quel jeu joue-t-il ? Il semble bien que, sans lui, cette note annexe n'existerait pas puisqu'il a lui-même réclamé les notes du policier qui avait interrogé Akow en prison. Et, sans cette initiative, il n'y aurait pas eu d'affaire.

Responsable des Républicains indépendants, le parti de Giscard, Marcellin roulerait-il pour ce dernier qui se voit déjà un destin national ? On sait en tout cas que, après l'élection de Pompidou, Marie-France Garaud a plaidé sa cause et lui a sauvé la mise. Grâce à elle, Raymond Marcellin reste au gouvernement, faisant de lui son obligé.

Informé de l'existence de cette fameuse annexe, de Gaulle donne des consignes strictes à Tricot qui s'est déplacé spécialement à la Boisserie pour s'entretenir de cette affaire avec lui : Il faut, dit de Gaulle, que le juge fasse son travail et ce n'est pas à Tricot d'avertir Pompidou. Tricot doit dire à Couve de Murville qu'il doit avertir Pompidou et lui dire que le Général est au courant.

Mais à Matignon, Maurice Couve de Murville se dérobe. Il n'a pas le cran, droit dans les yeux, d'informer Pompidou. Pierre Somveille, l'ex-directeur de cabinet de ce dernier en 1968, devenu depuis celui de Raymond Marcellin à l'Intérieur, se dévoue. Il va avertir l'ex-Premier ministre. Il rencontre d'urgence Michel Jobert qui coiffe alors la petite équipe du boulevard de La-Tour-Maubourg. Somveille révèle à Pompidou les rumeurs qui le concernent lui et sa femme. Il lui signale l'existence des photos qui circulent. Pompidou en est abasourdi. Que lui et sa femme aient pu être mêlés à une telle histoire le sidère. Il n'admet pas non plus qu'il ait été le dernier informé de cette canaillerie qui le vise lui et surtout sa femme. Quelques jours plus tard, lors d'une réception à l'Élysée, Georges Pompidou lâche : « Je suis furieux de ce qui s'est passé. »

Le 21 novembre 1968, il reçoit Tricot boulevard de La-Tour-Maubourg. Ni sa mauvaise humeur ni sa déception ne se sont dissipées. Il confie qu'il a été blessé et que « la protection de sa vie privée compte par-dessus tout ». Début 1969, de Gaulle invitera le couple Pompidou à dîner à l'Élysée afin d'apaiser le conflit entre les deux hommes.

Au sujet de l'affaire Marković, de Gaulle fera à Pompidou cette remontrance. Il n'aurait pas dû se laisser impressionner par des ragots, « même s'ils sont grotesques et infâmes ». En fin de compte, la machination échoue et ne fera pas obstacle à l'ambition de Pompidou.

La campagne éclair de 1969

Le 2 février 1969, le chef de l'État annonce un référendum sur la réforme des régions et la transformation du Sénat. Pour lui, il s'agit sans doute de tirer un trait sur l'Élysée et de quitter le pouvoir après l'humiliation de Mai 68.

La consultation est prévue le 24 avril. Les grandes manœuvres commencent aussitôt. Ici et là on se coalise pour faire chuter de Gaulle. Valéry Giscard d'Estaing et ses affidés voteront contre ou s'abstiendront. Ils contribueront ainsi à affaiblir le camp du « oui ».

Le 27 avril 1969, le « non » l'emporte et recueille 52,42 % des suffrages. De Gaulle, qui a déjà anticipé le résultat, ne tergiverse pas et ne traîne pas. Il quitte le pouvoir dans l'instant. Tout s'enchaîne. Le 29 avril, Georges Pompidou se déclare. Depuis des mois, il était dans les starting-blocks, prêt au combat. Le 12 mai, Alain Poher, alors président du Sénat, se présente à son tour. Face à ces deux candidats de droite, la gauche étale un front divisé que dominent le PCF et son candidat Jacques Duclos.

Pompidou bat alors les estrades aux quatre coins de la France, l'argent coule à flots. Les caisses du candidat sont pleines à ras bord. Deux jours à peine après la démission de De Gaulle à la suite de l'échec du référendum, Pompidou a sondé discrètement Jacques Foccart. Ce dernier contrôle 350 millions sur les 500 du budget élyséen, sans compter les énormes fonds secrets. S'il met au service de Pompidou ses réseaux, ses dossiers et ses fonds, son avenir est assuré. C'est ce qu'il va faire.

De quelle somme au juste les pompidoliens disposent-ils ? Dans son histoire, le mouvement gaulliste n'a jamais manqué de fonds et a toujours été généreusement soutenu par la grande industrie, bénéficiant aussi de ses propres structures de financement, sans parler des rentrées douteuses et suspectes. En 1971, l'Élysée livre ce chiffre : 700 millions de francs auraient été dépensés pour contribuer à l'élection de Georges Pompidou. D'autres ont avancé le chiffre de 3 milliards et d'autres encore des chiffres plus élevés. En 1969, c'est le jeune Jacques Chirac qui tenait les cordons de la bourse, ou plutôt la caisse électorale dans laquelle l'argent ne faisait pas défaut.

Les fonds spéciaux ont fait gonfler la cagnotte via deux décrets non publiés au Journal officiel (JO), l'un transférant aux services du Premier ministre (qui est alors Maurice Couve de Murville et qui après le départ de De Gaulle va rouler pour Pompidou) 19 millions, et l'autre 2 millions pour le budget de l'information[1].

Largement en tête au premier tour, Georges Pompidou est élu au second le 20 juin dans un fauteuil avec 58,21 % des voix, face à Alain Poher. Pompidou aura été le président de la Ve le plus confortablement élu, son score dépassant largement celui de De Gaulle en 1965 face à François Mitterrand.

1. Henri Deligny, *Chirac ou la Fringale du pouvoir*, Moreau éditeur, 1977.

Cette fois-ci, la gauche s'est abstenue au cri de « blanc bonnet, bonnet blanc » renvoyant dos à dos les deux prétendants restés en lice.

Le style Pompidou

Georges Pompidou entre à l'Élysée où il entraîne la petite équipe qui l'entourait boulevard de La-Tour-Maubourg. Michel Jobert devient le secrétaire général. Pompidou le lui avait annoncé le 20 juin 1969, il a tenu sa promesse. Il sera remplacé quand il partira au Quai d'Orsay par Édouard Balladur.

La présidence se signale tout d'abord en faisant entrer l'art moderne à l'Élysée qui se dote également à l'époque d'une salle de cinéma, bâtie dans le sous-sol du jardin d'hiver. Les sièges en forme d'œufs sont l'œuvre du designer Starck. Ensuite, et bien qu'il règle sur ses deniers personnels la taxe d'habitation pour l'appartement privé qu'il occupe à l'Élysée, il n'a pas été un président économe sans pour autant avoir été dépensier. Pour l'année 1972, la dotation présidentielle passe de 268 à 342,2 millions. 38,5 millions rien que pour la liste personnelle (c'est-à-dire le personnel qui lui est attaché et les frais de maison).

Georges Pompidou s'avère un casse-tête pour ceux qui ont en charge sa sécurité. Il refuse tout motard sauf lors des déplacements officiels. Sa protection rapprochée relève d'un inspecteur de police qui a exercé cette tache auprès de lui durant quatorze années. Pompidou n'autorise qu'une seule voiture suiveuse et réglemente l'usage des sirènes. Lors des voyages en province, il ne veut pas de police du tout. On prévient les préfets et c'est tout. Pompidou joue aussi volontiers des tours à sa sécurité. Comme ce jour où il décide avec son beau-frère de se rendre dans le Cantal au volant de sa Porsche, pour ainsi dire sur un coup de tête. Il n'a prévenu personne et ne bénéficie d'aucune escorte. Il se fera même arrêter en cours de route pour excès de vitesse. Le gendarme qui le contrôle, interloqué, le reconnaît et le sermonne avant de le laisser repartir.

Un des rescapés du quatuor des gorilles du Général, Paul Comiti, devenu le chef de la garde personnelle de Pompidou à l'Élysée, s'efforce de le protéger malgré lui et le plus discrètement possible, car le président aspire à être libre comme le vent.

Pompidou est si rétif, allergique aux contraintes de la sécurité, qu'il va signer une décharge rangée dans le coffre de l'Élysée pour que, en cas d'accident lors d'un voyage privé, soit dégagée la responsabilité du ministre de l'Intérieur Raymond Marcellin. Il se montrera plus tatillon lors de ses voyages en Afrique en 1971. Lui et sa femme redoutent les maladies tropicales et ceux qui ont en charge l'organisation du voyage doivent veiller scrupuleusement à la qualité de leur nourriture.

Enfin Pompidou est présenté par ses plus proches collaborateurs comme un patron exigeant, mais plutôt « cool ». On a pu dire, lorsqu'il dirigeait Matignon, que ses conseillers étaient livrés à eux-mêmes, qu'il leur laissait la bride sur le cou, qu'ils menaient les affaires à leur guise. C'est un fait, il délègue en tout cas à ses collaborateurs, mais il lit en revanche les notes que les membres de son cabinet lui adressent. Et son bureau reste ouvert et accueille les pots de fin de journée où on déguste un bon whisky. S'il se décharge volontiers sur ses hommes de confiance, cette dernière doit cependant se mériter. Ceux qui l'épaulent et sur lesquels il se repose sont des fidèles ou des amis de longue date.

On ne gouverne pas un grand pays sans s'entourer d'hommes et de femmes formés, sûrs et rodés. Tout au long de sa présidence le flanque une « garde de fer ».

La garde de fer

Au nombre des collaborateurs qui à l'Élysée entourent le président, on ne compte aucun petit nouveau : pas de génération spontanée, pas de complaisance, pas de copinage ni de renvoi d'ascenseur. Il faut avoir fait ses preuves et avoir les reins et les épaules solides.

Anne-Marie Dupuy, qui l'a suivi chez Rothschild puis à Matignon et à La Tour-Maubourg, est ainsi à l'Élysée sa chef de cabinet. Elle s'installe dans le bureau des aides de camp où elle régente son agenda. Elle s'occupe également du courrier que reçoit le président et que traite un service spécial installé dans un bâtiment de la fameuse annexe du quai Branly. Anne-Marie Dupuy veille aussi sur les mesures qui entourent la sécurité du président. Elle remplit cette tâche avec l'intendant chargé de sa protection. Elle gère aussi le programme des voyages présidentiels à l'étranger et la réception des chefs d'État en visite en France.

Il lui arrive aussi de se mêler d'affaires qui ne la concernent pas directement. Ainsi s'entremet-elle pour le choix du nouveau directeur du SDECE, Alexandre de Marenches : un Franco-Américain aux moustaches noires, d'1 mètre 83 et plutôt baraqué.

Lors d'un dîner avec Dupuy et Pompidou il a fait acte de candidature et reconnu qu'il était partant pour le poste. Son souhait a été exaucé car il remplit les conditions qu'a exigées Pompidou qui veut placer à la tête des services spéciaux « un civil rompu à l'international ». Du temps de De Gaulle, Marenches a effectué des missions secrètes pour l'Élysée. Cet aristocrate fortuné – il est comte – est aussi membre du Jockey Club et chevalier de Malte. Il a servi comme officier de liaison auprès des Anglo-Saxons lors de la campagne d'Italie. Il sera, jusqu'à son départ de l'armée, en 1946, avec le grade de capitaine, l'aide de camp du général Juin. L'homme n'est pas dans le besoin. Il ne dépend ni d'une solde de militaire ni de la paye d'un haut fonctionnaire. Il est sur ce plan indépendant. Il dispose d'une fortune personnelle que lui a léguée sa mère[1]. Il possède un château à Gaillon, dans l'Eure, une propriété à Grasse et une autre à Tanger.

À la tête du SDECE Marenches aura pour mission de nettoyer le service de ses agents soviétiques infiltrés de longue date. « Ce n'est pas un homme qui fouille dans les corbeilles à papier », dit-on de lui, mais il laisse les autres le faire à sa place. Anne-Marie Dupuy servira quelque temps d'intermédiaire entre lui et le président puis les deux hommes se verront sans elle.

Anne-Marie Dupuy négocie même avec Alain de Rothschild le prix de l'hôtel de Marigny qui appartenait à l'homme d'affaires. Pompidou souhaitait l'acheter pour en faire un lieu réservé aux réceptions et une résidence pour les chefs d'État invités en France. Michel Jobert avait été chargé des tractations mais la mésentente était si forte entre lui et Alain de Rothschild que Dupuy (ancienne collaboratrice de la banque Rothschild) a dû prendre le relais[2].

L'indétrônable Jacques Foccart continue de jouer un rôle de premier plan sous la présidence de Georges Pompidou. On ne pouvait écarter celui qui a mobilisé tant d'argent dans la campagne. Son domaine de compétence est inchangé, l'Afrique et la Françafrique, mais il agira désormais dans un cadre plus contraignant. Pompidou lui rogne les ailes. Et lui impose des limites.

1. Alexandre de Marenches dirige une petite affaire d'adoucisseurs d'eau.

2. L'hôtel de Marigny sera inauguré sous le septennat de Valéry Giscard d'Estaing.

Jacques Foccart n'est plus le phénix dominateur de la grande époque. Mais il est tout de même encore là, comme insubmersible. Après avoir été chassé le 2 mai 1969 durant l'intérim d'Alain Poher, le président du Sénat, de l'Élysée et de l'hôtel de Noirmoutier, rue de Grenelle, où est installé son secrétariat général des Affaires africaines et malgaches, il ressuscite. Le 26 juin, après l'élection de Pompidou, il se réinstalle. Ses bureaux migreront, à partir de 1970, dans l'annexe du 2, rue de l'Élysée. Sous la présidence de Georges Pompidou le secrétariat général des Affaires africaines et malgaches adopte son envergure, son organisation et ses contours définitifs : un secrétaire général, un conseiller technique et huit chargés de mission[1]. Jacques Foccart a en revanche perdu son bureau et son titre de conseiller à l'Élysée. Son influence est également réduite au sein des services. Ses réseaux africains sont mis à mal et Marenches, mesquin, ne lui envoie plus le bulletin du SDECE. Désormais Pompidou ne le reçoit que toutes les trois semaines alors que du temps du général de Gaulle il voyait le président tous les jours.

Foccart ne joue plus en France un rôle politique de premier plan mais il reste le parrain de ce qu'on appellera la barbouzerie gaulliste.

Un autre phénix a pris la relève. Pierre Juillet, l'ami de longue date de Pompidou.

Le « conseiller spécial »

Qualifié de « personnage occulte » il ne respecte pas la règle, dit-on, sa parole est libre, Pierre Juillet ne mâche pas ses mots

1. Frédéric Turpin, *Histoire@Politique, Revue électronique du Centre d'histoire de Sciences Po*, n° 8, mai-août 2009.

et dit ce qu'il pense. Son neveu, ancien directeur du renseignement de la Direction générale de la sécurité extérieure, DGSE, Alain Juillet, le décrit comme « un Machiavel d'une grande sincérité[1] ».

Sous le « quinquennat » de Pompidou, Pierre Juillet est l'un des hommes les plus influents de l'entourage présidentiel. Il a comme particularité d'éprouver pour le secret une indéniable prédilection. Au RPF, après guerre, il avait immédiatement versé dans « l'action discrète ». Mais Anne-Marie Dupuy le précise à toutes fins utiles : « Son influence occulte a toujours été au service de l'État. »

En 1969, Pierre Juillet entre à l'Élysée avec le titre de « conseiller spécial ». Sa canne et sa pipe dont il ne se sépare jamais, sa silhouette énigmatique imprègnent désormais le décor élyséen. Tout comme ses deux chiens qui ne le quittent pas et dont l'un repose toujours, paraît-il, à ses pieds.

Pierre Juillet relève du « cercle sacré » formé autour du président. Il est l'homme de confiance de Pompidou et cela date de l'après-guerre, du temps du RPF. Les deux hommes sont amis. Comme l'écrit *Le Monde*, Pompidou a fait de Juillet une sorte de « conseiller politique intime ». Il le traite en confident et supporte ses sautes d'humeur. Quand il lui arrive de ne pas être écouté, coléreux et susceptible, Juillet claque la porte et va bouder dans sa Creuse natale.

Hors hiérarchie, ne dépendant que de Pompidou, Juillet joue pour certains un « rôle exorbitant » aux côtés du président mais, à vrai dire, un rôle bien exagéré. Il ne s'intéresse pas aux affaires des autres au sens où il n'empiète pas sur les domaines réservés ou de prédilection qui ne sont pas les siens. Il ne chevauche pas ainsi les plates-bandes des autres.

1. Entretien avec l'auteur.

Pierre Juillet pèche surtout par une extrême discrétion. Il se complaît dans l'ombre. Il refuse les décorations et les honneurs. Quand Giscard lui propose en 1974 le poste de ministre des Affaires étrangères il décline l'offre. Juillet aime se faire rare, voire invisible ou presque. L'homme sort peu. À Paris, il n'apparaît que dans quelques restaurants dont un rue des Saints-Pères, dans le 6e arrondissement, qui lui sert à l'occasion de cantine. Il préfère la discrétion et manger chez lui tout comme Foccart.

Pierre Juillet émarge vraisemblablement dans les effectifs des services spéciaux français. Il avait un incontestable « tropisme service », admet son neveu qui n'en dit pas plus si ce n'est que Pierre Juillet a validé son désir de faire carrière dans les services secrets.

L'épisode le plus connu de cette double vie se situe dans les années 1950. Durant quelques années Pierre Juillet se consacre au renseignement. En 1953 il se retrouve à Bruxelles où il a pour couverture l'agence de presse Opéra Mundi et pour le SDECE le nom de code Belvédère.

Cette agence fondée en 1928 par Paul Winckler[1] représentait en France, avant guerre, plusieurs syndicats de la presse américaine et britannique. Elle diffusait les articles des journaux du magnat américain Hearst. Elle s'illustrera après guerre en important en France des personnages de bandes dessinées tels que Mickey ou Popeye, ce qui contribue à la fortune de Winckler.

Cet homme riche possède avenue Foch un luxueux appartement, un château en Seine-et-Marne et un appartement à

1. Né en 1898 à Budapest, il est arrivé en France en 1923 et est naturalisé en 1932. Paul Winckler perd sous l'Occupation sa nationalité française, qu'il retrouve le 15 mars 1945. Exilé aux États-Unis durant la guerre, éditorialiste au *Washington Post*, il revient en France en 1945 comme correspondant de guerre attaché à la 1re armée américaine.

New York sur la très chic Park Avenue. Lui et son épouse sont présentés dans un rapport de renseignements comme « orgueilleux et dépourvus de toute courtoisie mais très intelligents et avisés en affaires[1] ».

Pierre Juillet revient s'installer en France lors du retour du général de Gaulle aux affaires. Après un passage au cabinet d'André Malraux, il rejoint Matignon en 1962 avant d'entamer, en 1964, une vie d'homme d'affaires. Faut-il parler d'une nouvelle couverture ? Le voilà en tout cas PDG d'une société de taxis, la Compagnie générale des voitures de Paris, la CGV[2]. Il possède aussi, dans la Creuse, cet épicentre du fief de la tribu des Juillet à Puy-Judeau, l'ex-propriété du patriarche, le grand-père Armand, une maison de maître et une ferme. Il a repris la propriété et acheté des moutons à tête noire en Écosse, des blackface, un vrai troupeau. Juillet possède enfin un atelier de sabots. Georges Pompidou qui éprouve le même attrait que lui pour l'élevage d'ovins possède de son côté, à Cajarc, son petit troupeau.

Dans son antre élyséen où il s'installe au premier étage, Pierre Juillet reçoit beaucoup et suit les affaires politiques, y compris celles qui relèvent de la tambouille politicienne. Il surveille tout particulièrement ceux qu'on appelle les « barons du gaullisme » qui ne le tiennent pas en grande estime. Atterrit alors à l'Élysée un flot quotidien de notes de toute sorte et de dossiers, plus ou moins top secret et compromettants, des notes blanches ou des notes d'écoute. On évoque un cabinet de l'ombre, un cabinet noir, une officine. Probablement. Le rôle de Pierre Juillet consiste certes à conseiller le président, à

1. Archives de l'auteur.

2. Une note de renseignements datée de 1979 indique que la CGV possédait trois immeubles de rapport à Paris, les murs d'une usine à Rouen, un ensemble de bureaux et de magasins à Vélizy et avait des intérêts dans diverses affaires. Notons que Pierre Juillet, selon les dires de son neveu, vivait en 1953 « chichement » à Paris.

l'informer mais aussi à désamorcer les éventuelles opérations hostiles qui pourraient le viser.

Ainsi, il suivra de près le grand nettoyage au sein du SDECE et la mise au pas de ceux qui ont trempé dans l'affaire des photomontages.

S'il est vrai que la vengeance est un plat qui se mange froid, Georges Pompidou n'aura pas laissé longtemps refroidir sa volonté de faire payer ceux qui l'ont couvert de boue en colportant la rumeur sur les parties fines auxquelles son épouse aurait participé.

La conjuration démasquée

Serrant dans sa main une liasse de feuillets confinés dans une petite gaine de cuir Georges Pompidou a confié au journaliste Pierre Viansson-Ponté : « Je m'étais promis de tout savoir. Je sais tout. Les noms sont là. À l'origine il y a une sordide affaire de chantage et un crime quasi accidentel. Des hommes qui voulaient "écraser l'affaire" ont eu l'idée de la politiser. D'autres qui voulaient me barrer la route ont saisi la balle au bond. Et puis, certains, hélas, ont laissé faire[1]. »

Ce carnet exhumé dans le coffre-fort de Pompidou contient, d'après des témoins directs, la liste de ceux qui ont tenté de le torpiller et ont calomnié son épouse Claude.

Une fois à l'Élysée Pompidou dégaine son petit carnet, il va solder les comptes.

La liste comprend le nom de l'avocat Pierre Lemarchand soupçonné d'avoir manœuvré Akow qui aurait été un informateur de la police et instrumentalisé : « Le témoignage d'Akow écrit dans la langue de Voltaire ne pouvait avoir été écrit par un petit voyou illettré », écrira Pompidou. Sur la liste encore figure

1. *Le Monde*, 30 septembre 1975.

le nom de Jacques Aubert, le secrétaire général de la police, ex-directeur de cabinet du ministre de l'Intérieur Roger Frey, il colportait la rumeur. Il paie cette indiscrétion en quittant en 1969 la police pour le Conseil d'État.

Des agents du SDECE suspectés d'avoir trempé dans l'affaire sont eux aussi pointés du doigt. Alexandre de Marenches, le patron du SDECE, va mettre bon ordre dans sa nouvelle maison. En octobre 1970 il entame une purge sans précédent. Le SDECE est littéralement décapité. Au nombre des limogés impliqués dans l'affaire des photomontages, Paul Santenac, un des responsables de la « base Bison » du SDECE installée aux Invalides et chargée de la liaison à Paris avec la DST.

Au moment de l'affaire dépendaient de cette base, outre Santenac, le colonel Maurice Pierson, Jean-Charles Marchiani, alors jeune contractuel du SDECE et futur homme de main de Charles Pasqua, et Claude Pradier. Tous sont accusés d'avoir au mieux joué un rôle trouble, au pire un rôle actif dans la machination. Une honorable correspondante du service, Josette K., surnommée Caramel, avait signalé l'existence de photos compromettantes pour Claude Pompidou. Elle rencontrera l'équipe de Santenac, dont Marchiani (qui envoie sa lettre de démission le 1er mars 1970), durant l'hiver 1968 dans son appartement du 17e arrondissement de Paris. Précisons que tous seront absous en 1973 de ce qu'on leur reprochait.

Le nettoyage du SDECE s'accompagne de celui du SAC qu'on accuse d'avoir lui aussi trempé dans l'exploitation du scandale. La liste de Pompidou contient également les noms de quelques gaullistes de gauche coupables d'avoir exploité l'affaire des photos truquées. Ce qu'on appelle les « gaullistes de gauche » est une fraction hétérogène et composite, curieusement liée aux barbouzeries et souvent mêlée à l'époque à des affaires, en particulier des escroqueries immobilières.

Aux noms de Louis Vallon et de Gilbert Grandval s'ajoute celui d'un des ténors du gaullisme de gauche, Philippe Dechartre, qui se retrouve, au moment où Pompidou a décidé de se venger, au cœur du scandale du CADIR, le Comité d'aménagement et de développement de l'île de Ré, qu'il a fondé et domicilié au ministère du Logement.

Dechartre tombe alors qu'il siège au gouvernement de Jacques Chaban-Delmas au sein duquel il occupe le poste de secrétaire d'État au Travail. Avec d'autres comparses, dont le colonel Roger Barberot et Gilbert Beaujolin, deux éminentes barbouzes du régime liées à Jacques Foccart et aux services spéciaux, il envisageait via le BDPA, un bureau d'études servant aussi de couverture à des opérations d'espionnage, de racketter un groupe immobilier chargé de bâtir des logements sur l'île de Ré, sur le domaine des Évières. En échange d'une soulte de 5 millions nouveaux (500 millions d'anciens francs) destinée au CADIR, Dechartre devait signer le permis de construire. Une belle entourloupe[1].

A-t-on donné un coup de pouce au destin ? Ou n'est-ce que le pur effet du hasard ? La présidence de Pompidou fait en tout cas une place singulière à l'affairisme.

Scandales en cascade

Une des plus proches collaboratrices de Georges Pompidou a écrit qu'il avait été « scandalisé par les scandales » qui prolifèrent sous son règne, laissant entendre par là que lui-même aurait été un modèle de vertu.

1. Philippe Dechartre, dont le vrai nom est Philippe Duprat-Geneau, était titulaire, en 1955, de la carte n° 598360 du PCF établie à son pseudonyme. Il ne sera pas le seule « gaulliste de gauche » à s'illustrer dans les affaires ou plutôt l'affairisme pur et dur (voir Philippe Madelin, *Dossier I comme Immobilier*, Alain Moreau, 1974).

Ni sa majorité, ni son Premier ministre Jacques Chaban-Delmas – qui grâce à une astuce fiscale ne paie quasiment pas d'impôts –, ni même son poulain et alors secrétaire d'État à l'Économie et aux Finances, Jacques Chirac, ne l'étaient en tout cas. Pompidou lui fera d'ailleurs la leçon : « Quand on fait de la politique on n'achète pas un château[1]. » Il fait allusion au château de Bity, en Corrèze, acquis par Chirac le 19 mars 1969, classé en un temps record (le 3 avril, soit moins d'un mois plus tard) monument historique. Il bénéficie dès lors de deux subventions pour sa réfection et d'exonérations fiscales. Jacques Chirac ne paiera pas (légalement) d'impôts, car il déduit de ses revenus les frais de restauration de son château historique[2]. À l'époque il s'indigne des écarts de salaires : « Personne ne devrait gagner plus 10 000 francs par mois », déclare-t-il. Soit un bon salaire de cadre supérieur de l'époque mais pas plus[3]. Partisan de la transparence il préconise « de lever peu à peu le mystère qui sans justification entoure en France la matière fiscale » et ne se montre pas hostile à la « publicité des impôts »[4].

Tout comme Georges Pompidou, il figure en 1972 parmi les « contribuables modestes ». Le « pompidolisme » fait la part belle à la fraude fiscale, estimée à 50 milliards de francs par an. La presse dissèque déjà cette ingénierie qui permet aux plus riches de frauder en toute légalité – on parle même d'optimisation. Elle révèle les astuces, les mille façons de tricher comme la fraude sur la TVA, les pertes sur mesure, les filiales à tout va pour évacuer les bénéfices vers d'autres cieux, des commissions

1. Anne-Marie Dupuy, *Le Destin et la Volonté*, La Table ronde, 1996, p. 184.
2. *L'Expansion*, 10 janvier 1972.
3. Interview au *Point*, 13 août 1973.
4. *Le Figaro*, 10 octobre 1970.

fictives, l'absence de factures ou encore l'intervention auprès d'un haut fonctionnaire ou d'un ministre.

La fraude fiscale s'accompagne d'une avalanche de scandales immobiliers qui grèvent lourdement la présidence pompidolienne. Celle-ci s'illustre aussi dans le scandale des écoutes téléphoniques visant des hommes politiques ou encore la tentative de sonorisation des locaux du *Canard enchaîné*. La commission de contrôle des écoutes du Sénat estime qu'elles auraient pu concerner entre 1 500 et 5 000 personnes, faisant marcher à plein régime les quarante ou cinquante centraux téléphoniques parisiens dotés d'une infrastructure parallèle, un réseau de câbles hérité de la Gestapo et qui aboutit au Groupement interministériel de contrôle (GIC).

Pour améliorer les interceptions la police a bénéficié d'un budget spécial alloué aux spécialistes des écoutes et aux techniciens, soit une enveloppe annuelle de 45 à 50 millions de francs.

Voilà pour la face noire de la présidence Pompidou, abrégée par la mort prématurée du chef de l'État.

Mort de Pompidou

Depuis 1972, l'ORTF, la télévision d'État de l'époque bien tenue en main par le pouvoir, censure certaines images.

La santé du président se dégrade et cela commence à se voir. Même si très peu de gens savent exactement de quelle maladie il est atteint. On évoque tantôt une colibacillose, tantôt des hémorroïdes. Il s'agit en réalité de la maladie de Waldenström, une anomalie sanguine. Alors que certains s'emploient à masquer les effets visibles du mal, d'autres s'activent pour préparer la succession pendant que les journaux actualisent la nécrologie du président.

À l'Élysée on donne le change. On recourt, dirait-on aujourd'hui, à la « communication de crise », aux « éléments de langage ». Georges Pompidou souffre, bien, mais de quoi au juste et est-ce bien grave ? Des plumes se dévouent et fournissent une explication édulcorée et rassurante. Elles relaient des confidences bien sûr faites sous le sceau de l'anonymat. Pierre Juillet et Marie-France Garaud distillent à cette époque ici et là des contre-feux.

Dans *Paris Match*, Raymond Tournoux cite une « source anonyme » et bien informée :

« À l'automne Pompidou s'est rendu dans le Lot par le train. Le chauffage de son wagon n'a pas fonctionné. Le président a eu un point de pleurésie. Il s'est rendu en Afrique noire, il est revenu avec des amibes. Il a été atteint aussi par des rhumatismes et traité à la cortisone. Joints au cumul de la fatigue et d'une activité débordante (voyages en URSS, en Éthiopie, en Islande), ces accidents de parcours expliquent la succession de mauvaises grippes, bronchites sans compter l'embonpoint dû au traitement. »

Quant à l'embonpoint, on pointe « la gourmandise » et le « redoutable appétit du sexagénaire privé d'exercice et qui reprend volontiers de la "crème au chocolat" ». En clair Pompidou ne se ménage pas alors qu'il le devrait. Ses petits déjeuners qui devraient être allégés restent copieux. Il ingurgite jambon, œufs, pain et confiture.

Fuitent aussi des propos attribués à Georges Pompidou et empreints d'ironie : « À chacun ses ennuis, Nixon l'histoire du Watergate et moi je vais mourir », aurait-il dit, goguenard, comme si tout cela n'était que de vains commérages. Ou encore : « Chaque fois qu'on me serre la main officiellement j'ai l'impression qu'on me tâte le pouls. » Du Molière dans le texte. Son état de santé se dégrade bel et bien et à vue d'œil. L'Élysée refuse de se lancer, comme le fera

François Mitterrand, dans la publication de bulletins de santé mensongers. Il biaise ou se tait : « Je ne céderai pas aux injonctions », dit Pompidou, « de ma vie je n'ai jamais été hospitalisé ». Il s'agace, s'emporte mais la vie a ses hauts et ses bas, de constitution solide hier il l'est moins à l'évidence aujourd'hui. Il a pris 10 kilos, cela se voit et les gens jasent. Sa maladie reste donc cachée. Et ses rendez-vous médicaux se déroulent discrètement à l'Élysée. S'il bougonne contre ceux qui l'enterrent vivant, les confidences qu'il fait à ceux qui ont le droit de savoir sèment le trouble. Et suscitent la gêne et l'embarras.

« Je ne peux quand même pas comme avant m'intéresser passionnément à la vie des autres alors que je suis en train de perdre la mienne[1]. » En février 1974, il confiera à Jacques Foccart : « Je n'en peux plus, je souffre trop. »

Lors de son voyage à Reykjavik, en Islande, il apparaît à bout. Son visage marqué, transformé est devenu presque bouffi. Il doit alléger le programme et supprimer trois réceptions. Il puise encore en lui la force nécessaire pour créer l'illusion d'un homme toujours vif et enjoué. Il s'efforce de convaincre ceux qui le croisent ou s'entretiennent avec lui, ceux qui le scrutent en quête d'indices d'une santé défaillante ou, pire encore, qui entrevoient une fin imminente.

Georges Pompidou prend sur lui, « plus amusé qu'irrité » par les rumeurs, dit-on dans son entourage.

La maladie n'était d'ailleurs pas incurable. Et la mort n'était pas une issue fatale. Il eût fallu pour conjurer le mal se mettre au repos, ce à quoi il s'est refusé, sa fonction le lui interdisant. Il songera à ramener la durée du septennat à cinq ans pour raccourcir le temps de l'épreuve. Il espère obtenir

1. Rapporté après sa mort dans *Paris Match* le 13 avril 1974.

la révision de la Constitution. Mais finalement il se ravise et, à l'automne 1973, il renonce à son projet quelques mois seulement avant sa mort.

Au début du printemps 1974, il s'interroge sur l'état d'avancement de la maladie. Ses proches collaborateurs lui cachent alors les articles de *Minute* les plus crus dont un prétend qu'il a le bras droit paralysé, ce qui est faux. Mais l'Élysée campe dans le déni. Le 21 mars pour justifier l'absence de Pompidou à une soirée du corps diplomatique les médecins font état d'une « lésion bénigne vasculaire située dans la région recto-anale ». L'issue que certains redoutaient paraît désormais inéluctable et même imminente.

Le 1er avril 1974, Paul Comiti, le chef de la garde personnelle de Pompidou, informe Jacques Foccart qu'« on vient de ramener le "patron" quai de Béthune en ambulance » et qu'« il est quasiment dans le coma »[1]. Georges Pompidou décède dans la nuit du 1er au 2 avril 1974, à 21 heures, comme l'indique l'acte de décès du professeur Vignalou. Pierre Juillet qui a rencontré Pompidou quai de Béthune une heure avant sa mort alerte Pierre Messmer, le Premier ministre, puis Edgar Faure, le président de l'Assemblée nationale, et Roger Frey, le président du Conseil constitutionnel, tandis qu'Édouard Balladur avertit de son côté Alain Poher, le président du Sénat.

Le décès est annoncé à la télévision à 22 heures. Mais le 2 avril 1974, le drapeau tricolore flotte au vent sur le mât central de l'Élysée, ce qui indique en principe que le chef de l'État est arrivé au palais alors qu'à cette heure il est déjà mort ; le procédé a servi le 17 avril 1964 lorsque le général de Gaulle s'était rendu au Val-de-Grâce pour être opéré de la prostate. Dans son édition de 15 heures *Le Monde* écrit que le président Pompidou reçoit celui du Rwanda. Apparemment la mort soudaine du

1. *Foccart parle*, tome II, *op. cit.*, p. 49.

chef de l'État en a pris plus d'un au dépourvu qui maintenant grappille quelques heures pour s'organiser car les événements vont se précipiter et les proches de Pompidou le savent.

La politique est un spectacle qui ne s'arrête jamais. La campagne pour la prochaine présidentielle démarre alors sur les chapeaux de roues.

Ménage à l'Élysée

Pierre Juillet fait immédiatement transférer les archives du cabinet noir autrement appelé le « cabinet de l'ombre » 8, boulevard de La-Tour-Maubourg et transporte ses dossiers à son domicile parisien 2, square d'Urfé. Les rapports d'écoutes téléphoniques sont dirigés vers le ministère de l'Intérieur où se trouve Jacques Chirac qu'il a fait nommer quelques semaines plus tôt et qui n'avait chaque soir, à 19 heures, qu'à traverser la rue pour se rendre à la réunion du « cabinet de l'ombre ».

Des dossiers plus confidentiels sont acheminés boulevard Mortier, au siège du SDECE, et d'autres embarqués dans une fourgonnette qui prend quant à elle la direction du Quai d'Orsay sous la supervision du conseiller technique du cabinet de Michel Jobert.

Le 3 avril 1974, Georges Pompidou décédé, Pierre Juillet s'installe dans le bureau de Jacques Chirac, place Beauvau, et le jour de l'inhumation à Orvilliers, soit le 4, il déjeune au ministère des Finances avec Jacques Chirac, Valéry Giscard d'Estaing et Michel Poniatowski.

Le premier « quinquennat » non officiel de l'histoire de la Ve prend fin et la succession de Pompidou est en route.

Chapitre 3

Giscard, les affaires privées d'un septennat (1974-1981)

Une simplicité en trompe-l'œil

Les présidents se succèdent mais ne se ressemblent pas. Après le général maurrassien héros de la France libre et l'agrégé de lettres, fumeur de Gitanes et féru d'art moderne, l'Élysée accueille en mai 1974 un inspecteur des Finances à particule et encore quarantenaire (il est né à Coblence en 1926).

Valéry Giscard d'Estaing se distingue tout de suite de ses prédécesseurs. Il ne résidera pas à l'Élysée, qu'il n'habite que brièvement. Il préfère ses quartiers personnels et ses habitudes. Il renonce aux appartements privés qu'a réaménagés le couple Pompidou. Il logera rue de Bénouville où il possède un hôtel particulier de quatre étages, estimé à l'époque à plusieurs millions de francs. Valéry Giscard d'Estaing avouera plus tard qu'il détestait l'appartement privé, son odeur de renfermé, de moisi[1]. Il garde toutefois deux chambres à sa disposition, situées au premier étage, pour se reposer et se changer. Il déjeune à la cantine de l'Élysée, un mess situé 14, rue de l'Élysée tenu par les militaires. Le plus souvent, il mange sur le pouce, d'où

1. Voir *Le Pouvoir et la Vie*, Compagnie 12, chronique de son septennat.

ce ventre plat et cette silhouette longiligne. Giscard raffole des œufs brouillés, devenus emblématiques du septennat. Mais la cuisine située au sous-sol sert aussi des plats plus raffinés.

À table, Giscard se fait servir en premier, puis vient le tour de son fils Henri et enfin celui d'Anne-Aymone, son épouse. Et quand il déjeune sans invités, il laisse face à lui une chaise vide.

Ce « jeune Kennedy français » insuffle à Élysée un style guindé. Il a pourtant placé son mandat sous le signe de la simplicité et de la décontraction. Sur son portrait officiel, on remarque le complet veston plutôt que la jaquette. Sous sa présidence, on dit VGE ou « Valy », le surnom que lui donnait sa nounou. Durant la campagne, pour laquelle ont été recrutés des gros bras de l'extrême droite et des anciens activistes de l'OAS, il a rodé l'exercice, ratissant large et cherchant à trancher avec l'image archaïque, grandiloquente ou compassée, de ses prédécesseurs. Il pianote sur plusieurs registres. Le côté peuple, jeune et moderne. Un jour il enfile une tenue de footballeur, un autre il joue de l'accordéon.

À l'Élysée il n'interrompt pas son numéro de Fregoli. Giscard s'invite à dîner chez les gens, les « vraies gens », dirait-on aujourd'hui, chez qui il débarque avec son panier-repas, cerné par les caméras, tandis que ceux qui l'accueillent ont été longuement briefés. Des opérations de communication relayées avec complaisance, qui vont toutefois rapidement susciter l'indifférence et engendrer le sarcasme et la dérision. Le président ne convainc pas. On ne singe pas durablement l'homme du peuple quand on est issu de la grande bourgeoisie et que l'on porte un nom à particule. D'ailleurs, son septennat ne brillera pas par la simplicité. Rares, il est vrai, excepté sans doute le premier d'entre eux, sont les chefs de l'État qui n'ont pas cédé au vertige du pouvoir et à la dépense.

Quand il s'agit d'argent public, la générosité de l'État est presque sans limites.

À Pau, où le président est attendu au château du Vert-Galant, l'on fait construire juste pour son bref passage une estrade d'honneur, réalisée par des ébénistes d'art, ainsi qu'une salle de bains avec bidet située à proximité de la salle à manger, pour que le président ne perde pas de temps pour aller se laver les mains. Un autre jour, on achemine en Pologne le fusil préféré de Giscard qu'il a oublié à Paris. Un Mystère 20 du Glam, le Groupe de liaisons aériennes ministérielles, décolle de Villacoublay pour s'acquitter d'urgence de cette mission, car le président est un chasseur compulsif et la Pologne un de ses terrains de chasse européens préférés. Une autre fois un avion-cargo précède l'avion présidentiel au Japon et y dépose une Citroën spécialement aménagée pour le chef de l'État. En Nouvelle-Calédonie, Giscard exige cette fois d'être véhiculé dans une 604 gris métallisé, qui sera livrée aux antipodes par porte-conteneurs. Sans doute dans un excès de courtoisie, Giscard dépêche l'avion de la présidence à Cannes où il embarque l'animatrice Danièle Gilbert qui doit monter sur scène le soir à Strasbourg, la capitale alsacienne. Enfin un avion du Glam dépose le fils du président à Marrakech pour une partie de chasse, tandis qu'une de ses filles voyage avec un passeport diplomatique aussi peu justifiable à l'époque que ne l'étaient apparemment durant l'été et l'automne 2018 ceux d'Alexandre Benalla.

Une présidence à particule

Durant la campagne, VGE a démontré que, sans en être un virtuose, il maîtrisait l'usage du piano à bretelles. Mais cet esprit guinguette n'est qu'un artifice. Aucun portrait de l'accordéoniste André Verchuren ne trône dans le hall de l'Élysée. Celui du roi, en revanche, peint par l'atelier de Van Loo, ne fait pas défaut. Derrière les faux-semblants, la vérité suinte, transparaît. Une statue de marbre blanc de Louis XV et de la Pompadour se dresse dans le vestibule d'honneur, ce qui donne à l'Élysée un petit air de restauration.

Le chef de l'État peine à faire oublier sa particule et celle de son épouse. Des particules qui font d'ailleurs sourciller plus d'un spécialiste. Aurait-on un peu chargé la barque et grossi le trait ? Voyons cela.

L'épouse du président, Anne-Aymone de Brantes, prétend descendre du duc et de la duchesse de Berry, mais aussi de Charles X et de Louis XV. On la dit aussi petite-fille du baron Schneider, fille du comte et de la comtesse née princesse de Faucigny-Lucinge de Brantes. Elle serait de sang royal par sa bisaïeule Charlotte d'Issoudun, la fille du duc de Berry et d'Amy Brown. Mais ce lignage ne semble guère attesté. D'abord, il n'y a pas eu de baron Schneider et le père d'Anne-Aymone n'est pas le comte de Brantes mais le commandant François Sauvage de Brantes, mort en déportation à Mauthausen. Il n'y a des de Brantes dans la famille que depuis 1863.

Égal scepticisme à l'égard de son époux, Valéry Giscard d'Estaing. En réalité il n'est d'Estaing que depuis peu. Son père a d'ailleurs été longtemps par dérision surnommé « M. de Puipeu ». La particule est récente. Edmond Giscard, père de VGE et fils d'un quincaillier de Clermont-Ferrand, devenu maître des requêtes au Conseil d'État, a longtemps couru après. Une façon qu'ont certains riches de se hisser parmi les grands pour s'anoblir.

Au début des années 1920, Giscard père tente d'accoler à son nom celui de La Tour-Fondue, il échoue. Une héritière de la famille s'y oppose. Il s'obstine et, en juin 1922, parvient cette fois à joindre à son patronyme celui de d'Estaing. Il s'approprie dans la foulée l'histoire de la maison d'Estaing, c'est-à-dire celle des comtes de Rouergue[1]. Mais Edmond n'a aucun lien de parenté avec l'amiral comte d'Estaing.

Giscard affirme aussi qu'il descend de Louis XV par une arrière-arrière-grand-mère de sa mère, non en ligne directe mais via un enfant naturel. Il se dit apparenté à un certain M. de Saint-Germain, un fermier général du Dauphiné qui avait épousé une femme de chambre des filles de Louis XV, déjà mère d'une fille issue, disait-on, des « œuvres » du roi. Là encore, l'affaire est douteuse. Il n'a jamais été établi qu'elle était la fille adultérine de Louis XV.

En résumé, le président est certes authentique mais sa particule sent le toc.

S'inspirant malgré tout du roman familial fantasmé ou mythifié, Giscard choisit la « chambre de la reine » située face à la pelouse du parc pour installer son bureau, fuyant ainsi le « salon doré » qui servait de cabinet de travail à de Gaulle et à Pompidou.

L'Élysée à l'heure de Giscard

Valéry Giscard d'Estaing prend peu à peu la mesure de ces lieux auxquels il ne tarde pas à apporter des changements. Il entend dépoussiérer ce palais aux airs un peu désuets. Il parrainera notamment la création du fameux « PC Jupiter » d'où peut être déclenché le feu nucléaire.

Jusqu'en 1977, confiné dans un placard décoré de guirlandes, le PC de la force de frappe se dissimulait dans les boiseries, à vingt mètres du bureau présidentiel. Désormais, il est relégué dans des sous-sols bétonnés où, protégé par des portes blindées, il dispose

1. J'emprunte sur ce point au livre de Gérard de Sède *Aujourd'hui, les nobles*, Alain Moreau, 1975, p. 168 à 170.

d'un studio de télévision en circuit fermé connecté à Matignon et héberge le centre opérationnel des armées. Ce sous-sol ultra-sensible sera bientôt truffé de signaux d'alarme et autres gadgets électroniques, ce qui n'empêche pas les tentatives d'effraction ni les intrusions intempestives auxquelles tous les présidents ou presque ont dû faire face. L'une d'elles, survenue en 1977, sera même sanglante : un des policiers chargés de la protection de VGE sera tué par un individu qui avait tenté de s'y infiltrer.

Tout comme ses devanciers, Giscard a mis du temps à accepter une présence policière rapprochée qu'il juge trop invasive. Il revendique le droit à une vie privée qui, en ce qui le concerne, donne lieu en ce début de septennat à bien des rumeurs et commérages. Pour autant, aucun service particulier n'est instauré à l'Élysée, la police et la gendarmerie se partageant la besogne. Si, à Paris, les RG se montrent vigilants, à l'affût de la moindre menace, et si l'escorte est fournie par le ministère de l'Intérieur et son service des Voyages officiels, à Authon, dans le Loir-et-Cher, où Giscard possède un château et une vaste propriété, ce sont les gendarmes qui assurent sa protection.

À cet aspect officiel, il faut ajouter la « protection officieuse » que fournit à Giscard d'Estaing lors de certains déplacements la société privée Century qu'ont créée Marc Delachaux et Glenn Souham, deux proches d'Hubert Bassot, membre dirigeant des Républicains indépendants (RI) et expert en « logistique ».

Cet ancien activiste pro-Algérie française, recruteur d'hommes de main, est réputé en effet pour son savoir-faire en matière de campagnes électorales. Il sera le bienfaiteur de Century qui passe pour la « police parallèle » giscardienne. Depuis sa création en 1974, elle emploie des mercenaires et des militants d'extrême droite et recrute dans la police. À Paris, ses voitures sont équipées de radios par les services techniques de la préfecture, qui leur permettent de communiquer avec les services officiels.

En février 1975, Hubert Bassot rejoint le cabinet d'Olivier Stirn, le ministre des DOM-TOM, comme conseiller technique, à « titre officieux » et, dit-on, sur intervention personnelle de VGE. Son rôle consistera en réalité à développer les Républicains indépendants (RI) dans les départements et territoires d'outre-mer.

Un prince pour confident

Giscard prend peu à peu ses marques, et instaure des rituels. Il s'attarde ainsi, en fin de journée, dans son bureau face à la pelouse du parc du palais. Souvent, autour d'un verre, entouré de ses plus proches collaborateurs ou d'invités, il devise.

Au nombre des privilégiés figure un ami de longue date – le seul à le tutoyer –, le prince Michel Poniatowski (1922-2002), authentique descendant du roi de Pologne.

De 1959 à 1962, cet énarque, qui s'est illustré dans les combats de la Résistance, a été le directeur de cabinet de Giscard alors secrétaire d'État aux Finances. Partisan de l'Algérie française, on dit qu'à cette époque, profitant du poste privilégié qu'il occupe au sein du gouvernement, il a renseigné l'OAS et aurait été impliqué dans le fameux attentat du Petit-Clamart contre le général de Gaulle.

Celui qu'on appelle familièrement « Ponia » n'officie pas à l'Élysée mais non loin, place Beauvau, où le ministre de l'Intérieur qu'il est s'efforce en particulier d'épurer la police des éléments gaullistes les plus enragés, notamment les affiliés du SAC, la police parallèle. Il surveille aussi la faune des barons du gaullisme et Jacques Chirac lui-même qui, bien que Premier ministre, apparaît déjà comme un concurrent et même un adversaire du nouveau président. Il tient informé Giscard des potins et lui transmet les informations les plus confidentielles. Il est en quelque sorte les yeux et les oreilles du président. Et s'il rend compte, il opère de l'extérieur, hors de l'Élysée et en dehors de toute hiérarchie.

Ce confident et informateur du chef de l'État se retrouve mêlé à la sombre affaire de Broglie, du nom de cet ancien ministre, député, homme d'affaires aux activités douteuses et collecteur de fonds du parti giscardien, exécuté par un tueur à gages le 24 décembre 1976 alors qu'il quitte son domicile. Or l'enquête a démontré que la police avait été informée. Elle savait, par un de ses indics, que la vie du prince Jean de Broglie était menacée et qu'un « contrat » avait été lancé contre lui. Mais rien, apparemment, n'a été entrepris pour empêcher l'assassinat. A-t-on dès lors laissé faire ? Et dans ce cas pourquoi ?

Bien que le ministre de l'Intérieur ait nié avoir été averti de la menace qui pesait sur de Broglie, aujourd'hui encore le doute persiste. On s'interroge toujours sur les raisons de cette criminelle négligence. Ce qui est sûr, c'est que cette affaire n'est pas pour rien dans le départ de Michel Poniatowski de la place Beauvau, car elle va plomber durablement le septennat de Giscard.

Le vieil ami, le fidèle historique n'interrompt pas pour autant ses visites à l'Élysée : elles vont seulement s'espacer. Michel Poniatowski se fait plus rare dans l'ex- « chambre de la reine » dont Valéry Giscard d'Estaing a fait son bureau et où il officie de 9 heures à 20 heures.

Le travail quotidien du chef de l'État et de ses équipes s'effectue dans les étages supérieurs du palais et requiert une flopée de chargés de mission (en bas de l'échelle) et de conseillers techniques cantonnés dans les ailes du rez-de-chaussée et les bureaux du premier, réputés pour être bas de plafond[1].

1. Son chargé de mission pour la communication Bernard Rideau est un ancien du laboratoire pharmaceutique Hoffmann-La Roche.

Ces énarques qui nous gouvernent

Durant le septennat, Valéry Giscard d'Estaing s'appuie sur un essaim de collaborateurs rodés et expérimentés, pour l'essentiel issus de l'ENA. Au fil du temps, ils auront pour nom Jean François-Poncet, énarque, fils d'ambassadeur, PDG et capitaine d'industrie (sa famille a de gros intérêts dans la sidérurgie), Claude Pierre-Brossolette ou encore Jacques Wahl, inspecteur des Finances, un ancien de la sous-direction du Trésor[1]. Mentionnons également Jean Serisé, un ex-mendésiste, Pierre Hunt, ex-chabaniste, diplomate, ancien attaché à Madagascar, Jean Riolacci, né à Saigon, fils de douanier qui a fait l'ENA avant de devenir préfet et au domicile duquel, rue Bonaparte, est née l'UDF, l'Union pour la démocratie française, en 1978. Il a rejoint l'Élysée en 1977 lors des municipales comme « spécialiste des questions électorales ». Le chef de cabinet du président, Philippe Sauzay, énarque et sous-préfet, est lui aussi un fidèle de Giscard qu'il sert depuis des années. À l'Élysée, il est celui qui part en éclaireur repérer les lieux lors des déplacements du président. Ou qui supervise le courrier : mille lettres arrivent chaque jour à l'Élysée qu'il faut lire et auxquelles il convient parfois de répondre. « C'est lui qui veille sur les secrets de l'Élysée », a écrit Pierre Pellissier[2].

L'Élysée abrite des conseillers plus mystérieux, tel René Journiac, un ancien collaborateur de Jacques Foccart. Pour Giscard, il s'occupe des affaires africaines mais c'est un conseiller

1. Conseiller technique de Giscard de 1969 à 1971, il fait un détour par Washington et le Canada comme conseiller financier des ambassades de France puis transite par le FMI et la Banque mondiale en 1973. Il remplacera au poste de secrétaire général adjoint Yves Cannac en novembre 1978.

2. Pierre Pellissier, *La Vie quotidienne à l'Élysée*, Hachette, 1978.

sans réelle autonomie car le président, qui lui aussi connaît bien l'Afrique, utilise ses réseaux personnels. Il ne fait pas qu'y chasser et certains de ses proches y font aussi des affaires. Giscard a fait peu ou prou table rase du passé. Il a dissous le secrétariat général des Affaires africaines et malgaches et pour la Communauté créé par Foccart et maintenu par Pompidou. Il a recréé le ministère de la Coopération affilié au Quai d'Orsay et qui retrouve son autonomie. Giscard « défoccardise » les ambassades de France en Afrique. Mais l'Élysée puise toujours parmi les disciples du grand patron de la « Françafrique ».

Mort en février 1980 dans un accident d'avion, de retour d'une mission au Tchad, René Journiac est ainsi remplacé par Martin Kirsch, un autre ex-collaborateur de Foccart qui, bien que mis sur la touche, n'en continue pas moins d'être reçu et sera même consulté pour trouver un successeur à Journiac.

L'Élysée compte également un collaborateur plus spécial encore qui intervient dès que les affaires de la présidence revêtent un caractère singulier, voire explosif. Victor Chapot est en effet assigné aux « cas spéciaux » (ou affaires réservées) qu'il traite officieusement et dont il rend compte directement à Giscard. À peu près toutes les affaires troubles ou tordues du septennat ont à un moment ou à un autre transité par son bureau.

L'homme des « cas spéciaux »

Victor Chapot sert le président avec une grande discrétion. Homme de l'ombre chargé des missions sensibles, voire occultes, il suit à l'Élysée les activités des services secrets et traite directement certains dossiers du SDECE.

Né le 19 décembre 1916 à Saint-Julien, en Haute-Loire, l'homme, si mince qu'il donne parfois l'impression de flotter dans ses costumes, a commencé en 1938 une carrière de fonctionnaire dans les services des Finances où il passe la période de l'Occupation. À la Libération, promu inspecteur de l'Administration, il devient en 1946 administrateur civil au ministère des Finances où Chapot rencontre le jeune Valéry Giscard d'Estaing. Il sera son collaborateur quand ce dernier entre au gouvernement en 1959. Dès lors Chapot ne quitte plus la coulisse giscardienne. Dix ans plus tard, en 1969, Giscard en fait son chef de cabinet[1]. Depuis 1968, Victor Chapot siège au bureau de la fédération des Républicains indépendants et au bureau politique du mouvement giscardien en 1969.

De 1969 à 1974, aux côtés de VGE alors ministre des Finances, il dispose d'un bureau boulevard Saint-Germain, au siège du parti giscardien dont il est, en 1974, le véritable argentier. La presse lui décernera cette année-là le titre de « caissier général de la campagne présidentielle de VGE ». À ce poste, il a succédé à Jean de Broglie, assassiné en décembre 1976 (voir plus haut)[2].

Quand il s'installe en 1974 à l'Élysée, Victor Chapot excelle dans la sobriété. Il a le simple titre de « chargé de mission » et son nom n'apparaît sur aucun organigramme bien que son influence soit grande. Au cours du septennat, ses prérogatives ne cesseront de s'élargir. Officiellement il s'occupe des « affaires réservées » (ou des « cas spéciaux ») et des « chasses présidentielles ». Chasseur lui-même, il a perdu l'œil gauche en 1975, lors d'une partie de chasse dans le nord de l'Écosse, où

1. En 1962, Victor Chapot est nommé sous-directeur rue de Rivoli puis en 1963 contrôleur d'État d'Air Inter. En 1970, trésorier payeur général mais aussi administrateur de la Sofirad, de RMC, d'Europe 1 et de Sud Radio, puis de l'agence Havas. Enfin il sera nommé au Conseil d'État. Président de Burnet participation SA en 1991 et de SA Blanchisserie Simon.

2. Chapot partage ce rôle d'argentier avec Roger Chinaud, fondateur de plusieurs sociétés destinées à lever des fonds dont la principale est le Groupement interprofessionnel d'information économique et sociale.

Claude Hettier de Boislambert, grand chancelier de l'ordre de la Libération, le blesse aux mains et au visage. Ces moments de détente, le fusil en bandoulière, sont d'ordinaire propices aux contacts discrets, à ces arrangements qui doivent rester secrets. Chapot s'affaire dans cette tambouille où se mitonne la politique de l'ombre. Il prendra des contacts confidentiels avec certains leaders, comme ceux des radicaux de gauche, pour les dévoyer car Giscard est un adepte du débauchage. Après les élections législatives de mars 1978, que sa majorité remporte et qui s'annonçaient perdues d'avance, il se met en tête de ramener dans ses filets deux personnalités de gauche, l'avocate Gisèle Halimi qui s'est fait un nom lors de la guerre d'Algérie en défendant les soldats du FLN, puis dans les combats pour l'avortement, et Bernard Kouchner. Avant d'aller plus loin, on demande un rapport, sait-on jamais, à la direction des RG.

Celui consacré à Bernard Kouchner s'attarde sur son rôle lors de la guerre d'Algérie dans les réseaux d'aide au FLN et celui qu'il jouait en particulier dans les réseaux d'évasion pour lesquels, selon les RG, il lui arrivait de filocher des gardiens de prison. Giscard fait la moue. Il hésite et, prudent, préfère renoncer à son idée. Trop risquée.

Franc-maçon qui ne se cache pas de l'être, Victor Chapot s'entremet aussi pour faire initier Giscard à la Grande Loge de France. Tout était sur le point d'aboutir. Une délégation de maîtres devait se rendre à l'Élysée pour y procéder à l'initiation, tout comme Frédéric II de Prusse avait été initié dans son château de Potsdam en août 1738. Une fraternelle maçonnique de l'UDF, baptisée « le club de Poitiers », que présidait le ministre giscardien et radical valoisien André Rossi, s'était même constituée et tirait quelques ficelles. Cette initiation à domicile et non dans une loge rappelle la façon dont Licio Gelli, le patron de la fort secrète P2 (surnommée « l'État dans l'État »), initiait les membres de sa loge… dans son bureau !

L'affaire ne se fera pas car, en février 1977, une indiscrétion évente le projet qui se retrouve commenté en place publique.

Victor Chapot est également chargé des affaires de presse. Il entoure particulièrement Robert Hersant, le « papivore » qui a fait main basse sur de grands journaux (*Le Figaro*, *L'Aurore*...) et constitué un groupe de presse tentaculaire. Il faut s'en faire un allié et surtout éviter que les chiraquiens ne l'utilisent, lui et son réseau. De l'Élysée, il supervise la conquête giscardienne des médias.

Médias sous contrôle

Une élection présidentielle se prépare de longue date. Mieux vaut ne pas être pris de court. Pour celle de 1981, les giscardiens ont entrepris de faire main basse sur les médias, la presse écrite, les télés et les radios.

L'Élysée orchestre dans ce but un mouvement de chaises musicales. Il place ses hommes et destitue ceux qui déplaisent ou qui ne sont pas des inconditionnels. En juin 1978, l'Élysée a imposé à la tête de l'AFP un de ses poulains, Roger Bouzinac. La « voix de la France », le surnom donné à l'agence de presse, prêchera donc pour la « Giscardie ».

VGE, qui prépare déjà la prochaine échéance présidentielle, « veut affermir le pouvoir, tout le pouvoir entre ses mains inspirées », écrit Josette Alia, journaliste du *Nouvel Observateur*, bien introduite dans le microcosme politique. Un épais rapport de sept cents pages dactylographiées basé sur de très nombreuses auditions, dont quatre-vingt-dix-sept de hautes personnalités, atteste de cette volonté. Mais il passe à l'as. Il ne restera de ce travail colossal qu'une vingtaine de lignes.

Son rapporteur, le giscardien Jacques Douffiagues, a jugé lui-même sa publication inopportune. Elle l'était sans doute pour l'Élysée. Le rapport lève en effet un voile très documenté sur le nettoyage médiatique entrepris par les giscardiens. Il éclaire la façon dont les grands médias ont été giscardisés de gré ou de force.

Jean Farran, le directeur de RTL, nommé à ce poste par Jean Prouvost en 1956, a dû démissionner en novembre 1978. Devant la commission d'enquête, il déclare : « J'étais dans le collimateur. » Il a eu le tort de s'opposer aux ingérences de Michel Bassi, conseiller technique à l'Élysée de septembre 1976 à juin 1977, date à laquelle il est chargé de la presse. C'est aussi un ancien de RTL, qui n'hésite pas à s'ingérer dans le travail de ses ex-collègues. Cela ne plaît pas à Farran, qui le remet à sa place. Aussitôt, Jean-Philippe Lecat, le patron de Michel Bassi à l'Élysée, le convoque au « Château ». Et le sermonne. À cette époque, il est courant de faire venir les récalcitrants à l'Élysée pour les mettre au pas. Le sort de Farran est scellé. Chapot entre à son tour dans la danse et, en sous-main, téléguide Christian Chavanon, l'ex-président d'Havas devenu administrateur délégué de RTL et qui joue dans la cour giscardienne. Jean Farran, cerné et acculé, n'a d'autre choix que de démissionner.

D'autres têtes tombent sous la pression de l'Élysée, comme celle d'Henri Dolbois, le directeur général de Radio Monte-Carlo (RMC), que l'État contrôle à 98 % via la Sofirad. On lui reproche d'avoir, lors d'un passage à Marseille, conversé un peu trop longuement avec Gaston Defferre, le maire socialiste. Plus grave encore, il aurait tenu dans un dîner privé des propos désobligeants pour le président Giscard. Xavier Gouyou-Beauchamp, le président de la Sofirad, sort le carton rouge et le punit sur-le-champ. Le 19 septembre 1977, il met fin brutalement aux fonctions d'Henri Dolbois. Le limogé avait pourtant fait bondir l'audience de sa radio de 3,8 % à 12,3 %. Il a quarante-huit heures pour faire ses bagages. Le secrétaire général adjoint de l'Élysée, Yves Cannac, promet de lui trouver un point de chute pour que son départ ne fasse pas de bruit. Résultat, la place est libre. Michel Bassi, patron giscardien de l'Association pour la démocratie, s'empresse de l'occuper.

Le rapport narre encore la façon dont Marcel Jullian, ex-patron de Plon, éditeur des *Mémoires* de Charles de Gaulle et, à l'époque, président d'Antenne 2 (ancêtre de France 2), s'est vu imposer sur sa chaîne Jean-Pierre Elkabbach à la tête de l'information. Son directeur, ex-rédacteur en chef de *France-Soir*, Charles Baudinat, est lui aussi convoqué un beau matin à l'Élysée où un conseiller lui reproche de faire un « journal de gauche ». En quittant le palais, il a compris. Ses jours à la tête de l'information d'Antenne 2 sont comptés. Pour mieux faire passer ce limogeage, l'Élysée répandra une histoire de pots-de-vin que le directeur de l'info remercié aurait touchés pour la construction d'un nouveau siège pour Antenne 2. En réalité, ce n'est qu'une salade arrangée de toutes pièces afin de dissuader la rédaction de se mobiliser.

Dans ce rapport étouffé, Victor Chapot mais aussi Yves Cannac[1], le secrétaire général adjoint devenu, en juin 1978, PDG d'Havas (qui détient des participations dans la presse) et remplacé par Jacques Wahl, sont cités de page en page, ils y sont même omniprésents.

La commission a aussi entendu le promoteur immobilier Jean-Claude Aaron, qui raconte comment il est venu à l'Élysée chercher le feu vert pour acquérir 20 % des actions du *Parisien libéré*. Ce jour-là, il a vu Victor Chapot qu'il connaît de longue date puis il est allé à Matignon pour obtenir l'aval d'Antoine de Clermont-Tonnerre, membre du cabinet de Raymond Barre.

1. Yves Cannac est un ancien professeur d'histoire devenu énarque qui rallie en 1970 le cabinet de Jacques Chaban-Delmas, alors Premier ministre. Trois ans plus tard il rejoint Giscard au ministère de l'Économie et des Finances.

Ce promoteur apparaît en ombre chinoise dans une étrange affaire qui projette sur les mœurs élyséennes un éclairage douteux, sur fond d'affairisme, de crime et d'espionnage. Une affaire incroyable, qui n'a guère soulevé l'intérêt de la presse de l'époque. Elle est en fait quasiment occultée tant il est vrai qu'elle est brûlante de mystère et pose plus de questions qu'elle n'apporte de réponses.

Tout commence avec la mort d'un certain David Karr, un ami intime du gendre d'Alexis Kossyguine, le chef de la diplomatie soviétique d'alors.

Un cadavre embarrassant

Karr, le « Doumeng » américain comme on l'a surnommé – en référence à Jean-Baptiste Doumeng, le « milliardaire rouge » du PCF –, décède selon la version officielle dans la nuit du 6 au 7 juillet 1979 d'une crise cardiaque. Il venait d'arriver à Paris, et avait aussitôt rejoint son appartement de l'avenue Foch. Au petit matin, il gît, en pyjama, à plat ventre sur le sol de sa chambre à coucher. Ensanglantées, les taies d'oreiller de son lit seront retrouvées dans la cuisine !

Curieuse crise cardiaque. Et surprise des policiers qui découvrent à son domicile des documents impliquant Jean François-Poncet, alors ministre des Affaires étrangères et ancien secrétaire général de l'Élysée de Giscard. Ces documents le relient à l'URSS via des accords financiers établis avec des sociétés travaillant en liaison directe avec Moscou[1].

Sorti major de l'ENA, puis élève à Harvard, Jean François-Poncet est loin d'être un personnage insignifiant. On a d'ailleurs songé à lui pour le poste de Premier ministre. C'est un membre

1. *Minute* du 22 août 1979.

important de la Giscardie et du monde des affaires. Au moment du décès de Karr, il n'est plus secrétaire général de l'Élysée mais le patron du Quai d'Orsay, cette administration où il a fait carrière jusqu'en 1971. Cette année-là il se consacre à ses affaires privées. PDG de J.-J. Carnaud et Forges de Basse-Indre, administrateur de Marine-Wendel (François-Poncet est lié par son épouse à la dynastie des Wendel) et de la compagnie navale Worms, il cofonde la Finatec. Engagée notamment dans les pays de l'Europe orientale et en URSS, cette société, outre François-Poncet, a comme administrateur un ex-ambassadeur de France à Washington, Hervé Halphand, président du conseil d'administration, ou encore Paul Bougenaux, ex-directeur du Plaza, et enfin David Karr, sur lequel nous allons revenir.

Parmi les clients de la Finatec, la Sefri de Jean-Claude Aaron, ce visiteur assidu de l'Élysée, surnommé « le roi Jean-Claude » dans l'immobilier, qui a construit à Moscou l'hôtel Cosmos ou encore la Financial Engineers' Society, holding que manage le même David Karr. Ce dernier et sa société ont obtenu d'Image Factory Sports Inc., créée officiellement pour l'exploitation commerciale des Jeux olympiques de Moscou en 1980, la concession pour la fabrication et la promotion de tous les objets et gadgets liés aux prochains Jeux. Un joli pactole en perspective.

La Finatec a également pris des participations dans la Mostec, une société spécialisée dans les contrats avec l'URSS en vue de la création, à Moscou, d'un centre de technologie avec hôtels, bureaux, salles de congrès, appartements résidentiels pour étrangers. Elle sert en fait d'intermédiaire et surtout de transit pour les pots-de-vin.

François-Poncet réintègre le ministère des Affaires étrangères en 1975 alors que la Finatec a signé cette année-là des contrats juteux avec Moscou pour la construction d'hôtels en URSS. Il ne démissionnera de la Finatec qu'en décembre 1976, alors qu'il est devenu entre-temps le secrétaire général de l'Élysée. Quand son ancien associé David Karr meurt le 7 juillet 1979, dans des circonstances jamais élucidées, François-Poncet a pris du galon, il est le ministre des Affaires étrangères de VGE. L'affaire aurait pu se limiter à cette confusion des genres, habituelle dans la haute fonction publique, si des années plus tard la personnalité secrète de David Karr, l'associé de François-Poncet dans Finatec, n'avait été révélée.

Là, surprise. Au début des années 1990, les archives russes révèlent que Karr fournissait au KGB des informations à caractère technologique et que le KGB le considérait comme une « source compétente ».

L'ombre du KGB sur l'Élysée

Journaliste et homme d'affaires controversé, David Karr collaborait donc avec les services soviétiques.

Durant la guerre, à deux reprises, il avait fait l'objet d'enquêtes fouillées du FBI. Dès 1946, le contre-espionnage américain le soupçonne de travailler pour le KGB (qui s'appelle à l'époque le MVD). Tout cela reste alors secret et enfoui dans les dossiers. Karr entame même une carrière dans les affaires et, en 1959, il est le responsable de la Fairbanks Whitney Corporation (qui comprend la Colt Firearms), un fournisseur aux États-Unis de la défense nationale ! Puis il change d'activités. Karr se lance dans le business du cinéma et de l'hôtellerie de luxe et, en 1971, il s'associe au légendaire Armand Hammer, qui a connu Lénine et fait depuis les débuts de l'URSS des affaires avec les Soviétiques. À Moscou, il a ses entrées au plus haut niveau. Karr se glisse dans son sillage comme si on songeait à une sorte de passage de témoin, à une succession. Il devient en tout cas un intermédiaire obligé et c'est ainsi que François-Poncet s'associe avec lui dans Finatec. Mais il n'était pas prévu ni prévisible que Karr disparaisse dans des conditions aussi troubles et mystérieuses à Paris.

Les causes de sa mort n'ont jamais été élucidées, mais l'autopsie a taillé en pièces l'hypothèse de la crise cardiaque. Elle suggère plutôt une mort par étouffement, car le visage de Karr était violacé et sa langue légèrement pendante[1]. Elle révèle aussi des fractures de l'arcade sourcilière et du nez ainsi qu'un écrasement du larynx. Enfin elle indique l'existence d'un gros hématome au sommet du crâne. Certaines de ses affaires ont disparu, comme son agenda. Si la mort n'est pas due à une crise cardiaque et si Kaar a apparemment été malmené, qui donc avait intérêt à se débarrasser de lui ? Bien que cela n'ait pas été rigoureusement établi, Karr aurait pu payer de sa vie des indélicatesses commises à l'égard de ses partenaires soviétiques. Son ami, le gendre de Kossyguine, se trouvait alors au cœur d'une vaste affaire de corruption.

Cette histoire pose de graves et embarrassantes questions. L'ex-secrétaire général de l'Élysée devenu ministre des Affaires étrangères était donc l'associé en affaires d'un agent du KGB qui ouvrait à la Finatec les accès secrets du business soviétique. Question : les intérêts commerciaux de la Finatec auraient-ils pu affecter la politique étrangère de la France ? Au fil du septennat, le giscardisme se mâtine en tout cas d'un curieux philosoviétisme.

Le 14 juin 1978, lors d'une conférence de presse, VGE fait cette étonnante déclaration : « Les dirigeants de l'Union soviétique n'ont pas de programme d'intention malveillante à l'égard de l'Europe occidentale. » Il refuse par ailleurs de recevoir le dissident Andreï Amalrik et étouffe des dizaines d'affaires mettant en cause l'espionnage soviétique. VGE condamne du

1. *Minute* du 29 août 1979.

bout des lèvres l'invasion de l'Afghanistan par l'Armée rouge et pose à Moscou devant le mausolée de Lénine à côté d'un général soviétique bardé de décorations.

S'ajoutent à tout cela des liens ambigus noués par la Giscardie avec Jean-Baptiste Doumeng, l'homme fort de l'appareil commercial communiste, et qui n'est pas lui-même sans avoir entretenu des rapports personnels avec David Karr. Doumeng a ainsi prêté ses avions à Michel Poniatowski, le ministre de l'Intérieur de Giscard, mais aussi à Giscard lui-même, qui les a utilisés lors de sa campagne électorale de 1974 pour effectuer plusieurs voyages en France.

Quelle étrange proximité ! Cynisme, opportunisme, calcul personnel ou politicien – on s'y perd. Mais le septennat de Giscard n'a pas été arrangeant qu'avec les seuls Soviétiques. La politique africaine de l'Élysée frise elle-même la complaisance la plus extrême.

Aux ordres de Bongo

Quand les puissants partenaires de la « Françafrique » réclament ou plutôt exigent une faveur, en général ils sont exaucés. Surtout quand il s'agit de mettre au pas un journaliste qui ne ménage pas dans ses colonnes les potentats africains. Simon Malley, le patron du magazine *Afrique-Asie*, en fera les frais.

Le 27 juin 1980, convoqué par le 8e bureau de la préfecture de police, dédié à l'éloignement des étrangers, on l'informe que le ministère de l'Intérieur l'a décrété *persona non grata*, il va devoir quitter la France. Il paie ainsi sa ligne politique.

Cette mesure est l'aboutissement de nombreuses pressions exercées sur lui et son journal, qui se sont jusque-là traduites par des baisses de publicités d'annonceurs occidentaux et des exigences des banques l'invitant à réduire de façon drastique ses découverts bancaires ; *Afrique-Asie* a dû procéder à un plan social et s'installer dans des bureaux plus modestes. La CIA est elle-même intervenue à plusieurs reprises auprès du SDECE pour qu'on étouffe la voix d'*Afrique-Asie* et qu'on l'empêche de paraître.

Ces pressions n'ayant pas réussi à bâillonner le magazine, ceux qu'il agace en premier lieu reviennent à la charge. Ils se manifestent au sommet africain de Nice, en mai 1980. Trois chefs d'État africains, dont Joseph Désiré Mobutu et Omar Bongo, se plaignent auprès de Giscard des attaques répétées d'*Afrique-Asie* et de son directeur Simon Malley, dont ils réclament la tête. VGE obtempère et se tourne vers Jacques Wahl, le secrétaire général de l'Élysée, et son conseiller technique Martin Kirsch pour qu'ils règlent cette affaire.

La suite est rondement menée. Le 27 juin 1980, Simon Malley apprend qu'une procédure d'expulsion a été engagée contre lui. Le 11 septembre, il reçoit une lettre officielle l'invitant à se présenter le 3 octobre à 9 h 20 devant la commission spéciale de la préfecture qui doit donner un avis consultatif sur son éventuelle expulsion.

Ce jour-là, à 13 heures, Simon Malley a rendez-vous à l'Assemblée nationale où il doit déjeuner avec le député socialiste Laurent Fabius. Mais son véhicule est bloqué par la police. Lui-même est embarqué et conduit dans les bureaux des RG de la section des étrangers.

Ce même 3 octobre, les commanditaires de son expulsion déjeunent à l'Élysée. Ceux-là mêmes qui ont pressé Giscard de se débarrasser du directeur d'*Afrique-Asie*, Joseph Désiré Mobutu et Omar Bongo, sont les hôtes du chef de l'État.

À 16 h 15, Simon Malley est mis de force dans un avion à destination de New York, sa femme Barbara étant américaine et le gouvernement français, qui veut l'éloigner, ayant refusé de l'expulser vers Rome ou Genève.

Son expulsion suscite une levée de boucliers. Malley reçoit le soutien de nombreux ambassadeurs de pays arabes et africains et même quelques-uns inattendus, comme celui de la compagnie pétrolière française ELF-ERAP, qui craint que cette mesure n'affecte ses relations d'affaires. Certains pays pétroliers, tel l'Angola, ont protesté contre l'expulsion de Simon Malley. Peu après, le magazine *Afrique-Asie* publie des informations inédites provenant d'une source diplomatique[1]. Elles montrent à quel point l'Élysée a complu aux exigences d'une poignée de chefs d'État africains.

Le 3 octobre, au palais de l'Élysée, Omar Bongo, qui patiemment attendait que Malley soit enlevé, s'écrie « Ça y est, il est embarqué ». Il jubile. Un collaborateur de Giscard le tient au courant minute par minute du déroulement de l'opération. Avec Mobutu, présent lui aussi à l'Élysée, Bongo s'esclaffe, imaginant Malley emmené de force à l'aéroport par une escouade de policiers. Le chef d'État gabonais aurait même déclaré : « On aurait pu s'occuper de Malley différemment mais on nous a convaincus qu'il était préférable d'agir de la sorte. » Bongo avait réclamé que l'expulsion de Malley soit filmée à son intention, mais l'Élysée n'a pas osé exaucer ce souhait. La gauche défera cet acte d'allégeance et, le 26 mai 1981, Simon Malley foule à nouveau le sol français.

Le septennat de Valéry Giscard d'Estaing compile les affaires crapuleuses, scandales et autres assassinats, mais LA grande affaire qui sans doute lui sera fatale reste celle des diamants que lui a offerts le chef d'État centrafricain Jean-Bedel Bokassa. Pour se tirer de ce mauvais pas qui plombe lourdement son image le président va recourir aux grands moyens, notamment ceux de l'État et de ses services secrets : RG, DST et SDECE. Tous sont mis à contribution.

1. *Afrique-Asie*, 10-23 novembre 1980.

Le chef de l'État n'a pas lésiné et les a placés pour ainsi dire à son service. Un de ceux qui ont participé à cette opération underground de sauvetage de Valéry Giscard Giscard a pu écrire : « Grâce à nous et aux manipulations que nous avons lancées, Giscard a tenu jusqu'au verdict du suffrage universel[1]. » Patrick Rougelet, alors commissaire des RG, sait de quoi il parle puisqu'il crée et anime en 1979 la « cellule Bangui », dédiée à l'affaire des diamants. Il est alors en contact permanent avec des conseillers de l'Élysée mais aussi avec le président lui-même.

La « cellule Bangui »

Tout a débuté le 3 juillet 1979.

Depuis le mois de janvier, Jean-Bedel Bokassa, l'empereur du Centrafrique, fait l'objet de plusieurs enquêtes internationales suite aux tueries d'étudiants perpétrées à Bangui lors de manifestations violemment réprimées. Les jeunes protestaient contre la cherté des uniformes scolaires. La répression qui s'abat est brutale, féroce. Bokassa aurait lui-même participé au massacre d'une centaine d'enfants dans une prison de Bangui[2].

Désormais sur la sellette, Jean-Bedel Bokassa voit son avenir politique compromis. René Journiac, l'ex-collaborateur de Foccart qui sert de conseiller Afrique de Giscard, tente une médiation. Dès lors que la succession de Bokassa est ouverte, mieux vaut l'anticiper. Les deux hommes se rencontrent à Franceville, au Gabon, en présence du président Omar Bongo. Journiac lui propose de céder la place à son fils Georges. Mais Bokassa, que

1. Patrick Rougelet, *RG, la Machine à scandales*, Albin Michel, 1997.

2. Pour ces faits, J.-B. Bokassa sera condamné en février 1988 à mort puis à la prison à vie puis à dix ans de réclusion avant d'être amnistié en 1993 ; il est vrai que certaines accusations n'ont jamais été établies.

de Gaulle avait surnommé le « soudard », du temps où il servait dans les rangs des troupes africaines de la France libre puis en Indochine, avant de devenir le chef d'état-major de l'armée centrafricaine, ne semble pas disposé à lâcher le pouvoir dont il s'est emparé par un coup d'État en décembre 1964, avant de se faire nommer président à vie puis maréchal et d'être couronné empereur en décembre 1977. Avec ou sans son accord, quel que soit l'arrangement, Bokassa doit se retirer, mais par qui le remplacer ?

Parmi les options figure Sylvestre Bangui, ex-ambassadeur du Centrafrique en France, et qui vit en exil à Paris. Après sa rupture et la tuerie des étudiants de Bangui, il a fondé le Front de libération des Oubanguiens ; il habite Montrouge, une ville de l'immédiate banlieue accolée au sud de Paris. Le chef des RG d'Antony, dans les Hauts-de-Seine, a reçu l'ordre de mettre en place autour de l'ex-ambassadeur une surveillance avec un groupe de trois fonctionnaires qui sera opérationnel vingt-quatre heures sur vingt-quatre et qui devra rendre compte à la « Centrale », comme les initiés appellent la Direction des RG.

Chargé de l'opération, Patrick Rougelet, un Bourguignon jovial et débutant dans la partie, frais émoulu de l'école des commissaires, établit le contact avec Sylvestre Bangui. Il le rencontre puis il met en place la surveillance. Sa hiérarchie exige d'être tenue au courant par une note quotidienne d'une page.

Ainsi se crée la « cellule Bangui ». Rougelet adjoint à sa petite équipe le giscardien Xavier de La Fournière, qui à la fin des années 1960 a participé à la création des Républicains indépendants et qui, en 1979, a ses entrées à l'Élysée. Il appartient même au premier cercle. Par son intermédiaire, Rougelet crée un fil direct avec l'Élysée. Sa mission consiste à faire croire qu'il est mandaté par l'Élysée et le ministère de l'Intérieur pour négocier avec Sylvestre Bangui. Le policier et l'ex-ambassadeur sympathisent. Une première note remonte alors jusqu'au directeur central Raymond Cham, un petit homme à l'air sérieux et à la voix aiguë, qui la répercute à son tour au cabinet du ministre de l'Intérieur, Christian Bonnet. Ce dernier, qui a succédé à Michel Poniatowski, est un giscardien un peu falot, élu du Morbihan et classé très à droite. Alors que la France cherche un successeur à Bokassa, Bangui se dépeint avantageusement. Il affirme qu'il est le seul leader de l'opposition susceptible de fédérer son peuple. Il est donc la meilleure option. Il trace en revanche de Bokassa le portrait d'un affairiste sans scrupules qui détournerait l'aide internationale. Via une filière de courtiers libyens, il se livrerait à un trafic de diamants de grande envergure qui rapporterait 17 milliards de francs par an. Mais sa plaidoirie *pro domo* ne convainc pas l'Élysée.

En haut lieu, l'hypothèse Bangui n'a pas la cote et elle ne sera pas retenue pour remplacer Bokassa dont les jours sont maintenant comptés.

Apprenant que l'Élysée et plus précisément le chef du SDECE lui a préféré David Dacko (1930-2003), un ex-président de la République centrafricaine (1960 à 1966), Bangui s'emporte. Il déverse son fiel sur Giscard. Les mots qu'il lâche ne sont pas sans arrière-pensées et constituent une menace à peine voilée. Il évoque, et pour la première fois, les diamants du président, ceux que lui aurait offerts Bokassa.

Patrick Rougelet comprend vite l'importance d'une pareille accusation. Vraie ou fausse, elle est dangereuse et peut s'avérer redoutable pour le chef de l'État. Il ne s'attarde pas ce soir-là avec Bangui. Il fonce à son service dans les Hauts-de-Seine et s'enferme dans son bureau. Là, il rédige une note blanche sur la mise en cause du président. Prudent, il évite le papier carbone et le ruban machine. Il écrit tout à la main sur un bloc de papier vierge. Au milieu des volutes de tabac, Rougelet, surexcité, noircit quatre pages au contenu explosif. Citant Bangui, il écrit : « Giscard ne veut pas lâcher Bokassa parce que Bokassa le tient. » À propos des diamants : « Il en a offert à ses visiteurs de marque, il en a toujours offert à Giscard, et ses frères en auraient aussi profité. » Bangui ajoute à propos du président français : « Je lui ai remis moi-même des sachets de pierres. » Rougelet dort cette nuit-là du sommeil du juste pour son premier poste d'importance, la chance lui sourit et les confessions de Bangui le mettent en valeur.

Le lendemain, 25 août 1979, Rougelet remet sa note en mains propres à son directeur, Raymond Cham. Puis le 27, avec Xavier de La Fournière, il rédige cette fois un mémo qui sera transmis à Giscard, lequel, bien que gravement mis en cause, ne tient aucun compte de la menace. Cham ne croit pas de son côté aux accusations de Bangui et il conseille à Rougelet d'oublier cette histoire. Il lui ordonne même de détruire la note manuscrite. Rougelet obéit.

L'affaire des diamants ne fait pourtant que commencer. Elle éclate quelques jours après le déclenchement, le 19 septembre 1979, de l'opération Barracuda. Les paras français ont été dépêchés en Centrafrique pour renverser le régime de Bokassa qui séjourne alors en Libye. Avec les agents du SDECE, ils font main basse sur les archives qui sont transférées à l'ambassade de France à Bangui. Interdit de séjour malgré lui dans son pays, Bokassa se retrouve en exil forcé à Abidjan.

Pour une poignée de diamants

L'opération Barracuda doit faire place nette de tout ce qui pourrait s'avérer compromettant. En fin connaisseur en la matière, l'ex- « Monsieur Afrique » de De Gaulle, Jacques Foccart, a ce commentaire d'affranchi : « Barracuda, ce n'est pas du néocolonialisme, c'est du colonialisme », ajoutant que « les agents du SDECE avaient pour mission de récupérer des documents concernant les relations personnelles entre Giscard et Bokassa... ils sont tombés sur des stocks de diamants... empilés dans des vases qui ont disparu comme les documents »[1].

À Berengo, le « palais de Bokassa », situé en pleine brousse à 80 kilomètres de Bangui, la razzia commence le 20 septembre 1979 par la chambre de l'impératrice Catherine. Sur un secrétaire, bien en vue, se dresse une pile de dossiers qui regorgent de lettres de Bokassa écrites à des chefs d'État étrangers. De ce lot émerge un dossier plus épais que les autres, avec inscrit sur la page de garde le nom de Giscard d'Estaing. Escamoté, le dossier finit dans le coffre de l'ambassade de France.

À la villa Kolongo située à quelques kilomètres de Bangui, au bord du fleuve, dans le parc à la célèbre fosse aux crocodiles qu'a fait installer Bokassa, cette fois dans la chambre du désormais ex-empereur, l'on récupère des papiers et de vieilles photographies. Un album contient des photos de Jacques Foccart et de VGE en compagnie de Bokassa ou encore de François Giscard d'Estaing, un des frères du président. Mais le ménage a-t-il été bien fait ?

Moins d'une semaine plus tard, le 26 septembre 1979, pour la première fois, *Le Canard enchaîné* évoque les « cadeaux de Bokassa ». Le directeur des RG, Raymond Cham, convoque illico Rougelet qui doit réécrire la note qu'il a déchirée. Le policier s'exécute. Il sonde sa mémoire, et la note, une fois réécrite, est portée début octobre à l'Élysée, au conseiller Jean Serisé, homme de confiance du président, qu'il sert avec une fidélité à toute épreuve depuis 1962, et son principal conseiller économique. Elle sera lue en présence de Giscard. *Le Canard enchaîné* commence alors à publier ses informations et ses documents[2].

1. *Foccart parle*, tome II, *op. cit.*, p. 256.
2. Dans son numéro daté du 10 octobre 1979.

De son côté, la « cellule Bangui » réactivée lance la contre-attaque. Elle s'efforce tout d'abord de faire passer les révélations pour des mensonges et les documents publiés pour des forgeries. Pour discréditer Bokassa, elle le dépeint sous les traits d'un fou et d'un mythomane aux mœurs anthropophages. L'hebdomadaire *Paris Match* publie des photos de cadavres humains dans une armoire réfrigérée qui aurait été découverte au palais de Berengo... En réalité, cette photo a été prise à la morgue de Bangui. La cellule s'emploie en outre à identifier les sources des journalistes. Elle croit aussi, et le fait savoir, que d'autres documents risquent de paraître.

L'affaire des diamants est désormais au centre de toutes les curiosités. À Matignon, le Premier ministre Raymond Barre a chargé Philippe Massoni (voir plus loin « Un pro de la manip à l'Élysée ») d'enquêter et de l'informer sur cette affaire de diamants. Les RG, le SDECE et les forces spéciales ne sont pas les seuls engagés pour juguler l'affaire. Depuis le début de l'année 1980, la DST est elle aussi en première ligne. Elle a créé sa propre « cellule dédiée », le « groupe Delpey », composé de plusieurs commissaires et que cornaque le chef de cabinet de la DST.

La DST et le « groupe Delpey »

Le 10 mai 1980, Roger Delpey est interpellé alors qu'il quitte le bureau populaire libyen qui fait office d'ambassade. On trouve sur lui des documents et de l'argent. Ancien de l'Indo lié aux milieux nationalistes, journaliste, Roger Delpey est l'auteur d'un livre à succès, *Soldat de la boue*, dans lequel il relatait en plusieurs tomes ses barouds. Il sera adapté au cinéma par Henri Decoin, sous le titre *Les Parias de la gloire*, interprété par Curd Jürgens et Maurice Ronet. Producteur vite ruiné, Roger Delpey tâte aussi de la politique, d'abord au RPF gaulliste, puis dans les années 1970 à l'Union pour la liberté dont il est le commissaire général.

Alors que l'empereur de Centrafrique se retrouve, en 1979, au cœur de la tempête, il se met au service de Bokassa. Delpey fait vibrer la corde sensible. Il invoque la solidarité entre anciens d'Indochine. Pour le compte du chef d'État centrafricain, il va récupérer l'argent que Bokassa a déposé en Libye avant d'être poussé à l'exil. Delpey négocie le déblocage de ces fonds qui doivent servir à financer l'écriture et la publication d'un livre blanc. Bokassa se dit innocent, il n'a pas trempé dans les massacres de Bangui qu'on lui impute, jure-t-il. Delpey doit établir son innocence et le disculper. L'ex-empereur lui confie également des documents concernant les affaires franco-centrafricaines. En septembre 1979, Delpey en déposera cent quatre-vingt-sept au cabinet d'un avocat suisse. Il s'agit de lettres de Giscard et de René Journiac adressées à Bokassa, ou encore de documents sur l'exploitation du gisement d'uranium de Bakouma.

Alors qu'il sort du bureau populaire libyen, Delpey est donc alpagué par la DST, qui n'ignore rien de ses activités. Elle le suit depuis un certain temps déjà. Elle sait qu'il projette d'écrire un livre sur les massacres de Bangui ainsi que sur les relations personnelles entre Giscard et Bokassa en s'appuyant sur des documents. Qu'il soit interpellé à la sortie d'une ambassade étrangère plutôt hostile à la présence française en Afrique n'est pas une coïncidence fortuite. Au contraire. Cela doit même donner du poids à un prétendu « complot international » dont Giscard serait la victime.

Roger Delpey est ainsi inculpé par la Cour de sûreté de l'État pour intelligence avec des agents d'une puissance étrangère. Mais tout cela n'est qu'un écran de fumée.

Le 15 mai 1980, alors que Delpey, depuis cinq jours, est retenu dans les locaux de la DST pour « intelligence avec une puissance étrangère » (ce qui autorise jusqu'à six jours de garde à vue), le commissaire Baklouti lui propose le marché suivant : « Il y a un moyen d'arranger les choses, vous me remettez les cent quatre-vingt-sept documents que vous a donnés Bokassa et que vous avez mis à l'abri. » Il affirme que « le président et le ministre de l'Intérieur sont tenus au courant de (votre) affaire minute par minute[1] ».

Roger Delpey ne plie pas, il ne cède ni au chantage ni aux menaces. Après deux cent deux jours de détention, il est libéré mais reste mis en examen et sous contrôle judiciaire. Il bénéficie d'un non-lieu le 2 novembre 1980.

L'Élysée échec et mat

L'équipe chargée des questions de politique intérieure créée à l'Élysée après les cantonales de mars 1976, qui ont été un fiasco pour la majorité giscardienne, n'aura pas réussi à enterrer le scandale ni à endiguer la campagne de presse. Plusieurs de ses membres, dont Jean Serisé et Victor Chapot, ont suivi de très près l'affaire mais le vent contraire était trop violent et trop d'erreurs ont été commises.

Les cellules dédiées aux RG et à la DST, l'opération Barracuda, la récupération des archives de Bokassa et des documents qu'il a placés à l'étranger, rien n'a pu enrayer le développement du calamiteux feuilleton ni son exploitation politico-médiatique.

Le 10 mars 1981, à la télévision, VGE tentera lui-même de crever l'abcès. Triés sur le volet, les cinq journalistes qui l'interrogent ont été autorisés à évoquer l'affaire des diamants. Celui qui a usé de tous les moyens pour faire taire ceux qui informaient leurs compatriotes, recourant à toutes les barbou-

1. Roger Delpey, *Prisonnier de Giscard*, Jacques Grancher éditeur, 1982.

zeries d'État, s'étonne, sans être repris ni interrompu, qu'on lui ait fait un tel procès d'intention, expliquant que l'affaire n'en était pas une, affirmant que « ce n'étaient pas du tout comme on l'a dit des diamants… [mais] des produits de la taillerie de Bangui[1] ». Ça ne prend pas. Les Français ont déjà tranché. Ils ne croient pas celui qui sept ans plus tôt singeait l'homme du peuple.

Voilà pour cette affaire qui n'en serait pas une mais dont on va essayer, par des contacts discrets, d'amortir l'impact électoral. En dépit des tentatives de l'Élysée d'obtenir un « gentlemen's agreement », de convaincre les responsables socialistes et chiraquiens de ne pas l'exploiter pendant la campagne présidentielle (tous bien décidés au contraire à lui faire mordre la poussière par tous les moyens), cette affaire pèsera lourd dans la défaite de Giscard. Elle avait d'ailleurs déjà durement écorné l'image du président et entamé son crédit.

L'équipe de Giscard part à la bataille avec un sérieux handicap que le président sortant ne réussira pas à remonter. Le 10 mai 1981, François Mitterrand est élu et va lui succéder à l'Élysée.

Lui non plus ne ressemble guère à ses devanciers. Avocat, décoré par le maréchal Pétain de la francisque, plusieurs fois ministre sous la IVe République, il accède au pouvoir porté par la gauche socialiste et communiste. Charismatique à sa façon, il surfe sur un irrésistible élan populaire qui vainc le signe indien, cette malédiction qui semblait condamner la gauche à une éternelle opposition. La preuve du contraire a été administrée. Qui aurait cru qu'un tel scénario puisse un jour se réaliser, tant la Ve République a été pensée pour qu'une alternance à gauche ait peu de chances de se produire un jour ?

1. *Les Dossiers du Canard*, n° 1, avril 1981.

Chapitre 4

François Mitterrand, l'obsession du secret (1981-1995)

L'anti-de Gaulle

En mai 1981, alors que l'accession à l'Élysée de François Mitterrand est imminente, un ordre tombe place Beauvau : il faut faire place nette, nettoyer, comme on escamote les preuves d'une scène de crime, toutes les traces des surveillances menées sur la personne de François Mitterrand et ses proches, sa famille et ses collaborateurs. Tout doit disparaître.

Les collectes de ragots, les vieux dossiers, ceux de la guerre, les photos, les films, les rapports, les bandes magnétiques, les enquêtes secrètes et les vieux rapports de la Mondaine, cette police politique qui n'en a pas le nom mais qui de tout temps a alimenté les dossiers crapuleux. Sans oublier le faux attentat de l'Observatoire qui a bien failli, en octobre 1959, briser sa carrière (Mitterrand avait été accusé d'avoir simulé un attentat contre sa personne alors qu'il semblerait plutôt qu'il ait été piégé). Tout doit être détruit.

Entre les deux tours de l'élection présidentielle, la masse de documents à charge qui, au ministère de l'Intérieur, remplissait un espace équivalent à un petit deux pièces est incinérée. Lorsque le nouveau directeur des RG se fait communiquer le dossier de François Mitterrand, ou ce qu'il en reste, ce qu'on lui apporte est bien ténu au regard de ce qui a été détruit ou mis de côté.

François Mitterrand a sans doute été un des hommes (voire l'homme) politiques français le plus espionnés. Il était celui qu'il fallait abattre, celui dont il fallait se méfier et qui, en 1965, crime de lèse-majesté, avait mis de Gaulle en ballottage lors de la première élection présidentielle au suffrage universel.

De 1958 à 1981, on ne l'a pas lâché d'une semelle. Il incarnait la seule et réelle menace pour le régime. Mais la basse police a échoué. Et, après une longue absence, la gauche retrouve les rênes du pouvoir, non sans fébrilité et un brin d'anxiété.

La « prise du palais »

Ce 11 mai 1981, ils patientent à l'antenne présidentielle, 5, rue de Solferino, installés dans un appartement vide, avant de rejoindre l'Élysée. Ceux-là forment le noyau dur de l'équipe mitterrandienne : Régis Debray, André Rousselet, Michel Vauzelle, Alain Boublil. Pendant qu'ils attendent, Pierre Bérégovoy négocie la transition avec Jacques Wahl, le secrétaire général de Giscard auquel il va succéder à ce poste.

« Béré », comme on l'appelle, tranche sur l'ère qui s'achève, celle des inspecteurs des Finances. Lui n'a même pas fait l'ENA. Autodidacte issu d'une famille modeste, il a pour tout diplôme un CAP d'ajusteur. Il a travaillé dans une usine de tissage, puis à la SNCF, avant d'entrer en 1950 à Gaz de France où il fait carrière. Vieux militant de la SFIO, la Section française de l'Internationale ouvrière, ancêtre du PS, il est un des cofondateurs du PSU et un proche de Pierre Mendès France.

Mitterrand l'a chargé de régler les détails de la passation de pouvoir qui s'effectue à 9 heures du matin le jeudi 21 mai 1981. Ce jour-là, VGE accueille Mitterrand à l'Élysée un peu froidement, le visage crispé. Il lui présente quelques dossiers chauds. Il lui demande aussi de bien traiter Jacques Wahl et Alexandre de Marenches. Mais ce dernier, cédant la place à son successeur Pierre Marion, lâche devant les collaborateurs du SDECE qu'il s'apprête à quitter : « Je vous plains d'avoir désormais à travailler (...) pour un tel président[1]. »

S'ensuit un numéro de chaises musicales. François Mitterrand s'installe dans le bureau de De Gaulle, celui qu'a abandonné Giscard, tandis qu'André Rousselet, son directeur de cabinet, récupère celui du président sortant. Tout comme de Gaulle avait envisagé de déménager la présidence à Vincennes, Mitterrand observe à son tour que l'Élysée est la plus petite résidence présidentielle d'Europe. Il s'y trouve à l'étroit, mais il s'y fera.

Le 22 mai, son équipe s'installe et se compose, sans surprise, de fidèles. Jacques Attali sera son « conseiller spécial ». Il prend place au premier étage, dans le bureau voisin de celui de Mitterrand, où autrefois se tenaient les aides de camp du général de Gaulle. Dans un tiroir, son prédécesseur François Polge de Combret, qui a deviné ou du moins pressenti qu'il s'installerait dans cette pièce, lui a laissé un mot. Jacques Fournier, le secrétaire général adjoint, pose quant à lui son sac dans le bureau qui jouxte celui d'Attali.

Mitterrand s'entoure de gens dont il a déjà éprouvé la compétence et la fidélité : son secrétariat particulier comprend Paulette Decraene et Marie-Claire Papegay, qui le côtoient depuis des années. Il y a aussi les amis et les relations personnelles : François-Xavier Stasse, « chargé de mission », et « rocardien », et qui rejoindra le Conseil d'État, est le mari de Nathalie Duhamel, attachée de presse en 1981, belle-fille de Pierre Mendès France et cousine de Jean-Jacques Servan-Schreiber. Mitterrand fait encore venir à ses côtés Paule Dayan, la fille de Georges,

1. Pierre Marion, *Mémoires de l'ombre*, Flammarion, 1999, p. 161.

un ancien chef de cabinet de François Mitterrand décédé avant l'accession du chef socialiste à l'Élysée, et la femme de Pierre Soudet, lui aussi disparu. Laurence Soudet relève si on peut dire de « l'appareil privé » de Mitterrand.

Son vieux complice André Rousselet devient son directeur de cabinet (il l'a été déjà sous la IVe). Plus connu comme homme d'affaires, il est le PDG de la compagnie de taxis G7, dont il détient 86 % des actions, et de la chaîne parisienne de chaussures Kobler. Il possède divers immeubles et une galerie de peinture. En 1985, après son départ de l'Élysée, il prend la tête de l'agence Havas à la veille de la création de Canal+. Parmi les autres fidèles promus, François de Grossouvre, propriétaire de terres agricoles qui officiellement s'occupera des chasses présidentielles et conseillera sur les services secrets[1].

Le 23 mai 1981, les territoires des uns et des autres se précisent. André Rousselet, le « dircab », est également chargé des affaires de police et des médias[2], Pierre Bérégovoy supervise les rapports avec l'administration et le gouvernement, Jacques Attali a en charge les sommets internationaux et la « boîte à idées », Régis Debray sera chargé de mission pour le tiers-monde et quittera l'Élysée en 1985 pour le Conseil d'État. Son adjointe, Cécile Sportis, archéologue et médiéviste, travaillera plus tard avec Danièle Mitterrand.

François Mitterrand trouve également un successeur à Jacques Foccart. Son spécialiste de l'Afrique, Guy Penne, est son dentiste. Franc-maçon du Grand Orient de France, il voyage

1. Citons encore Paul Guimard, écrivain, auquel sont confiées les « affaires culturelles », Jean-Louis Bianco, un ancien du Centre d'analyse et de prévision, un « think tank » français et émanation du Quai d'Orsay, ou encore Hubert Védrine, qui a dirigé pendant la campagne la cellule diplomatique ; tous vont occuper des postes clés de l'Élysée.

2. Michel Charasse deviendra le conseiller technique de Mitterrand pour les questions de police en novembre 1981.

depuis longtemps sur ce continent où l'influence maçonnique est loin d'être négligeable.

Ce dernier occupe tout d'abord deux soupentes aménagées qui formaient le bureau de son prédécesseur, Martin Kirsch, qui avait lui-même succédé à René Journiac en février 1980. En partant, il lui a laissé un local vide et sans dossier. Guy Penne ne s'attarde pas dans ces soupentes. Il rejoint le 2, rue de l'Élysée, qui longtemps a hébergé le bureau et les collaborateurs de Jacques Foccart : une antichambre, un salon d'attente, une grande pièce avec ses secrétaires et un bureau, celui que va occuper Guy Penne, « immense », donnant sur un jardin fleuri[1]. Guy Penne y est relié par une ligne directe à François Mitterrand qui peut l'appeler également à ses domiciles parisien et vauclusien. Guy Penne doit pouvoir être joint à toute heure et en toute circonstance par le président. Il dispose à cet effet d'un eurosignal et d'un téléphone dans sa voiture[2].

L'Élysée héberge aussi des conseillers chargés de missions moins officielles. François de Grossouvre est l'un d'eux, investi d'une tache particulière, celle de veiller sur la vie secrète du président, ce qui bien sûr n'est écrit nulle part.

L'homme qui sait tout du président

Soigné, élégant, très vieille France, bouc et moustache à la Napoléon III, fine gâchette, dit-on, François de Grossouvre s'est installé au premier étage dans l'aile droite, au bout d'un

1. L'ancienne salle de cinéma de l'Élysée garnie de boiseries où se trouvait un bureau deviendra une salle de réunion où Guy Penne installera plus tard Jean-Christophe Mitterrand. Elle sert à l'occasion pour les petits déjeuners et les points de presse.

2. Guy Penne, *Mémoires d'Afrique*, Fayard, 1999.

long couloir, dans le bureau dévolu avant lui à Victor Chapot, l'homme chargé sous Giscard des intrigues et des missions spéciales et dont le nom ne figurait pas dans l'organigramme de l'Élysée. De Grossouvre, tout comme lui, aime la chasse et a été initié aux rites de la franc-maçonnerie.

Depuis plus de vingt ans, il côtoie François Mitterrand et connaît ses secrets les plus intimes. C'est un homme fortuné et plutôt de droite qui, à la Libération, a renoncé à la médecine pour se vouer aux affaires, celles du groupe sucrier de sa belle-famille. À la fin des années 1950, il est un des dirigeants des sucres Berger et Cie. À cette époque, il se lie à Gilbert Beaujolin, l'un des fondateurs de *Témoignage chrétien* et surtout un proche des réseaux Foccart. Il traîne aussi une mauvaise réputation, celle d'un collaborateur, d'un ex-membre du SOL, le Service d'ordre légionnaire. Son parcours est ainsi émaillé de zones obscures et discutées.

Dans les années 1990 a circulé dans les milieux de l'édition un dossier le concernant, dont j'ai eu à l'époque connaissance. Il portait sur cette période et ses liens avec les organisations vichystes. Grossouvre se défendra toujours d'avoir eu un tel passé, affirmant que, bien au contraire, il avait été un valeureux résistant.

Après guerre, Grossouvre gravite dans les coulisses de la guerre froide et flirte avec ses structures les plus secrètes. L'homme a des attaches fortes avec les services de renseignements, ainsi qu'avec certains cercles politiques. En 1964, il participe à la création de la Convention des institutions républicaines, qui jouera un rôle important dans la carrière de François Mitterrand et lors de sa candidature face à de Gaulle en 1965.

Dès lors, Grossouvre le suit comme son ombre, ou plutôt il glisse ses pas dans son ombre tout en fréquentant le cercle Pinay, un aréopage cosmopolite très antisoviétique et ultra-réactionnaire. Cette proximité avec Mitterrand va modeler son futur. Il sera le parrain de Mazarine, la fille « cachée » du président, et veillera sur cette seconde famille. En mai 1981, c'est la mission inchangée que lui confie Mitterrand. Officiellement, celui qu'on surnomme au palais « Barbichette » ou « Cardinal » s'occupe des chasses présidentielles de Rambouillet, Chambord et Marly, et conseille le président sur les questions de renseignement. Mais le fait qu'il veille surtout sur sa vie privée en fait un homme très influent au début du septennat.

À l'Élysée, Grossouvre a réuni autour de lui une petite équipe comprenant notamment Louis Mouchon, avec lequel il a créé en 1976 au PS une cellule de réflexion préconisant une réforme des services de renseignements et à laquelle participaient Charles Hernu, Jean-François Dubos ou encore Pierre Catherine, un ancien du SDECE, et plus précisément du service 7, ultrasecret et spécialisé dans l'ouverture des valises diplomatiques, la pose de micros ou encore l'interception du courrier. Il attire aussi du sang neuf. Le 11 mai 1981, Grossouvre invite Frédéric Laurent à rejoindre son équipe. L'arrivée de cet ancien journaliste de *Libération*, spécialiste de l'extrême droite et auteur d'un livre de référence sur le sujet (*L'Orchestre noir*, Stock, 1978) suscite de l'embarras si ce n'est la critique. Ses engagements d'autrefois posent en effet problème.

Dans le passé, Frédéric Laurent a entretenu des relations étroites avec des adversaires acharnés de la CIA. Aussi, sa présence à l'Élysée aux côtés de Grossouvre, chargé des questions de renseignement, provoque de la fébrilité chez les espions, car Grossouvre reçoit un abondant courrier secret et confidentiel auquel Laurent aura accès. L'affaire est prise au sérieux.

La direction des RG s'alarme. Elle rédige et transmet à André Rousselet, le directeur de cabinet du président, une note de deux pages dont la tonalité est plutôt hostile et que ce dernier fait suivre à Grossouvre : la note revient sur le passé gauchiste de Laurent et en particulier ses activités militantes anti-CIA[1]. Le nouveau patron du SDECE, Pierre Marion, se déplace en personne à l'Élysée afin d'évoquer ce sujet tandis qu'un officier des services spéciaux convoque Laurent et le cuisine sur son passé.

De bonne grâce, l'ancien gauchiste se prête au rituel. Il accepte le débriefing mais il peine à convaincre dans un milieu où, en ces temps de guerre froide, l'on reste très soupçonneux[2]. Bien qu'il ait fait preuve de bonne volonté, tentant de vaincre les préjugés qu'il inspire, Laurent ne fera pas de vieux os à l'Élysée. Grossouvre lui propose d'entrer au SDECE fin 1981, précisant qu'il n'aura pas à y mettre les pieds et qu'il travaillera avec lui, à l'annexe de l'Élysée, quai Branly. Mais Laurent décline cette offre au parfum d'officine. Il comprend qu'il n'a pas sa place dans les coulisses de ce pouvoir. Il n'a pas le bon profil. Son passé fait même les choux gras d'une certaine presse qui le compare à Günter Guillaume, cet agent de l'Est débusqué dans l'entourage du chancelier Willy Brandt. *Minute* verse dans la surenchère et titre même « Un ancien mao coiffe la DST et le SDECE ». En attendant le bannissement et les retrouvailles avec sa carrière de journaliste, Frédéric Laurent sert quelques mois à l'Élysée. Il hérite d'un badge et d'un petit bureau placé à côté de celui de Grossouvre, étroit, muni d'un coffre-fort, d'un broyeur à papier, et dont la petite fenêtre donne sur l'avenue Marigny.

Une étude sur la sécurité présidentielle

Parmi ses prérogatives, Grossouvre a également la sécurité du président qui, en ce début de septennat, semble pour le moins

1. Voir Frédéric Charpier, *La CIA en France*, *op. cit.*
2. Voir Frédéric Laurent, *Cabinet noir*, Albin Michel, 2006.

lacunaire, voire inefficace. Les conclusions d'une étude sur la « vulnérabilité du chef de l'État », réalisée par la DGSE, le nouveau nom du SDECE à compter du 2 avril 1982, sont accablantes. Le constat est sans appel : la sécurité du « PR » (pour « président de la République ») est inexistante. Et même, dans certaines circonstances, confiée à de simples huissiers armés quand ils introduisent des visiteurs auprès du président.

L'étude qui dresse l'inventaire de toutes les incohérences n'a rien laissé de côté. L'accès à la rue de Bièvre, où se trouve au 22 le domicile de François Mitterrand, n'est pas interdit, le dispositif est plutôt allégé. Il comprend deux voitures de patrouille à chaque extrémité, et un gardien en poste devant la maison. Globalement, il n'y a pas de surveillance permanente ni de possibilité de liaison radio immédiate. Le matin, une voiture banalisée avec un chauffeur et un inspecteur armé vient prendre François Mitterrand à son domicile et repart, suivie d'un autre véhicule de police occupé par deux inspecteurs. C'est tout. Si les deux voitures reliées par une liaison radio sur la fréquence réservée aux Voyages officiels, les VO, peuvent si nécessaire être en contact avec le PC de la préfecture de police, en revanche aucune liaison n'existe avec la garde républicaine qui, à l'intérieur de l'Élysée, est chargée de la sécurité du président. La garde républicaine ne dispose pas non plus de liaison radio avec la police nationale. En résumé, les gendarmes et la police n'ont aucune fréquence radio commune et les responsabilités sont éclatées. À Rambouillet, à Brégançon ou à Marly-le-Roy, la garde républicaine est la seule compétente en matière de sécurité, tout comme lors des sommets internationaux qui se déroulent à Versailles. À l'étranger, la sécurité du PR relève cette fois des VO, et plus précisément d'une demi-douzaine d'inspecteurs. Sur le territoire français hors Paris, les préfets sont responsables lors des déplacements présidentiels avec les

VO, la gendarmerie et la police. Tout cela manque de simplicité et de cohérence, en effet.

L'étude mentionne encore l'autorité défaillante du chef des VO ou l'absence de voiture blindée à l'Élysée où elles ne sont louées qu'au coup par coup. Enfin la DGSE a simulé une tentative d'attentat contre le président. Résultat : s'il s'était agi d'un vrai terroriste, François Mitterrand aurait probablement été tué.

Grossouvre va remédier à cet état des lieux. Pour créer une unité spéciale dédiée à la protection du président, l'Élysée enrôle Christian Prouteau, le fondateur du GIGN, le Groupe d'intervention de la gendarmerie nationale, que lui a conseillé, voire désigné, le ministre de la Défense, Charles Hernu.

« L'ange gardien »

Gendarme chevronné habitué au baroud et aux missions spéciales, lui-même fils de gendarme, Christian Prouteau a déjà par le passé effectué des évaluations de ce genre, notamment pour la sécurité de VGE au début de son septennat.

En mai 1981, il a huit jours, pas plus, pour consigner par écrit un projet, car il y a urgence. Prouteau respecte le délai. Il revient à l'Élysée et soumet ses réflexions au conseiller Grossouvre puis à André Rousselet, ce « dircab » toujours pressé et au ton cassant. Prouteau découvre alors qu'on attend davantage de lui. On souhaite qu'il prenne lui-même en charge cette unité, qu'il la crée et la pilote en personne. Il hésite… il dira lors de l'affaire des écoutes au juge d'instruction (le 7 février 1994) qu'il avait refusé cette offre mais que sa hiérarchie lui avait ordonné d'obéir.

François Mitterrand a trouvé les arguments et su, semble-t-il, le convaincre. Mais l'ex-patron du GIGN le prévient ; il l'aura sur le dos nuit et jour, vingt-quatre heures sur vingt-quatre. Mitterrand sourit et acquiesce, il a déjà fait son choix. Il se laisse ensuite débriefer par Prouteau qui veut tout savoir, afin de mieux agir et anticiper sur des failles éventuelles. Il lui faut pour cela connaître les parties de sa vie qui doivent rester absolument secrètes, et celle de Mitterrand n'en manque pas.

François Mitterrand se livre et pour le volet le plus sensible, le plus intime, il ne dit rien. Prouteau est prié de « voir avec Rousselet »[1]. Il s'agit bien sûr de sa double vie et de celle que Prouteau va baptiser la « petite demoiselle », Mazarine, l'enfant caché de Mitterrand. C'est le « privé-privé » que seuls les hommes de Prouteau auront à connaître. Pour cette partie sensible, ce n'est pas Rousselet qui briefe réellement Prouteau mais Grossouvre en personne. Qui connaît mieux que lui cette vie intime qui relève désormais du secret d'État ?

Christian Prouteau ne perd pas de temps. Il baptise la nouvelle unité le Groupe de sécurité de la présidence de la République, le GSPR. Elle est composée à 100 % de gendarmes, et sera opérationnelle trois cent soixante-cinq jours par an et vingt-quatre heures sur vingt-quatre. Il n'est pourtant pas question d'entourer Mitterrand d'hommes armés jusqu'aux dents. Prouteau préfère la discrétion, qui d'ailleurs s'harmonise parfaitement à sa théorie des « cercles », telle qu'il nomme le système de sécurité qu'il a élaboré.

Cette théorie des cercles en compte quatre : trois « physiques » et un cercle virtuel. Le premier, c'est la protection rapprochée. Soit les gardes du corps qui entourent le président au plus près. Le deuxième, la protection élargie, qui se fond jusque dans la foule par éparpillement. Le troisième est la protection longue distance, avec les moyens d'observation adéquats. Enfin le quatrième cercle réside dans le « renseignement », car, dit-il,

1. Entretien avec l'auteur (hiver 2018-2019).

« la sécurité ça doit être un tout cohérent »[1]. Côté effectifs, Christian Prouteau pioche dans ceux du GIGN, dont il est le fondateur, et choisit comme adjoint Alain Le Caro, qui y a été son adjoint.

Le 14 juillet 1982, Christian Prouteau entre en fonction. Son revolver Manurhin MR 73 sous l'aisselle, il prend place à bord de la voiture S1, celle qui accompagne le « PR » au pied de la tribune, d'où il assiste au défilé militaire. On l'appelle aussi la voiture des « privés », celle des officiers chargés de la sécurité du président qui incombe alors à la police. Quatre fonctionnaires, jusque-là relégués dans une petite pièce dite « bureau des privés », étroite et enfumée.

Dès l'arrivée de Prouteau, ces derniers lui battent froid. Ils ont appris qu'il n'aurait de comptes à rendre qu'au directeur de cabinet de François Mitterrand, voire au ministère de la Défense. Ils se sentent ainsi mis sur la touche. Le syndicat des commissaires hausse lui-même le ton. Il s'émeut que le service des Voyages officiels ait été ravalé au rang de simples porteurs de valises. Pour calmer la colère des policiers, on instaure un secrétariat d'État à la Sécurité publique confié à Joseph Franceschi, lequel appelle à ses côtés Robert Broussard, cette gloire de la police censée faire pendant à la réputation de gendarme d'élite de Christian Prouteau. De la sorte, on s'emploie à sauver les apparences. À maintenir une sorte de parité dans la sécurité présidentielle. Qu'on ne s'y trompe pas cependant. Le GSPR est contrôlé par Christian Prouteau et reste composé de gendarmes qui vont faire la loi à l'Élysée.

À l'automne 1983, l'unité en impose et apparaît comme l'enfant gâté du président. Elle possède une couverture radio permanente, des voitures blindées, commandées par le direc-

1. Entretien avec l'auteur.

teur de cabinet adjoint chargé des questions de police à l'Élysée, Gilles Ménage, des escortes motorisées. Elle s'est dotée d'un matériel de recherche de dispositifs d'écoutes sauvages et d'espionnage au sein de l'Élysée. Enfin, l'Élysée aura bientôt son propre service de renseignements autonome, un service action et un contingent d'écoutes pour anticiper les menaces, du moins en théorie. L'Élysée recevra par ailleurs la production des services de renseignements et antiterroristes. Il bénéficie de la logistique de la DGSE et du GIGN et utilise certaines ressources de la gendarmerie à Satory ou à Rosny-sous-Bois.

Voilà qui à bien des égards prend des airs de garde prétorienne, pour ne pas dire de police parallèle.

Pas de renseignements sans écoutes

La « cellule » dite antiterroriste se crée officiellement en août 1982, sous l'égide de Christian Prouteau nommé « conseiller technique » chargé de la coordination de la lutte antiterroriste auprès du chef de l'État, alors qu'il est déjà « chargé de mission » à l'Élysée. Elle apparaît suite à la tuerie perpétrée rue des Rosiers, dans le quartier juif de Paris, par un commando palestinien.

La « cellule » n'a rien d'improvisé et ne sera pas une coquille vide. Elle occupe dans l'aile gauche de l'Élysée des bureaux qui vont migrer 2, rue de l'Élysée, au deuxième étage, puis au 14 de la même rue. La cellule possède deux secrétaires et l'identité de ses membres est couverte par le « secret-défense ». Ses moyens, conséquents, sont pris en charge par le ministère de la Défense. Elle dispose d'armes du dernier cri, de voitures rapides, de moyens de communication sophistiqués et de fausses identités que lui fournit à la demande la DGSE. Elle possède un service action, le GAM (le groupe d'action mixte), qui constitue la partie « clandestine du dispositif », et se compose de neuf policiers et neuf gendarmes. Ce groupe s'illustrera en particulier dans les « affaires corses » ou dans la tentative de neutralisation du terroriste Carlos.

Pour chasser le terroriste, la cellule aura ses propres écoutes, une vingtaine de lignes prélevées sur le contingent de la DGSE, de la DPSD (la Direction de la protection et de la sécurité de la Défense) et du bureau réservé du ministre de la Défense, à l'époque Charles Hernu, un vieux soldat de la Mitterrandie, qui endossera pour le chef de l'État quelques embarrassantes bévues du premier septennat. Prouteau utilise alors les « pédaleurs » du GIC, le surnom donné aux hommes des écoutes du Groupement interministériel de contrôle, car avant l'informatique, une pédale permettait à celui qui écoutait et décryptait de faire une pause sur la bande au moment souhaité.

Ces écoutes destinées à la lutte antiterroriste vont, au fil du temps, servir davantage à la protection de la vie privée du président. Quand le scandale des écoutes éclate, la « lutte antiterroriste » semble n'avoir été qu'un prétexte. Les grandes oreilles de l'Élysée ont écouté des personnalités d'extrême droite, des journalistes comme Edwy Plenel, Michel Cardoze ou Jacques Bacelon, des avocats, une actrice de cinéma...

La cellule est en fait un outil global de protection du président. Elle contre et anticipe les attaques et le protège des « chantiers » qu'échafaudent contre lui ses adversaires. Elle veille à débusquer les rumeurs, les cabales, ou simplement la révélation d'un secret indicible, « car c'est ainsi qu'on ébranle le sommet par le haut », dit Prouteau, et « c'est plus efficace qu'un coup de fusil »[1].

Alors que l'Élysée a pris sa vitesse de croisière, et avant même la création du GSPR, François Mitterrand se découvre

1. Entretien avec l'auteur.

un mal qui va peser sur ses deux présidences, devenant un enjeu politique majeur du premier septennat. Qu'on apprenne à l'automne 1981 qu'un cancer le ronge, et ce président dont beaucoup rêvent d'écourter le passage à l'Élysée devra faire une croix sur ses chances de réaliser un second mandat.

Comme il s'y est engagé, François Mitterrand va publier un bulletin de santé semestriel. Au secret qu'il faut garder à tout prix sur la maladie, s'ajoute dès lors le mensonge permanent.

Un cancer « top secret »

Fin octobre 1981, de retour du sommet de Cancún, au Mexique, François Mitterrand se plaint d'un mal persistant au dos et à la jambe, il boîte et il souffre.

En novembre 1981, des examens sont réalisés en grand secret à l'hôpital militaire du Val-de-Grâce. Tout comme autrefois le général de Gaulle, il y est admis discrètement. Sous un faux nom. Mais sa visite ne passe pas inaperçue. *Paris Match* s'en fait l'écho. Il écrit que, le 7 novembre 1981, sous une fausse identité, « Albert Blot » ou « Biot », François Mitterrand a subi des examens approfondis dans un service du Val-de-Grâce. De son côté, *Minute* (qui ne lâchera pas Mitterrand sur sa vie privée comme il se délectait de la fin de vie de Pompidou) disserte longuement sur les différentes possibilités de maladies qu'il pourrait avoir ; l'hebdomadaire échafaude divers scénarios, mais il n'envisage pas la bonne hypothèse.

Le président est en effet atteint d'un mal sérieux. Le professeur Steg de l'hôpital Cochin, que François Mitterrand reçoit, le 14 novembre 1981, à l'Élysée, livre de sombres et préoccupantes conclusions. Un vilain et agressif cancer de la prostate. Il estime « la moyenne de survie » d'un tel cancer à « trois ans ». Sitôt dit, il rassure le président : « Nous allons faire ce qu'il faut. » Et pour commencer, il soumet son patient à un traitement intraveineux[1]. Ce « nous » associe au professeur Steg un certain Claude Gubler – homme controversé, on le verra –, le médecin privé, personnel, de François Mitterrand.

Gubler hérite en ce début de septennat de ce lourd secret. Il ne quitte plus le président. Pour justifier sa présence permanente auprès du chef de l'État, afin qu'elle ne puisse ni surprendre ni suggérer que le président est malade, on lui trouve des affectations successives. En 1983, René Teulade, le patron de la Mutualité française, intègre Gubler dans son cabinet et, en 1986, Georgina Dufoix, la ministre des Affaires sociales, le nomme inspecteur général. D'autres postes lui serviront également de « couvertures ».

L'Élysée s'enfonce alors dans le mensonge. Gubler met secrètement sur pied une structure hospitalière coordonnée autour du Val-de-Grâce. Depuis qu'en 1964 le général de Gaulle y a été opéré de la prostate, des locaux y ont été aménagés pour le chef de l'État. Cet hôpital est sous administration militaire, ce qui lui confère un surcroît de discrétion. On s'entoure pour autant de mille précautions. Les analyses du président sont ainsi effectuées sous un faux nom, celui de « Xavier Carpentier ». En février 1982, on crée le « plan Vega », un dispositif qui permet au président d'être en permanence et où qu'il soit en France soigné en cas d'urgence.

Lors des voyages à l'étranger, on redouble de prudence et de discrétion. Les Américains étaient parvenus à établir un diagnostic très précis sur le mal dont souffrait Georges Pompidou en recueillant ses urines. Le sachant, Mitterrand et Gubler, qui ne se déplace plus sans son matériel de perfusion, jouent au

1. Jacques Attali note à l'époque cette confidence : « Décembre 1981 le président me dit qu'il a un cancer et qu'il est condamné », annotation qui sera censurée dans son livre *Verbatim* (Fayard, tome I, 1993).

chat et à la souris avec les services de renseignements étrangers. Aiguilles, ampoules, bouts d'ampoules cassées, cotons, sparadrap, tout disparaît, glissé dans la mallette de Gubler, fermée avec un code, comme ce dernier le révélera plus tard[1].

François Mitterrand apprivoise son mal qui, à partir de 1983, paraît même jugulé : « La maladie du chef de l'État semble régulée », écrit Gubler[2]. Jusqu'en 1991, elle semble s'être endormie. Elle ne donne aucun signe d'activité et le professeur Steg le reçoit deux fois par an. Pour plus de sûreté, un autre médecin rallie en 1989 ceux qui soignent Mitterrand. Le colonel Claude Kalfon intègre ainsi son entourage avec l'accord du chef du GSPR, qui le fait passer pour un membre de la sécurité. Les deux hommes se sont connus à Villacoublay, où Kalfon s'occupe du service santé du GIGN. En fait, il n'a pas été choisi au hasard, mais par Christian Prouteau en personne que Kalfon a soigné quand une décharge de fusil de chasse lui a grêlé le visage. Mais Kalfon est en réalité « un cheval de Troie » infiltré pour « dégager Gubler », comme me le confirmera Prouteau.

Gubler n'apprécie pas cette défiance. Il s'agace de cette concurrence, pour ne pas dire cette remise en cause de ses compétences. Il ne lui plaît guère non plus que Kalfon s'insère avec aisance dans le cercle des familiers de la présidence et qu'il prenne même du galon. Le nouveau venu va diriger le service médical qui vient d'être créé à l'Élysée sur l'idée de Gubler. Il voyage avec François Mitterrand et prend son petit déjeuner avec lui. Peu à peu, il détrône Gubler qui prend ombrage de sa perte d'influence comme une favorite ayant cessé de plaire. La santé du président échappe chaque jour davantage aux rigueurs du grand secret. Le circuit des initiés s'élargit. L'a rejoint le

1. Voir Claude Gubler, *Le Grand Secret*, en collaboration avec Michel Gonod, Plon, 1996, p. 44.

2. Claude Gubler, *Le Grand Secret*, *op. cit.*, p. 93.

médecin de l'industriel Antoine Riboud, un ami du président. Robert Mitterrand se mêle à son tour de la santé de son frère et donne son avis ; il est le seul de la famille à être au courant. Médecins et experts font bientôt la ronde autour du président et distillent leurs conseils, puis apparaît Philippe de Kuyper, un adepte des « médecines parallèles ». Cette affluence autour d'un moribond paraît obscène. Le second septennat est entamé et Mitterrand sait qu'il ne briguera pas un troisième mandat. Le plus dur, l'essentiel a été accompli : se faire réélire en 1988. Le secret absolu ne s'impose peut-être plus. Paris bruit d'ailleurs de rumeurs et d'échos de mieux en mieux informés sur l'état de santé du président. Sous peu, sa maladie sera de notoriété publique.

En 1992, François Mitterrand rechute. Fin août, il est victime d'une importante hémorragie. Effrayé par ce qui lui arrive, il se tourne ce jour-là vers le GSPR, dont le chef, Le Caro, prévient immédiatement Christian Prouteau qui juge depuis un certain temps avec scepticisme les compétences et le rôle de Gubler. Le GSPR a du reste fouillé discrètement les valises de médicaments pour s'assurer de la pertinence du traitement. Le 11 septembre 1992, François Mitterrand subit une « résection endoscopique ». Puis la douleur se fait plus présente et plus visible, comme ce fut le cas lors des derniers temps de Georges Pompidou. Son visage se fige désormais comme un masque funéraire. Tout comme ses traits, son caractère se durcit.

À l'automne 1994, l'entourage médical s'entredéchire : on se dispute et la querelle entre spécialistes vire à la foire d'empoigne. On se bat, écrit Gubler, pour occuper une place dans un Mystère 50 où elles sont comptées.

Au début du septennat la santé du président est un des secrets les mieux gardés mais, en dépit des précautions, il n'est pas si inviolable que cela et des adversaires résolus du chef de l'État ont déployé leurs antennes et activé leurs réseaux. Ils le traquent. Plus largement, c'est sa vie privée sans restriction qu'ils soumettent à leurs investigations, ce qui ne plaît guère au locataire de l'Élysée.

Mitterrand déclare la guerre à *Minute*

En août 1983, le président pique une de ces colères froides dont il a le secret. Il s'emporte, desserre à peine les dents. Dans une note d'écoutes du Groupement interministériel de contrôle (GIC), il vient de lire que *Minute* a décidé de le suivre, lui, ses proches et ses collaborateurs. Cela sonne comme une déclaration de guerre à laquelle il réplique avec rudesse et détermination.

Il se tourne vers son directeur de cabinet adjoint, Gilles Ménage : « Il faut déclarer la guerre à *Minute* », dit-il. Il n'emploiera pas les mêmes mots avec Christian Prouteau. « Il savait, dit ce dernier, que j'aurais refusé, car je savais ce que cela voulait dire et je n'avais pas d'attirance pour la "basse police"[1]. » Le président a alors les nerfs à vif. Celui qui a été autrefois ministre de l'Intérieur s'exclame : « Il doit bien exister une police capable de faire des enquêtes ! » Il menace de briser ceux qui « feraient obstacle aux recherches », comme l'écrira plus tard Gilles Ménage[2].

Depuis mai 1981, l'hebdomadaire s'intéresse avec insistance à sa double vie et a relayé les rumeurs sur son état de santé. Tout cela doit cesser. Mitterrand veut tout savoir sur le directeur de *Minute*, le rédacteur en chef et les propriétaires du journal, notamment ce financier belge, bâilleur de fonds de *Minute*, auquel on a refusé la nationalité française. François Mitterrand l'a tout particulièrement dans le collimateur.

1. Entretien avec l'auteur.
2. *L'Œil du pouvoir*, tome I, Fayard, 1999.

Pour mener cette enquête qui s'annonce implacable, Joseph Franceschi, le secrétaire d'État à la Sécurité publique, et François de Grossouvre ont leur candidat : Gilles Kaehlin, un « flic de gauche », disent certains, que Frédéric Laurent a rabattu dans les filets de Grossouvre[1].

K., le « flic de gauche »

Voyons en quoi consiste le parcours de ce « flic de gauche ».

Gilles Kaehlin, dit K., est issu de cette police politique longtemps coiffée par Jacques Harstrich, le patron de la section recherche de la Direction centrale des RG, en charge de la BOC, la Brigade opérationnelle centrale, qui s'illustre après Mai 68 dans la lutte contre les groupes révolutionnaires, séparatistes et autres activistes.

En juillet 1976, K., qui sort de l'école de police, rejoint la BOC comme inspecteur stagiaire. Son chef, Jacques Harstrich, n'est pas avare de compliments, il le pare même de bien des qualités : homme courageux, déterminé, ayant une bonne compréhension des objectifs… il est « calme, pondéré, parle anglais couramment, fidèle, loyal (…), féru de musique classique (…), il s'exprime avec aisance ».

De 1976 à 1981, K. s'occupe de terrorisme et de ces « enquêtes réservées » qui sont l'apanage de la BOC. En 1980, son chef de service à la DCRG, Jean-Pierre Pochon, évaluant les qualités de son subordonné, écrit : « présentation sans reproche (…) tenue et éducation sans critique (…), enthousiaste mais discipliné (…). Jouit de la confiance du chef de service ». Il

1. Kaehlin a été adressé à Frédéric Laurent par Georges Marion, ancien gauchiste et journaliste spécialisé dans les affaires de police alors que l'Élysée recherchait des « flics de gauche », une denrée plutôt rare.

conclut : « Gilles Kaehlin est un jeune collaborateur très dévoué et courageux faisant preuve d'intelligence dans l'accomplissement des missions qui lui sont confiées. Acquiert au fil des années davantage de maturité. Élément solide et très à l'aise sur le terrain. À maintenir au sein de la section où il donne totale satisfaction »[1]. En mai 1981, K. fait sa mue. Du moins, il se rallie au nouveau régime. Il passe des RG aux Voyages officiels (VO) et se retrouve à l'Élysée où il rejoint l'équipe de François de Grossouvre, le « Monsieur Services Secrets » à l'Élysée[2]. Les RG traîneront les pieds pour le muter à l'Élysée, avant d'exaucer le souhait de la présidence. Au service de Grossouvre, K. devient le flic antifasciste qu'aucune tâche ne rebute. À en croire le journaliste Pierre Péan, il servirait aussi à faire passer des messages.

Le 17 avril 1983, alors que Pierre Péan s'apprête à publier son livre *Affaires africaines* (Fayard), dans lequel il déballe les dessous de la Françafrique, il rencontre K. rue de Liège, à Paris, à son domicile. Le jour même, de peur de l'oublier, Pierre Péan consigne par écrit leur échange.

K. lui dit : « Je suis chargé de l'affaire. De négocier avec toi. J'ai vu de Grossouvre hier. C'est impossible que ton livre sorte. Mais il estime que tu as travaillé et que tu dois être dédommagé. Il m'a chargé officiellement de négocier. Mais évidemment, il n'est pas question qu'il apparaisse. Il serait cuit... Si Bongo saute, c'est la déstabilisation dans la région, les Libyens, les Soviétiques. Ton livre est impossible (...) Je suis prêt à partir à Libreville (...). Je vois Bongo. Je donne ton chiffre et fais virer la somme sur un compte en Suisse (...). Donne-moi la réponse rapidement. Quarante-huit heures ce serait bien (...)

1. Document daté du 13 octobre 1980 en possession de l'auteur.
2. Frédéric Laurent, *Le Cabinet noir*, Albin Michel, 2006.

Grossouvre emploie ces moyens parce que tu es de gauche, sinon les services s'occuperaient de ton cas… »[1].

À en croire cette attestation faite pour la justice, et qui expose celui qui ment à de sévères représailles, K. serait donc diversement mis à contribution.

En janvier 1983, K. retourne au ministère de l'Intérieur où il rejoint en mars le cabinet de Joseph Franceschi. Dès le mois d'avril, cet électron libre effectue des « enquêtes réservées ». Dans une note du 10 septembre 1983, Georges Ferran, sous-directeur de la DCRG, rapporte à Gilles Ménage qu'il a été convoqué par Joseph Franceschi pour qu'il fournisse à Kaehlin « un bureau, une secrétaire, une voiture ». D'après Ferran, Joseph Franceschi aurait confié à K. une liste d'enquêtes à faire[2].

Son style de fonctionnaire iconoclaste, voire borderline suscite cependant au palais non seulement de l'irritation mais aussi de la méfiance et de la réprobation.

Tout comme Frédéric Laurent qui l'a introduit dans la place, sa carrière à l'Élysée est abrégée ainsi que son retour au ministère de l'Intérieur. En 1984, il est affecté à Saint-Martin, dans les Antilles, comme chef de la PAF, la police de l'air et des frontières.

À l'Élysée, les enquêtes se suivent, les cibles changent. Dans un état de veille permanent, on se montre attentif à la moindre menace. L'une d'elles, que représente Jean-Edern Hallier, devient une préoccupation majeure de la cellule et l'homme la cible privilégiée des écoutes élyséennes et de ses barbouzes.

1. Attestation de Pierre Péan, en possession de l'auteur, faite lors du procès en diffamation intenté par Gilles Kaehlin à Gilles Ménage en août 1999.

2. Dans sa note, Ferrand écrit : « K. donné une liste de journalistes tous sur la liste rouge pour identification en vue de constructions ultérieures éventuelles ».

Jean-Edern pèche par excès et fait trop parler de lui. Il querelle Mitterrand avant tout par dépit. Jean-Edern Hallier lui en veut de ne pas l'avoir récompensé. Il se plaint de ne pas avoir eu ce qui lui aurait été dû, un titre quelconque eu égard au rôle qu'il prétend avoir joué dans la victoire de Mitterrand : on lui aurait promis la direction d'une chaîne de télé ou, plus modestement, une émission littéraire. Il n'a rien eu. Frustré, cet homme fantasque enrage et s'agite.

Jean-Edern, l'écrivain indésirable

Jean-Edern Hallier a déclaré la guerre à l'Élysée. Guérillero parisien vindicatif et snob au regard de cyclope, parfois grandiloquent mais toujours cultivé, il déborde d'imagination et a entrepris sa petite guérilla privée.

Le 4 mai 1982, il organise son propre enlèvement. Le 21 juillet de la même année, il fait plastiquer l'appartement de Régis Debray. La bombe saute en pleine nuit à 4 heures du matin. Elle pesait 1,5 kilo et l'explosif était relié à un détonateur électrique. L'attentat sera revendiqué par de fantomatiques Brigades révolutionnaires françaises. Il organise encore le cambriolage de l'appartement de Jean Daniel, le directeur du *Nouvel Observateur*.

Mais Jean-Edern Hallier s'entête surtout à faire paraître un ouvrage où il relate la double vie du président et révèle l'existence de Mazarine, ce secret qui a hanté le septennat. L'Élysée qui se procure le texte par deux sources différentes au moins vérifie que Jean-Edern y évoque bien Mazarine. Il le fait en quelques pages seulement. Le reste du tapuscrit[1] est une charge,

1. *L'Honneur perdu de François Mitterrand*, texte publié après la mort de François Mitterrand, en 1996, Éditions du Rocher-Les Belles Lettres.

une eau-forte comme dit Jean-Edern, dans laquelle ce dernier s'étonne qu'en décembre 1983 Mitterrand ait remis la croix de chevalier de la Légion d'honneur à Françoise Giroud, l'auteure du *Bon Plaisir*, l'histoire romancée et cryptée de la fille cachée de... François Mitterrand.

Le livre a certes fait jaser et cancaner. Il a suscité des spéculations, mais rien de plus. Il reste un roman à clé, une fiction, dans laquelle bien des détails de la véritable histoire ont été modifiés. C'est une histoire vraie qui ne l'est pas vraiment. Voilà toute la différence. Et pas seulement, car le texte de Jean-Edern est aussi un pamphlet d'une rare cruauté.

L'écrivain y reprend les attaques que publie l'extrême droite depuis des années sur Mitterrand, qu'il s'agisse de son « passé maurrassien », de la période vichyste, de ses « liens » avec la Cagoule, de son évasion d'un camp de prisonniers « romancée », si ce n'est rocambolesque et inventée, de l'obtention de la francisque – une décoration remise aux affidés du maréchal Pétain – ou encore de l'affaire de l'Observatoire, ce faux attentat qui a failli briser sa carrière.

L'obstination de Jean-Edern vire à l'obsession. L'Élysée le place alors sous surveillance. Mitterrand donne des ordres. « Les basses œuvres » de Jean-Edern ne peuvent être publiées. Tout est donc fait pour qu'elles ne le soient pas. La cellule s'y attelle mais elle n'est qu'un rouage d'une mobilisation plus large. Des proches de Mitterrand s'entremettent : Jack Lang, Roland Dumas, Pierre Joxe ou encore André Rousselet. Les coups pleuvent.

Tout est entrepris pour empêcher que *L'Idiot international*, ce journal que Jean-Edern a créé après Mai 68 et qu'il tente de ressusciter, ne paraisse. Jean-Baptiste Doumeng, le milliardaire rouge qui prêtait ses avions à Giscard, lui avait promis son aide ; il se rétracte. La DST fait pression de son côté sur les commanditaires : le papier promis ne sera pas livré. Le numéro 1 du journal dont *Minute* a réalisé la photocomposition paraît le 17 octobre 1984, mais une partie du tirage est détruite par les sociétés chargées de l'imprimer. L'écrivain a resserré ses liens avec *Minute* et des groupes d'extrême droite. Une écoute dont la substance est rapportée dans une note de Michel Delebarre, le directeur de cabinet de Pierre Mauroy[1], indique ainsi que l'hebdomadaire s'apprêterait à publier un texte de Jean-Edern Hallier sur « Tonton et Mazarine ». Hallier se rapproche également du GRECE, ce think tank de la nouvelle droite et du groupe activiste MNR, le Mouvement nationaliste révolutionnaire, toujours prompt à faire le coup de poing et infiltré par la police… Jean-Edern trouve ses alliés où il peut.

La section presse des RGPP, les RG de la préfecture de police de Paris, le suit elle aussi pas à pas. Elle rédige de nombreuses notes sur les démarches de Jean-Edern pour faire paraître *L'Idiot* qui finalement n'aura qu'une existence aléatoire et une parution irrégulière. Jusqu'en mars 1986, la cellule surveille les faits et gestes de Jean-Edern. Elle opère en liaison avec plusieurs ministères et rend compte au président, à Gilles Ménage ou encore à Jean-Claude Colliard, l'homme à la pipe, nouveau directeur de cabinet après le départ de Rousselet et chargé à l'Élysée, entre autres choses, de la presse écrite.

François Mitterrand n'est pas qu'un lecteur passif des notes que lui adresse la cellule, bien qu'il soit friand de potins, selon Christian Prouteau. S'il le faut, il met aussi la main dans le cambouis. Il manœuvre sa petite phalange qu'il mène à la baguette et qu'il sollicite lui-même. Il est ainsi à l'origine de plusieurs enquêtes comme celle qui a visé Jean-Edern Hallier, *Minute* ou encore *Le Monde* quand le quotidien révèle l'existence de l'agent « Farewell », nom de code de ce Russe qui renseignait

1. Datée du 16 décembre 1983 et adressée à Gilles Ménage.

la DST sur l'espionnage soviétique et le vol à grande échelle des secrets technologiques de l'Occident.

Cette taupe qui abreuve le contre-espionnage français depuis des mois est « top secret ». Mitterrand exige de Prouteau qu'il identifie la source de l'article et lui lance : « Faites votre travail ! »

François Mitterrand prend encore les rênes de l'enquête sur les fuites au Conseil supérieur de la magistrature, le CSM. Inquiétantes à ses yeux, car elles se produisent en décembre 1987, en pleine cohabitation (1986-1988). La droite a remporté en mars 1986 les élections législatives et Jacques Chirac est le Premier ministre de Mitterrand : c'est la première cohabitation de l'histoire de la Ve République.

François Mitterrand mène l'enquête

Danièle Burguburu a succédé à Simone Veil à la tête du CSM et, à ce titre, entretient avec le président une correspondance sensible, particulièrement en ces temps de cohabitation. Or, voilà qu'elle reçoit des lettres anonymes qui sont en fait des envois confidentiels entre elle et François Mitterrand, comportant même des annotations de la main du président.

Quelqu'un photocopie donc au CSM la correspondance privée de Danièle Burguburu, et le fait savoir. Le chef de l'État charge aussitôt Christian Prouteau d'enquêter car il veut savoir qui se cache derrière ces fuites et en connaître l'origine. En ces temps où la droite tient les ministères de la Défense et de l'Intérieur, et a le contrôle sur les services secrets et la police, l'Élysée va devoir se débrouiller seul et dans la plus grande discrétion.

Les activités de la cellule sont mises en sommeil. Le 15 mars 1986, les vingt lignes téléphoniques attribuées à la cellule sont supprimées. Christian Prouteau a plaidé pour qu'elle conserve cinq ou six lignes pour la sécurité du président. En vain. À titre de consolation, l'Élysée recevra un double de l'ensemble des écoutes téléphoniques du GIC[1].

Christian Prouteau contourne alors les obstacles. D'autres feront le travail de la cellule plus discrètement encore. Pour l'affaire des envois anonymes du CSM, les vérifications et autres analyses sont confiées à l'IRCGN, le laboratoire de police scientifique de la gendarmerie situé à Rosny-sous-Bois. Prouteau sollicite également la Société de protection et d'investigation industrielle (SPII) de Robert Montoya, qu'il a déjà utilisée pour la cellule antiterroriste, et dont un des actionnaires n'est autre que Charles Pellegrini, l'ex-patron de l'OCRB, l'Office central de répression du banditisme, et surtout un ancien responsable du GAM, le groupe action de la cellule élyséenne.

L'enquête sur les fuites au CSM que lui a confiée Mitterrand progresse rapidement. D'après le labo de Rosny, la photocopie provient du copieur dont se servent la secrétaire générale, les deux secrétaires et l'huissier du CSM. Le labo a également relevé une empreinte. Elle n'apportera rien à l'élucidation de l'enquête si elle ne peut être comparée à une autre afin d'identification. On récupère alors les empreintes des quatre personnes qui ont accès au copieur, et qui sont discrètement prélevées sur des tasses de thé après le *five o'clock* quotidien du CSM.

Tout accuse alors Yves Lutbert, l'huissier détaché au CSM depuis le 2 novembre 1981, et préposé à la distribution des courriers les plus urgents. Mitterrand veut en savoir davantage.

1. Un collaborateur recruté par Gilles Ménage et dépendant de son secrétariat s'occupera de 1986 à 1988 des doubles des écoutes GIC reçues par l'Élysée. Sous Giscard le double de la production des écoutes réalisées par l'ensemble des services était adressé quotidiennement à la présidence pour vérifier si l'on ne complotait pas contre le chef de l'État. Gilles Ménage, *L'Œil du pouvoir*, tome I, *op. cit.*, p. 317.

Agit-il pour le compte de quelqu'un d'autre, et dans ce cas de qui ? L'huissier est placé sous surveillance[1]. On enquête sur lui et ses relations et l'on s'apprête à installer sur le palier de son appartement un petit magnétophone, dans le but de brancher sa ligne personnelle. Mais l'entreprise capote car une voisine, qui s'inquiète de ces mystérieux va-et-vient à l'étage de Lutbert, alerte la police qui débarque alors que Montoya et ses deux assistants viennent de quitter l'immeuble.

La police les interpelle pendant qu'ils grimpent dans leur voiture, où est découverte une valise remplie d'accessoires électroniques et de clés passe-partout. L'enquête, confiée à la 4e DPJ, butera à la porte de l'Élysée. D'après Prouteau, l'équipe de Montoya était depuis quelque temps sous surveillance et filée par des équipes de policiers de la PP qui attendaient peut-être le moment propice pour intervenir.

En 1988, la cohabitation s'achève à l'avantage de François Mitterrand qui emporte la partie et écrase Jacques Chirac au second tour de la présidentielle. Il réunit près de 56 % des suffrages, soit un peu moins que Pompidou en 1969, mais plus que de Gaulle en 1965. Pour autant, cette victoire cache une usure profonde. Sept ans après son arrivée au pouvoir, le monde socialiste miné par la corruption et les querelles intestines s'effondre, l'illusion est en train de tourner court alors que le cancer du président se manifeste, plus vivace que jamais.

L'ère Mitterrand laisse filtrer ses secrets, ses mystères et ses scandales. La vie privée prend l'eau, tout émerge : la santé et la famille cachée, le passé vichyste. Autour du président, le carré des fidèles s'éclaircit, Pierre Bérégovoy, qui fut le premier

1. Homosexuel, Lutbert est aussi l'amant d'un proxénète pour hommes de la rue Saint-Denis, un certain Genova, et l'ami de Thierry Paulin, ce tueur en série arrêté en juin 1987 et décédé du sida.

secrétaire général de l'Élysée, en mai 1981, se suicide (en 1993) dans sa ville de Nevers. La presse l'accusait d'avoir profité des largesses d'un ami de Mitterrand, Roger-Patrice Pelat.

François de Grossouvre a cessé d'être l'homme influent du début du septennat. En juillet 1985, il a d'ailleurs quitté officiellement sa fonction de « chargé de mission » pour devenir le conseiller international des avions Dassault. Toutefois, il conserve un bureau à l'Élysée, son appartement de fonction du quai Branly, ses secrétaires, ses gardes du corps. Mais il a mangé son pain blanc et attaque désormais son pain noir.

Le voilà confronté au désamour, à la mise à l'écart et, insensiblement, à la prise de distance hautaine du président. Sa disgrâce survient au moment où l'affaire du *Rainbow Warrior,* ce navire de la flotte de Greenpeace coulé dans le port d'Oakland, en Nouvelle-Zélande, éclabousse la France.

La DGSE fait scandale

Parmi ses multiples attributions, Grossouvre comptait le suivi de la DGSE, qui a organisé, planifié et exécuté cet attentat, le 10 juillet 1985, au cours duquel un photographe encore présent sur le bateau a trouvé la mort.

Depuis des mois, la direction centrale des essais nucléaires s'inquiète de la campagne que prépare la flottille du groupe écologiste. Elle réclame un renforcement des moyens de surveillance. Le *Rainbow Warrior* possède en effet une coque très épaisse, susceptible de résister aux frégates de la marine française en cas d'abordage, et des moyens de transmission satellitaires. Il faut agir en conséquence et, selon le patron de la DGSE, l'amiral Lacoste, la « Centrale » a obtenu le feu vert du président. Une affirmation que rejette Christian Prouteau. « L'amiral des bateaux à voile », tel que ce dernier a baptisé le chef de la DGSE, aurait tout au plus dit à François Mitterrand : « Il y aura une avarie[1]. »

L'ex-patron du GIGN, et fondateur du GSPR, ne mâche pas ses mots pour évoquer cette opération qu'il qualifie de « véritable fiasco », où tout semble avoir été fait pour qu'elle « échoue piteusement et provoque un scandale ». Il rappelle qu'en quelques semaines « les Néo-Zélandais savaient déjà à peu près tout et avaient arrêté des agents de la DGSE ». Selon Prouteau, depuis le début, ils auraient bénéficié de l'aide discrète des services britanniques et peut-être – mais cela est moins sûr – américains. Songeur et comme à regret, il objecte qu'il aurait mieux valu « placer une mine télécommandée » et la déclencher une fois que le bâtiment se serait trouvé au large, provoquant ainsi « une voie d'eau ». « Le bateau aurait alors coulé et on aurait sauvé son équipage », conclut Prouteau. La France aurait pu ainsi s'attribuer le beau rôle. Prouteau ajoute qu'« il fallait empêcher le bateau d'arriver sur la zone d'essais, car il était équipé d'un analyseur neutronique fourni par les Russes. Il fallait préserver le secret sur le fait que la France possédait l'arme neutronique »[2].

Telle est l'explication du commandant Prouteau. D'autres, à l'époque, ont eux aussi ciblé Greenpeace, l'accusant d'être manipulée par les Soviétiques. Parmi les plus véhéments, le comte Alexandre de Marenches, l'ex-patron de la DGSE. Volant au secours de la « Centrale », il menace le pouvoir en place. Au cas, dit-il, où il lâcherait la DGSE, celle-ci sortirait alors « des dossiers compromettants sur plusieurs personnalités politiques et leurs liens avec les SR de l'Union soviétique[3] ».

1. Entretien avec l'auteur.
2. Entretien avec l'auteur.
3. Gilles Ménage, *L'Œil du pouvoir*, tome I, *op. cit.*, p. 476.

Un peu plus de deux ans après l'attentat, le 2 octobre 1987, la France est condamnée à verser 8 millions de dollars à Greenpeace. Elle devra aussi indemniser la famille de la victime, le photographe d'origine portugaise Fernando Pereira.

C'est la dernière affaire très sensible à laquelle a été associé (de loin toutefois) Grossouvre, que supplante désormais à l'Élysée l'homme de cour Roger-Patrice Pelat, vieil ami de François Mitterrand et homme d'affaires sulfureux. Pelat n'a pas fait de l'ombre qu'à Grossouvre, ses mœurs affairistes éclaboussent le régime. Elles provoquent la chute de Pierre Bérégovoy et, par le fumet de scandale qu'elles dégagent, elles contribuent même à la défaite cuisante des socialistes aux élections législatives de 1993.

Grossouvre de Charybde en Scylla

François de Grossouvre poursuit sa descente aux enfers. Il a perdu bien plus que son influence. Ses prérogatives ont été rognées et il ne s'occupe plus que des chasses présidentielles. En fait, depuis quelque temps, il est sur la touche, entièrement délesté de ses pouvoirs et de son autorité. Amer et versatile, il devient bavard, et s'épanche volontiers. Comble de ce qui peut paraître une trahison, il se confie même au pire ennemi de l'Élysée durant les deux présidences de Mitterrand, l'ineffable *Minute*.

Usé moralement, à coup sûr vieilli, Grossouvre a des airs d'antique relique mitterrandienne. Mais une relique nocive et amère qui distille les petits secrets du palais – par vengeance, dit-on –, tout en feignant d'être encore l'émissaire du président : « le président m'a dit », « je sors de l'Élysée », répète-t-il autour de lui. De l'esbroufe. Plus grave, on l'a dit, il balance à *Minute* qui, en mars 1993, titre : « Exclusif, le domicile secret de Mitterrand », « pour voir clandestinement la femme de sa vie, il vit caché en plein Paris », précisément 11, quai Branly, entre le pont de l'Alma et le pont d'Iéna, non loin de la tour Eiffel et du Champ-de-Mars.

Le 11, quai Branly est une annexe élyséenne bien protégée, dotée d'un poste de garde et d'une surveillance vidéo. Il faut montrer patte blanche pour entrer et être accepté par le GSPR, le service de sécurité. Ce bâtiment appartient à l'État et tout ce qui s'y rapporte relève du secret. Y sont logés des collaborateurs de l'Élysée ainsi qu'Anne Pingeot, la compagne secrète de François Mitterrand. Pour la première fois, au-delà du cercle des initiés, *Minute* révèle un des secrets les mieux gardés du mitterrandisme élyséen. Ses journalistes ont planqué et leur papier est précis. À 8 heures du matin, un minicortège de voitures de la présidence escorte François Mitterrand jusqu'à l'Élysée, un faux camion de livraison fait écran au moment du départ du cortège.

L'hebdomadaire récidive en janvier 1994. Entre-temps, Grossouvre a été interrogé par le juge Thierry Jean-Pierre qui, depuis quelque temps, mène la vie dure au PS, et qui vient de découvrir l'existence d'Anne Pingeot. Le magistrat a cuisiné le vieux confident mis au rencart, lequel se montre prolixe et volubile sur les détails de la double vie du président. Il n'a visiblement pas supporté d'être mis à l'index. *Minute* a fait de ses confidences au juge ses choux gras. Trois mois plus tard, le 7 avril 1994, Grossouvre se tue dans son bureau de l'Élysée. Il a 75 ans.

Ce jour-là, avec son Manurhin MR 73 cal.357 Magnum, il se tire une balle en pleine tête. À 19 heures, il gît sans vie. Les portes capitonnées de son bureau ont étouffé le bruit de l'arme. Son garde du corps et son chauffeur, qui ne le découvrent qu'aux alentours de 19 h 50, donnent aussitôt l'alarme. Le médecin de l'Élysée, Claude Kalfon – la vigie de Prouteau –, signe l'acte de décès.

Puis la DST nettoie son appartement du quai Branly. C'est l'usage. Le coffre-fort de son bureau a été lui aussi emporté. Tout ce qui pouvait compromettre le président a été mis en lieu sûr. Devant cette mort spectaculaire et inattendue, des esprits soupçonneux s'interrogent : Grossouvre n'aurait-il pas été « suicidé » ? Rien ne le prouve en tout cas, pas même ce livre qu'il comptait publier à la fin du dernier septennat de Mitterrand et dont une partie aurait disparu.

Le mitterrandisme semble alors en plein naufrage et inspire une grande déception entre les affaires, les reniements et les frasques de la cellule.

Tartufferies élyséennes

L'histoire de la cellule a de quoi faire réfléchir. Au nom de la défense de la vie privée, de la sienne, François Mitterrand a usé et abusé de ce système que lui offrait ce pouvoir absolu qu'il avait pourtant autrefois tant décrié. Dans un pamphlet mémorable, *Le Coup d'État permanent* (Plon, 1964), il fustigeait de Gaulle d'une plume acérée, le qualifiant de dictateur, réduisant son régime à une entreprise totalitaire.

François Mitterrand dénonçait alors un État policier « barbouzard » et la prolifération des « fonctionnaires, parafonctionnaires, agents secrets, demi-secrets ou pas du tout secrets dont l'unique tâche est de veiller à la survie du régime et à la sécurité de ses dirigeants »[1]. Du Premier ministre, il écrivait : « C'est la police » dont « l'œil de cyclope fouille tous les recoins, semblable à ce phare des miradors allemands qui balayait la nuit des camps de la honte et de misère ». Il accusait de Gaulle de couver à l'Élysée un « cabinet noir » entre

1. François Mitterrand, *Le Coup d'État permanent*, Plon, 1964, p. 249.

les mains de Jacques Foccart et de mener de son palais « ses propres enquêtes ».

Il dénonçait des hommes dévoués échappant « à toute hiérarchie ». Il écrivait encore : « Le cabinet de l'Élysée, le cabinet du ministre de l'Intérieur, certains services de la (*sic*) SDECE, les réseaux parallèles, les "barbouzes" et le commando des provocateurs spécialisés dans l'affaire politique constituent le fer de lance de l'armée policière qui campe insolemment sur ce territoire conquis, la France[1]. »

Or lui-même a sombré dans les travers de l'espionnage politique, cédant à la tentation du pouvoir absolu. Il aura eu son « cabinet noir », ses Fouché, ses Foccart, ses barbouzes, ses hommes dévoués qui le « renseignaient directement ». Il s'en est servi pour garder secrètes sa double vie et sa maladie. Sans doute, au début des années 1980, si son état de santé avait été connu avec précision, il n'aurait probablement pas été réélu en 1988, ni même candidat. Fallait-il sacrifier à ce secret les principes inaliénables de la liberté d'expression et d'informer ? J'en doute.

Au printemps 1995, François Mitterrand quitte l'Élysée de plus en plus atteint, affecté par la maladie à laquelle il ne survivra que quelques mois et qui aura finalement le dernier mot. Sa double vie n'est plus un secret et les frasques de la cellule sont dorénavant investiguées par les juges. Ultime pied de nez à cette Constitution qu'il avait tant combattue, il aura été le seul président à effectuer deux septennats consécutifs.

Il manque toutefois au récit de l'épopée mitterrandienne le post-scriptum que voici, et qui éclaire sur la dureté du combat politique que se sont livré dans la coulisse, de 1986 à 1988, l'Élysée et Matignon lors de la cohabitation.

1. *Ibid.*, p. 252.

Le secret bien gardé de la cellule

Le 30 janvier 1997, commence l'un des épisodes les plus mystérieux de l'affaire des écoutes de l'Élysée.

Ce jour-là, Christian Prouteau, qui a entreposé une partie de ses archives, dont celles de la cellule de l'Élysée, dans une enceinte militaire, décide de les transférer dans une autre cachette, un box situé à Plaisir, dans les Yvelines.

Or, depuis quelques jours, ce qu'il semble ignorer, des anciens de la cellule sont suivis en alternance par la DCRG et la DPSD (l'ancienne Sécurité militaire). Sans s'en douter, Prouteau les conduit à sa nouvelle planque. Il faudra tout de même aux policiers des RG un surcroît d'enquête pour localiser avec précision sa nouvelle cachette, en l'occurrence un box de parking.

Puis la DST prend le relais. Elle fera croire plus tard qu'elle a été informée par une source confidentielle, le 18 février 1997, que des documents sensibles classés secret-défense seraient entreposés dans un garage à Plaisir, en région parisienne.

Le chef de la DST fait installer « une surveillance conservatoire », afin d'éviter que les archives de Prouteau ne disparaissent avant l'intervention légale du contre-espionnage. Il prévient le jour même, dans la soirée, le parquet de Versailles, sans l'informer de la présence éventuelle dans le box des archives du commandant Prouteau, dont le nom n'est d'ailleurs même pas cité. Le juge d'instruction censé veiller à la régularité de l'opération judiciaire ne sait rien lui non plus.

Le lendemain matin la justice, aveugle pour de bon, cautionne la découverte d'un amoncellement de cartons qui s'entassent dans un box de 20 mètres carrés. Ils sont bourrés de documents, de « blancs » et autres études de la cellule mais dont les magistrats ne pourront ce jour-là se saisir. Ces documents sont classifiés et estampillés « secret-défense ». Cette manœuvre n'empêchera pas l'affaire des écoutes d'être instruite[1].

Les cantines saisies à Plaisir recelaient pour l'essentiel des documents concernant le terrorisme. 1 % à peine avait réellement un lien avec les écoutes de la cellule[2]. Quant aux échanges entre lui et François Mitterrand au titre de la cellule et qui consistaient en des allers et retours entre les deux hommes – des notes manuscrites rédigées sur des cartons –, Prouteau assure qu'elles ne figuraient pas dans les archives saisies à Plaisir, car tout avait été déjà et depuis longtemps détruit[3].

Toujours d'après Prouteau, l'Élysée ne se préoccupait guère en 1997 de ces archives-là. Les filatures et les écoutes dont des anciens de la cellule étaient l'objet auraient eu d'après lui une autre justification, celle-là plus sensible et plus secrète.

Prouteau raconte qu'un jour le directeur central des RG, Yves Bertrand, très proche depuis 1995 de l'Élysée et de son secrétaire général, l'appelle. Il lui parle sans détour : « Donnez-nous ce qu'on cherche et on vous foutra la paix », dit-il. « Ce qu'ils cherchaient, poursuit Prouteau, se rapportait au dénouement de l'affaire des otages en 1988 (quand Jacques Chirac est à Matignon) et aux conditions de leur libération notamment en ce qui concernait la dette Eurodif. »

Prouteau avait récupéré, dit-il, une copie du contrat rédigé en un seul exemplaire que Jacques Chirac avait conclu avec les Iraniens. L'un d'eux, associé aux négociations, est alors interpellé à Paris puis libéré. Il transportait avec lui ce contrat dont il fallait qu'aucune copie ne soit faite. Un des policiers

1. Le Premier ministre, Alain Juppé, qui a refusé dans un premier temps au juge d'instruction de Versailles la déclassification de deux registres concernant les mis sur écoute par la cellule, découverts à Plaisir, se ravisera.

2. Entretien avec Christian Prouteau.

3. Entretien avec l'auteur.

contrevient cependant à cet ordre et Prouteau en récupère ainsi une copie. Ce contrat indiquait l'échéancier en mois et le montant de la somme à reverser à l'Iran pour le paiement de la dette Eurodif, somme qui avait été majorée afin de rétribuer le réseau des négociateurs des otages. C'est cette copie, affirme Prouteau, que recherchaient les RG et la DST à la demande de l'Élysée, occupé depuis 1995 par Jacques Chirac.

Chapitre 5

Jacques Chirac, le chaos présidentiel (1995-2007)

La haine

Jacques Chirac n'était pas le favori de l'élection présidentielle de 1995, c'était Édouard Balladur, Premier ministre de cohabitation du dernier septennat de François Mitterrand.

Édouard Balladur, qui avait promis le moment venu qu'il se rangerait derrière son « ami de trente ans », manque à sa parole et se déclare candidat. Il veut porter les couleurs de la droite à la prochaine présidentielle. Le favori qu'il est dans les sondages aspire vers lui les opportunistes de tous poils, qui s'empressent de rallier celui qui, désigné d'avance comme vainqueur, leur promet la victoire. Cela fera quatorze ans que la droite a perdu l'Élysée.

Chirac, affaibli par ses échecs répétés, apparaît alors comme un loser. Aussi se retrouve-t-il esseulé, mais reste malgré tout bien décidé à ne pas renoncer. C'est la dernière opportunité qui s'offre à lui s'il veut un jour être président. Il le sait. Il sera donc lui aussi candidat, c'est cette fois ou jamais.

Éclate alors une furieuse guerre des droites, poussée à un degré d'animosité sans précédent. Elle va durer de longs mois au cours desquels les amis d'hier se battent sans merci ni retenue. Une haine passionnée et farouche les oppose, elle les scinde en deux camps bientôt irréconciliables. Tous les moyens sont bons pour faire trébucher, plier l'adversaire, pour l'abattre. Y compris l'exploitation de la vie privée, la vraie ou la fausse. Les ragots les plus sordides s'épanouissent dans des feuilles anonymes alors que la justice est instrumentalisée. Balladuriens et chiraquiens s'engagent dans l'engrenage incontrôlé de la surenchère. Des dossiers sont livrés clé en main à la presse. On observe l'ennemi, on l'infiltre, on l'espionne, on le dénonce à la justice sans songer aux retours de manivelle et aux effets boomerang. L'argent coule à flots, et chacun veut savoir qui finance, arrose l'adversaire.

Le 23 avril 1995, le candidat des médias et des sondages est finalement éliminé au premier tour (18,58 % des voix), devancé par Chirac qui réalise le score de 20,84 %, tandis que le candidat socialiste Lionel Jospin, avec 23,30 % arrive en tête et sera battu au second tour, le 7 mai, par Jacques Chirac (52,64 %).

Ce dernier n'oubliera jamais la trahison des siens. Pour lui, pas question d'être bon prince. Il n'y aura pas de pardon pour ceux qui, en suivant Édouard Balladur, l'ont trahi, et moins encore pour Nicolas Sarkozy qui, longtemps, a été de surcroît un proche de la famille Chirac, pour ne pas dire « un fils ».

Le successeur de François Mitterrand, après avoir vaincu son rival et « ami de trente ans », entre enfin dans cet Élysée qu'il convoite depuis tant d'années. Mais si la loi avait été rigoureusement appliquée, peut-être serait-il resté une fois encore au seuil du pouvoir.

Mauvais présage

Car le Conseil constitutionnel présidé par Roland Dumas, nommé à ce poste par François Mitterrand en mars 1995, a bien failli invalider la campagne d'Édouard Balladur, dont les comptes posaient de sérieux problèmes, des versements en liquide y figurant sans justification.

Elle ne l'a pas été, explique benoîtement Roland Dumas, car « si on annule les comptes de l'ancien Premier ministre, il faudra aussi annuler ceux du président élu ». Ils ne sont en effet ni plus clairs ni plus transparents que ceux de Balladur. Son « argument » convainc. Le Conseil occulte ce fait sans précédent, et tranche, d'une courte majorité. Plus précisément d'une seule voix, celle de Dumas, prépondérante en cas d'égalité.

Le Monde qui révèle cette histoire quinze ans plus tard écrit à propos de Dumas : « Il lui manque une case, celle de la morale[1]. » Déjà, lors du premier septennat de François Mitterrand, il se disait qu'il y avait Robert Badinter, l'avocat scrupuleux puis garde des Sceaux, pour le droit, et Roland Dumas pour le tordu.

Restée secrète durant de longues années, cette histoire inaugure – et est-ce un signe ? – un septennat au long duquel la probité du chef de l'État n'a cessé d'être contestée, comme s'il était marqué par cette accession frauduleuse à la magistrature suprême. Dans l'histoire de la Ve République, il sera le premier, et pour l'heure le seul, président à avoir été condamné par une justice à laquelle, durant des années, il a cherché à échapper.

Les dés étant jetés, l'affaire ayant été enterrée, Jacques Chirac s'installe à l'Élysée alors qu'Alain Juppé devient Premier ministre et investit Matignon. Il occupera le bureau que s'était choisi Mitterrand et y réintroduit les meubles du général de Gaulle. Changement notable, le bureau mitoyen qui hébergeait Jacques Attali en mai 1981 devient une salle de réunion, avec sa grande table couverte de feutre vert. Chirac y reçoit en aparté des ministres, des collaborateurs, des visiteurs. Contigu

1. *Le Monde* du 26 novembre 2010.

au sien, le bureau du secrétaire général par lequel transitent la plupart des visiteurs, et que le président vient le plus souvent lui-même chercher.

Une présidence « impartiale »

Non content d'avoir fait campagne sur le thème de la « fracture sociale » qui n'aura aucun prolongement une fois qu'il est élu, Jacques Chirac a promis aussi une présidence modeste, parcimonieuse et économe des deniers publics.

Celui qui va devenir le chef de l'État a annoncé qu'il supprimerait le phénomène de cour, qu'il ne se déplacerait à l'étranger qu'en avion de ligne, ou à bord d'un petit jet Falcon. Lors de ses voyages, pour ses communications, il se contentera, a-t-il aussi promis, d'un simple téléphone de chambre d'hôtel. Fini aussi les déplacements en Concorde. Les services de la présidence, « la maison Élysée », seront revus à la baisse et les doublons avec Matignon évités. Il promet en quelque sorte une présidence spartiate[1].

Voilà ce que font miroiter l'Élysée et ses experts en image, dont le communicant Jacques Pilhan, qui se voit au palais comme un chef d'état-major. À ce poste, il se succède à lui-même : c'est un legs, pour d'autres une scorie de la Mitterrandie qu'a introduit auprès de Chirac Jean-Michel Goudard, le « G » de RSCG, un publicitaire fan de Chirac discrètement associé à une cellule de communication informelle aux côtés de Nicolas Sarkozy et de Claude Chirac, la fille du président, qui, sous la présidence de son père, va le seconder.

1. Le premier voyage qui le conduit après son élection au Canada, à Halifax, s'effectue en avion de ligne et l'escorte qui l'accompagne est allégée.

L'Élysée, qui se pare d'intentions louables, use et abuse du double langage. Avec le temps, les promesses feront long feu. Arrivée au Japon sur un avion de ligne d'Air France, en première classe bien entendu, Bernadette Chirac ne se sentait pas la force de continuer à bord d'un avion de la moins sélecte ligne d'Air Calédonie International pour rejoindre Nouméa, sa destination finale. Un Falcon 900 luxueux et doté d'une cabine plus confortable la récupère alors à Tokyo et l'achemine en Nouvelle-Calédonie. Ce changement de programme aura coûté entre 40 000 et 75 000 euros selon les estimations[1].

Quant à l'impartialité que Chirac revendiquait, elle s'illustre par une purge dans les rangs de la préfectorale et la promotion des « Corréziens », ces fidèles de la Chiraquie qui ont travaillé à la Ville de Paris. Chirac procède aussi à des nominations d'anciens membres de ses cabinets, récompensés pour services rendus. L'un d'eux s'empare de la Société du tunnel du Mont-Blanc, un fromage qu'Édouard Balladur a longtemps apprécié ; un autre, issu de la Mairie de Paris, prend la tête de la Société nationale Corse-Méditerranée.

Côté sécurité, le président divise par deux le nombre de ses gardes du corps, ceux du GSPR, et réduit de plus d'un tiers le nombre de gendarmes qui le composent (ils sont à son arrivée plus d'une centaine). Il fait la part belle aux policiers. Chirac n'a jamais aimé les cerbères, c'est un fait. Il déteste les contraintes. Quand il était à Matignon, sous la présidence de Giscard, il se rendait parfois à pied seul, rue de Varenne, avec un cal.45 sous l'aisselle glissé dans un étui.

1. *Le Canard enchaîné* du 30 juillet 2003.

Le Néron de l'Élysée

Dominique de Villepin, que Bernadette Chirac a baptisé Néron, du nom de cet empereur romain autocrate, brutal, à l'esprit destructeur, seconde désormais Jacques Chirac au poste de secrétaire général.

Les membres du cabinet et des différentes équipes mises en place exécutent ses ordres, du moins agissent sous son contrôle : c'est lui le boss, encore peu ou pas connu du grand public. Cet hyperactif athlétique impose un rythme effréné à ses collaborateurs, qu'il briefe chaque jour en début de matinée. Villepin appartient au cénacle des hommes forts du septennat qui s'annonce.

Énarque à particule issu d'une grande famille, il évolue dans l'entourage de Jacques Chirac depuis les années 1980. Ce fils de bonne famille a grandi à Passy, dans les beaux quartiers, avant de voyager, son père (né en 1890) polytechnicien gravite dans le monde des affaires depuis de très nombreuses années. Déjà, en 1943, il était le délégué général à Paris de la Société anonyme des hauts fourneaux et fonderies de Pont-à-Mousson, et le conseiller du Commerce extérieur, qui sous l'Occupation dépendait du gouvernement de Vichy. Une fois diplômé et sorti du moule de l'ENA, Dominique de Villepin a dû choisir entre les affaires, le Quai d'Orsay et la politique. Alors que le groupe Lagardère lui fait une offre généreuse, il s'engage dans les pas de Chirac et se met au service de son clan. Longtemps il a frayé avec celui de Juppé, considéré comme le dauphin de la Chiraquie.

En 1995, à l'Élysée, tout converge vers son bureau que ne sépare de celui du président que la salle de réunion.

Cet homme grand, plein de verdeur et de lubies, qui aime les femmes, qui le lui rendent bien, est le destinataire de toutes les notes et tous les rapports qui remontent jusqu'à l'Élysée, y compris les plus confidentiels. Mais aussi les ragots, toutes les rumeurs sur ce qui concerne le président – le « PR », comme on dit – ainsi que sur ses adversaires dans et hors du parti gaulliste. Les collaborateurs du président lui adressent la copie des notes qu'ils rédigent. Autant dire que rien ne lui échappe, et qu'il est un des hommes les mieux informés de France.

DDV, comme on l'appelle, gère en mains propres les affaires sensibles, celles qui vont polluer tout le septennat ainsi que le renseignement, un domaine ignoré, voire méprisé en haut lieu et qui pourtant est l'apanage des hommes de pouvoir avisés. Villepin veillera sur les promotions à la tête des services et y placera au fil du temps des proches et des amis.

« C'est lui le grand chef », dit sur RTL le journaliste et mémorialiste de la Ve République Philippe Alexandre, « il est la pièce centrale de la machine chiraquienne ». Il prétend aussi que Villepin aurait placé « les ministres sous surveillance », ce qui fait bondir l'intéressé qui assigne le journaliste en justice ; le secrétaire général de l'Élysée sera débouté.

Tout puissant qu'il est, Villepin n'est pas le seul maître à bord après Chirac. Il n'a pu empêcher ce dernier d'ajouter, hors des organigrammes, et bien qu'ils aient un bureau à l'Élysée, quelques hommes qui le conseillent, l'informent, souvent de vieux amis – dont quelques grands patrons et des collaborateurs assidus, tel Maurice Ulrich, l'ex-directeur de cabinet de Chirac à Matignon, de 1986 à 1988, et responsable de l'antenne présidentielle pendant la campagne. Mais l'influence de DDV prime, et il n'a pas, en ce début de septennat, de concurrent sérieux.

Les affaires de la Ville de Paris

Alors que tout de suite explose l'affaire des appartements de la Ville de Paris, ceux de la famille d'Alain Juppé et celui de Jacques Chirac, puis ceux de la confrérie des amis de la Chiraquie et autres prébendiers du clan, l'Élysée s'inquiète de ce septennat qui démarre sous de bien mauvais auspices[1].

À peine Jacques Chirac a-t-il pris ses aises rue du Faubourg-Saint-Honoré que la Ville de Paris brouille, entache, parasite sa présidence et devient l'un de ses soucis permanents. Derrière ce qui n'est qu'un hors-d'œuvre couvent d'autres affaires, celles-là plus sérieuses, comme le financement occulte du RPR, les « chargés de mission », ou si l'on préfère les emplois fictifs, les « frais de bouche », les « faux électeurs » (le secrétaire de Xavière Tiberi sera entendu le 13 décembre 2000 à propos d'un système de faux électeurs), ou encore ces liquidités puisées dans les fonds secrets et qui ont réglé certains voyages privés de celui qui n'était pas encore président.

Voilà qui éclaire mieux cette présidence modèle que relaient les communicants de l'Élysée.

Le palais va devoir enrayer l'emballement des scandales de la Ville de Paris, que le successeur de Chirac, Jean Tiberi, devra assumer pour qu'ils n'atteignent pas le président. Très vite, Tiberi se retrouve seul car l'incendie gagne et l'Élysée s'affole. Frédéric de Saint-Sernin, le jeune conseiller élection de Chirac, qui dispose d'un petit bureau dans l'aile droite, fait passer un message à Bernard Bled, le principal collaborateur de Jean Tiberi, qui l'a nommé en juin 1995 directeur de cabinet et homme fort de la Ville de Paris : « Le président s'inquiète

1. Voir notre livre *Les Officines. Trente ans de barbouzeries chiraquiennes*, Seuil, 2013.

de la situation parisienne », lui dit-il[1]. Le feu s'étend et les enquêtes judiciaires prospèrent, en dépit des obstructions répétées de certains chefs de la police qui entravent l'action de la justice. Les cabinets noirs tournent à plein régime. À l'Élysée, on tente de se faire un allié de ce fin connaisseur des dessous de la Chiraquie parisienne qu'est Bernard Bled, qui soutient Tiberi et l'aide à rendre coup pour coup.

On essaie de l'amadouer pour le circonvenir afin de stopper la propagation du feu. Il faut que les affaires restent cantonnées à la Ville de Paris et ses nouveaux dirigeants. On suggère à Bled qu'il prenne sur lui et paie pour les autres. Des émissaires de l'Élysée, dont un secrétaire d'État, lui transmettent directement le message, celui de se sacrifier. On lui propose aussi de l'argent. Bled n'est pas à vendre et refuse de jouer les fusibles. Sa réaction ajoute le soupçon à l'inquiétude.

Devant son opiniâtreté, l'Élysée se convainc que Bernard Bled a dû récupérer des archives compromettantes laissées par Chirac, telles que des lettres racontant que le maire de Paris distribuait de l'argent en liquide sur les fonds secrets de la Ville. Les chiraquiens redoutent que Bled ne les fasse fuiter si l'Élysée tente de faire de Tiberi un bouc émissaire, lui mettant sur le dos le passif des affaires parisiennes. De l'Élysée, on le sonde sur les intentions de Jean Tiberi : « Était-il déterminé à tout balancer si on ne le sortait pas du guêpier ? L'Élysée suivait le sujet comme le lait sur le feu », se souvient Bernard Bled[2]. Prudent, le palais coupe les ponts avec la mairie. Les lignes directes qui reliaient le « Château » au cabinet de Tiberi sont supprimées. On utilise d'autres canaux pour faire passer les messages, comme celui des Renseignements généraux,

1. Cf. les nombreux entretiens que j'ai eus avec Bernard Bled réalisés pour le livre *Les Officines*, *op. cit.*

2. Entretien avec l'auteur.

notamment leur grand patron Yves Bertrand qui à l'époque est en contact régulier avec le secrétaire général Dominique de Villepin, qu'il visite presque quotidiennement en fin de journée.

Pour le nouveau président, les affaires de la Ville de Paris ne sont pas les seules urgences. Il ne sera jugé qu'au terme de son second mandat, ayant réussi à échapper tout ce temps à la justice. L'autre priorité du chef de l'État est le contrat dit Agosta (la vente de trois sous-marins Agosta 90B au Pakistan) conclu en novembre 1994 et signé au Maroc côté français par le ministre de la Défense d'Édouard Balladur, François Léotard, un contrat que Jacques Chirac entend bien défaire sans attendre.

Le contrat Agosta

Les contrats d'armement sont une chasse gardée de la présidence, ils le resteront. Animé d'un appétit de vengeance qui ne le quittera pas tout au long de ses deux mandats, Jacques Chirac s'est persuadé que les à-côtés (soit d'éventuelles rétrocommissions) de ce contrat ont financé la campagne de son rival, Édouard Balladur.

Le contrat aurait même été suivi de très près à Bercy, par Nicolas Sarkozy, alors ministre du Budget, et la société Heine par laquelle transitaient les commissions avait été créée avec l'accord du même Nicolas Sarkozy et de Nicolas Bazire, homme de confiance de Balladur et son directeur de cabinet à Matignon. Pour certains, il ne fait aucun doute que ces commissions tout à fait légales ont donné lieu à des rétrocommissions en revanche illégales. Ils en auraient même trouvé la preuve dans les 23,6 millions de francs (3 millions d'euros), dont 20 millions en espèces, repérés dans les comptes de Balladur par la DNIF (Direction nationale des investigations financières) mais dont on ne connaît cependant pas avec certitude l'origine.

Le nouveau président qui, semble-t-il, n'a lui non plus aucun doute sur l'existence de rétrocommissions dans la vente des trois sous-marins, commence par défaire le contrat Agosta. L'intermédiaire Ziad Takieddine qui l'a négocié reçoit un coup de fil de Frédéric Bauer, un ancien policier, patron de la société Sécurité sans frontières, qui souhaite le rencontrer. Ziad se renseigne sur cet homme secret qui, en effet, a ses entrées à l'Élysée, et vérifie qu'il est bien l'émissaire de la présidence. Rassuré du moins sur ce point, Ziad Takieddine accepte la rencontre. Frédéric Bauer lui signifie tout de go : « Nous avons décidé d'arrêter les contrats de commissions des sociétés Rabor et Estar (sociétés utilisées comme intermédiaires). »

Interloqué, Takieddine fronce les sourcils. Nerveusement, il allume une des cigarettes mentholées qu'il fume. Il prévient son visiteur que les conséquences risquent d'être graves. Mais Frédéric Bauer sourit. Il ne dit rien et fixe une dernière fois Takieddine avant de prendre congé. Peu après, il le rappelle : « [Le président] m'a demandé de vous dire que vous savez ce qu'il vous reste à faire. » Takieddine comprend qu'il n'a pas le choix.

Le 10 mars 1997, les contrats passés avec Estar et Rabor sont détruits à Genève. Takieddine et celui qui l'a épaulé dans les négociations, El-Assir, ne percevront finalement que 6,5 millions de francs ! Ils passent le relais à d'autres, en l'occurrence les représentants de Parinvest et Issham, deux sociétés dépendant d'un holding saoudien dirigé par Khaled Ali Bugshan, qui jusque-là, selon Takieddine, était plus connu dans l'immobilier, l'importation de parfums et autres produits que dans les contrats d'État à État. Les chiraquiens ont repris la main.

Jacques Chirac a-t-il découvert le contrat Agosta et quelques autres négociations de même genre seulement à son arrivée à l'Élysée ? Il semblerait que les chiraquiens en aient suivi la genèse, comme le suggère en tout cas l'histoire d'Akim Rouichi qui laisse réellement songeur.

Naguère, j'ai sur cette histoire réuni des documents et recueilli des témoignages, la voici retracée à grands traits.

Elle commence fin mars 1995, quand Akim Rouichi se présente au siège de l'équipe de campagne d'Édouard Balladur. Il s'épanche, mais sa confession ne sera que très tardivement révélée à la justice. Que dit-il, en mars 1995, soit quelques semaines avant l'élection de Jacques Chirac ?

Il se dit lâché par les chiraquiens et prétend qu'il a des informations à vendre. François Léotard, alors ministre de la Défense, et certains de ses plus proches collaborateurs ont été, affirme-t-il, l'objet d'écoutes sauvages dans lesquelles il était question de la livraison de missiles à Chypre, de pièces de sous-marins ou encore de l'état « d'avancement » du contrat Agosta, celui justement qui aurait pu donner lieu à des rétro-commissions susceptibles d'avoir contribué au financement de la campagne d'Édouard Balladur, et que Chirac va faire annuler une fois à l'Élysée. Rouichi sait d'autant mieux de quoi il parle qu'il effectuait lui-même ces interceptions. Équipé d'un scanner fréquentiel, il « pistait » les véhicules de ses cibles sans grande difficulté, car il disposait des agendas des personnes qu'il devait écouter. Il possédait également les codes de chiffrement GSM des portables des intéressés. Son matériel, relié à un ordinateur, enregistrait en toute quiétude les conversations à distance. Des révélations sidérantes, qui pourtant n'intéresseront personne.

Poliment, il est congédié de la permanence de Balladur et se retrouve dès lors bien seul. En janvier 1996, son cadavre est dépendu au domicile de sa sœur, à Garges-lès-Gonesse. Il n'y aura pas d'enquête. La justice ne voit que le geste d'un désespéré, un simple suicide. On ne récupérera aucun des enregistrements qui pourtant ont bel et bien existé. Questions restées encore aujourd'hui sans réponse : pour qui Rouichi travaillait-il ? Et s'est-il pendu de lui-même ?

Ajoutons ce post-scriptum : le 8 mai 2002, un attentat fait à Karachi, au Pakistan, quatorze morts, dont onze employés français de la DCN (Direction des constructions navales), chargée de la construction des sous-marins du contrat Agosta. Certains y verront (des années plus tard), non pas un attentat islamiste perpétré par un kamikaze d'Al-Qaeda, comme cela avait été avancé tout d'abord, mais plutôt des représailles contre la France à la suite de l'annulation du contrat Agosta. Des destinataires d'éventuelles rétrocommissions se sentant floués auraient décidé de punir la France.

Aujourd'hui encore, la justice n'a pas établi la vérité de cette affaire. On ne sait toujours pas qui étaient les commanditaires de l'attentat et quelles étaient leurs motivations.

Le contrat Agosta n'est pas le seul dont se préoccupe l'Élysée. Depuis le départ de Nicolas Sarkozy du ministère de l'Intérieur, Jacques Chirac ne parvient pas à signer le contrat Miksa – l'acronyme de « Minister of the Interior of the Kingdom of Saoudi Arabia ». Bien juteux. Sept milliards d'euros pour déployer une barrière de protection militaire et défensive sur les frontières du royaume saoudien. Soit, pour la France, 5 700 emplois pendant sept ans. Dans cette affaire, l'Élysée va jouer de malchance et même perdre la face.

Mission cauchemardesque à Riyad

En 2005, Jacques Chirac prend le taureau par les cornes. Il veut ce contrat. Il l'aura, croit-il. Mais il pèche par vanité et se trompe sur les intentions des Saoudiens et celles du prince Nayef, le seul habilité à discuter du contrat Miksa. Sûr de son affaire, Jacques Chirac n'écoute pas les mises en garde. Pour un peu, l'affaire serait déjà dans le sac.

Michel Mazens, le patron de la Société française d'exportation de systèmes avancés (la Sofresa), ira négocier à Riyad, avec le prince Nayef, les conditions de passation des contrats de commission, la petite cuisine habituelle. Chirac en a décidé ainsi. Une liasse de notes confidentielles, destinées à un service de contre-espionnage français, et jusqu'ici inédites, auxquelles j'ai eu accès, relate cette cocasse équipée du patron de la Sofresa, dépêché à Riyad en février 2005 afin d'y discuter les conditions du contrat. En voici le condensé.

Ziad Takieddine, l'intermédiaire du contrat Agosta, a obtenu un rendez-vous pour Michel Mazens avec Nayef. Bloqué à Paris par des chutes de neige, l'émissaire de l'Élysée contacte d'urgence Ziad : pourrait-il reporter le voyage ? Il craint de ne pas pouvoir être à l'heure. Mais Ziad insiste, il faut venir, lui dit-il, quitte à voir s'il le faut le prince tard dans la nuit. Et « même s'il est parti chasser dans le désert », dit la note.

L'avion de Mazens se pose finalement à Riyad, à 21 h 30, soit avec une heure trente de retard. Il atterrit le 14 février 2005, le jour de l'assassinat de Rafic Hariri, Premier ministre libanais et ami de Jacques Chirac[1]. Il appelle aussitôt Ziad qui lui demande de le rejoindre à l'hôtel Marriott, situé près du ministère de l'Intérieur. Mais la voiture officielle venue l'accueillir le conduit directement, sans escale ni détour, chez le ministre de l'Intérieur saoudien.

1. Homme d'affaires libanais, Rafic Hariri a travaillé vingt-huit ans en Arabie Saoudite avant de rentrer au Liban en 1992, où il devient Premier ministre le 22 octobre. Chirac souhaitait, d'après une des notes, qu'il gère le compte bancaire pour le contrat, « se méfiant de la relation entre Nayef et Nicolas Sarkozy », est-il écrit.

Mazens fronce les sourcils, un pincement à l'estomac. Il éprouve la désagréable sensation d'être pris en main, de ne plus être libre de ses gestes. Cela ne lui plaît pas et même l'inquiète un peu.

Le directeur de cabinet de Nayef perçoit son inquiétude. Le visage de Mazens a blêmi. Il le rassure : un chauffeur du ministère ira récupérer Ziad à l'hôtel Marriott, où Mazens devait le retrouver. Mais ce chauffeur n'arrivera jamais. Ziad n'est, semble-t-il, pas le bienvenu. Il doit de lui-même rejoindre en taxi le ministère où il trouve porte close. Il appelle Mazens sur son portable. Il insiste mais ce dernier, quasiment enfermé, reclus dans une chambre, ne répond pas. Il reste injoignable, tout comme le directeur de cabinet de Nayef. L'émissaire du président est-il tombé dans un piège ? Le directeur de cabinet exige de lui qu'il obtienne de Villepin une lettre dans laquelle ce dernier célébrera la bonne entente entre Nayef et l'Élysée. Plus d'un a en effet été échaudé par la façon dont Chirac a remis en cause les contrats passés avec l'équipe de Balladur. Mais, en réalité, Nayef n'avait pas l'intention, cette nuit-là, de recevoir Mazens, qui regagne son hôtel tard dans la soirée. Durant quelques heures, le patron de la Sofresa aura eu la désagréable sensation d'avoir été kidnappé et séquestré. Il lui était impossible de joindre par téléphone qui que ce soit. Il n'en revient pas. Comment a-t-on pu traiter ainsi un émissaire pourtant expédié à Riyad avec l'aval de l'Élysée et à son plus haut niveau ?

Le lendemain Mazens se rend à l'ambassade de France et y déballe son sac. Il n'a rien dit à Ziad. L'ambassadeur l'écoute puis rédige une note où il précise que Nayef (avec qui pourtant Mazens n'a pas été directement en contact) ne voulait pas d'intermédiaire (Ziad en l'occurrence) et qu'il souhaitait recevoir une demande officielle par écrit (la lettre rassurante de Villepin).

Le service du protocole de l'ambassade transmet alors à Nayef une demande de rendez-vous en bonne et due forme pour le patron de la Sofresa, mais, curieusement, l'ambassadeur ne la signe pas. Ce n'est pas la façon dont s'engagent habituellement les négociations d'un contrat d'armement. D'ordinaire, on montre plus de discrétion. Toute la journée Mazens reste sous le choc de cette soirée où il a été retenu au ministère de l'Intérieur. Il s'épanche sur son portable. Un de ses bavardages, revenu aux oreilles de Ziad, laisse entendre que Nayef n'est pas si décisif qu'on le prétend. Il raconte qu'il se « serait fait sortir d'une réunion par Abdallah (le fils du roi) ». Ziad le met alors en garde : « Ne dites pas ça : Nayef est le frère du roi et personne ne peut lui dire de quitter une réunion. Ce n'est pas comme les ministres de Chirac à qui on peut donner la fessée. » Pour Ziad, dit la note, « avec tous les coups de fil de Mazens, tout le monde à Riyad (y compris le roi Abdallah) devait être au courant de ses tribulations ».

Selon Ziad, dès lors que l'ambassadeur a envoyé cette lettre, « c'est fini pour la France, fini pour Chirac ». Il laisse tomber. Il ne veut plus s'occuper de cette affaire. « Mazens s'est fait avoir comme un bleu et a paniqué », dira-t-il. L'affaire est pliée. Michel Mazens, le patron de la Sofresa, sera finalement démissionné. Le contrat Miksa qu'il était venu négocier échappe en juillet 2009 à l'État français[1].

Que s'est-il passé ? Qui a fait capoter ce rendez-vous ? Et pour quelle raison ? La note avance plusieurs hypothèses dont une suggère que Nayef a peut-être décidé de ne pas signer avec

1. Entre-temps, rebaptisé Saudi Border Guard Development Program (SBGDP) le contrat Miksa s'est ouvert à la compétition internationale. L'entreprise française EADS a raflé le contrat de surveillance électronique des 9 000 kilomètres de frontières, pour 2,2 milliards de dollars, soit un peu plus de 1,6 milliard d'euros.

Chirac pour mieux signer en 2007 avec Nicolas Sarkozy, si ce dernier était élu. L'affaire avait d'ailleurs failli se conclure entre les deux hommes, qui s'apprécient, après le redémarrage de négociations, en octobre 2003, suite à la visite à Riyad de Claude Guéant et de Brice Hortefeux, l'ami et le complice de toujours de Nicolas Sarkozy.

Mais, en janvier 2004, le conseiller diplomatique à l'Élysée de Jacques Chirac, Maurice Gourdault-Montagne, les a bloquées alors qu'un arrangement semblait en vue, et qu'un accord pouvait être signé en février 2004 par le prince Nayef lors d'une visite officielle de Nicolas Sarkozy en Arabie Saoudite.

C'était sans compter la volonté de Chirac de signer lui-même le contrat. De signifier à Sarkozy qui décidait, qui commandait et qui était le chef. La rancune envers ceux qui l'ont trahi et ont soutenu Édouard Balladur vire à l'obsession. L'Élysée semble habité par un esprit de vengeance insatiable. Un état de guerre s'institue même entre Nicolas Sarkozy et l'Élysée où, pour empêcher ce dernier d'être président, et ne serait-ce même simplement candidat, on semble prêt à tout. La guerre des chefs se radicalise et Sarkozy devient l'homme à abattre.

Affaire Clearstream, le président est-il au parfum ?

De l'Élysée, les opérations hostiles se multiplient. Un vrai feu d'artifice. Tout est bon pour affaiblir Nicolas Sarkozy, ce rival qui nargue avec outrance le chef de l'État.

La plus obscure s'élabore pendant des mois en grand secret. Afin d'abattre le trublion, on mêle son nom – celui de son père pour être précis – à un chimérique réseau de corruption, fabriqué de toutes pièces. Ce montage n'était pas initialement destiné à déstabiliser Sarkozy, il s'inscrivait davantage dans une guerre entre rivaux de la grande industrie de l'armement.

Informés de cette création *ex nihilo*, quelques-uns prennent le train en marche. En mars 2004, via le nom de son père mais aussi de quelques-uns de ses proches, tel Brice Hortefeux, Sarkozy est mis en cause dans un (faux) listing. Ces derniers noms viennent s'ajouter à une liste de prétendus corrompus qui émerge depuis des mois sous les auspices d'une poignée de responsables des services secrets, bluffés et intoxiqués par un habile et convaincant falsificateur.

Les faux listings sont ensuite transmis en mai 2004 à un juge d'instruction, qui ne repère pas tout de suite la forgerie et lance les premières vérifications. En juillet, l'affaire est rendue publique, du moins en partie car le nom de Sarkozy n'est pas encore cité. Ce dernier prend lui-même les devants en contre-attaquant. L'affaire dite Clearstream démarre.

Au nombre des initiés mis au parfum de ce qui se trame, des chiraquiens, et non des moindres. Des gens haut placés et ayant accès au « PR » tels que le général Philippe Rondot, l'homme des opérations spéciales au ministère de la Défense, ou Dominique de Villepin, ex-secrétaire général de l'Élysée devenu ministre des Affaires étrangères et bientôt nommé à l'Intérieur, ou bien encore des proches de ce dernier tels que Jean-Louis Gergorin, l'homme lige d'EADS, associé dans cette fabrication de listings à un certain Imad Lahoud, un « informaticien de génie » et faussaire de grand talent[1].

Au procès de cette mystification, Imad Lahoud et Jean-Louis Gergorin seront condamnés, et Dominique de Villepin relaxé. L'affaire a donc été jugée. Pour autant, elle garde bien des mystères. Une question reste ainsi toujours sans réponse : Jacques

1. Ponte du groupe Lagardère, Jean-Louis Gergorin est polytechnicien et énarque ; c'est aussi un ami de Dominique de Villepin qu'il a connu à Washington au début des années 1980 alors que ce dernier travaillait au service de presse de l'ambassade de France.

Chirac était-il au courant ? Le dossier d'instruction sur lequel j'ai travaillé durant de longs mois le suggère, des P-V nombreux y font allusion, tout comme les déclarations des principaux protagonistes[1]. Philippe Rondot dit aux juges : « M. de Villepin avait parlé de ce listing au président de la République puisque je recevais ce jour-là des instructions de sa part pour investiguer sur le listing. Mais j'ignore ce que M. de Villepin avait dit exactement à M. Chirac des moyens mis en œuvre pour obtenir ledit listing. »

Dans une note que saisit la justice chez Rondot, on lit de nouveau : « Instruction du PR auquel D de V avait rendu compte traitement direct avec le PR », « prudence », « cadre secret », « tenir compte des manipulations politiques ». Plus loin, « enjeu politique N. Sarkozy » et « fixation sur N. Sarkozy ».

« D de V demande de démonter le système et d'explorer la nature des relations pour comprendre les ops qui sont rémunérées – un travail historique à faire. D de V revient sur le voyage de Sarkozy en Chine : des intérêts financiers ? »

Dans une autre note manuscrite, adressée cette fois à Michèle Alliot-Marie, alors ministre de la Défense, Rondot évoque « les instructions du président de la République » et écrit qu'il ne devait « référer qu'à lui-même de cette ténébreuse affaire... » Rondot écrit également à Michèle Alliot-Marie : « Le ministre (Villepin) m'a convoqué le 9 janvier 2004 à son bureau. Il m'a appris qu'il avait rendu compte au président de la République de la gravité des choses et que celui-ci l'avait chargé de me donner ses instructions : "agir avec prudence dans un cadre secret" "tenir compte de possibles manipulations politiques" "traiter en direct avec lui-même sans faire état de ce dossier à d'autres personnes". »

1. Voir mon livre sur l'affaire, *Une Histoire de fous. Le roman noir de l'affaire Clearstream*, Seuil, 2009.

Ce ne sont pas les seules mentions faisant état de la connaissance de ce listing par le président. Des éléments du dossier laissent supposer que la forgerie a été suivie de près par un service officiel ou bien une officine. Alors que Jean-Louis Gergorin est protégé par une équipe de gardes du corps, ses déplacements sont scrupuleusement consignés dans un cahier de petit format rempli à la main, « une sorte de main courante », dit un des gardes du corps entendu par la DNIF, la Direction nationale des investigations financières[1].

Ce cahier à spirale de couleur violette mentionnait des dates, des lieux de rendez-vous, des heures et des observations diverses. Gergorin connaissait son existence. Or dès le début de leur mission de protection, les gardes du corps s'aperçoivent que Gergorin est surveillé par trois motos et une voiture, ce qu'ils consignent dans le carnet à spirale. La justice n'a pas identifié ces suiveurs. Mais a-t-elle seulement tenté de le faire ?

Comment, à ce stade, ne pas songer que l'Élysée héberge à l'époque un des plus grands experts en coups tordus de la place de Paris, un véritable as de la manip : Philippe Massoni.

Un pro de la manip à l'Élysée

Philippe Massoni a rejoint l'Élysée le 31 octobre 2001 pour suivre les affaires de sécurité et de terrorisme, et servir de conseiller de la campagne de Jacques Chirac lors de la présidentielle de 2002. L'homme peut se vanter d'avoir eu une carrière fulgurante : commissaire à 26 ans, divisionnaire à 39 ans et contrôleur général à 42 ans.

Cet ambitieux rêvait de finir ambassadeur de France au Vatican. Il se contentera de devenir le conseiller à l'Élysée

1. Procès-verbal daté du 1er février 2008.

de Jacques Chirac, après avoir été le préfet de police de Paris du temps de Jean-Pierre Chevènement. Mais Massoni n'a rien d'un homme de gauche. Il sait seulement louvoyer et user des relations qui comptent.

Dans le microcosme policier, Philippe Massoni tient sa notoriété du rôle qu'il a joué à la tête du « groupe de direction » de la préfecture de police de Paris ; un repaire d'apprentis sorciers.

Le groupe de direction, « GD » pour les initiés, travaille après Mai 1968 sur des groupes tels qu'Action directe, les GARI ou les NAPAP. Ses spécialités sont le vol de courriers, les écoutes sauvages, les perquisitions clandestines, les opérations spéciales. Installé au cinquième étage de la préfecture de police, le GD recrute à la chaîne des informateurs, qu'il soudoie en échange de quelques services, des cartes de séjour ou encore des secours en espèces. À la même époque, en appui au GD, le « groupe technique » des RG de la préfecture de police ne chôme pas dans son domaine d'excellence qu'est l'ouverture des coffres et des serrures. Rien ne lui résistait, paraît-il.

Philippe Massoni a ainsi formé une génération d'agents de renseignements. L'un d'eux infiltrait, au début des années 1970, les groupes d'extrême droite. Son nom et celui de quelques autres flics des RG avaient fini par attirer l'attention d'un groupe très noyauté, celui des Solidaristes, qui les avaient démasqués. Ces flics « infiltrés » opéraient de l'extérieur du service ; ils étaient choisis, repérés à l'école de police au moment de leur formation puis, à la sortie, fin prêts, ils rejoignaient des groupes d'extrême droite ou d'extrême gauche. Ils ne mettaient jamais les pieds au service, disposaient d'un appartement, d'un travail et d'une fausse identité. Le GD passait alors pour un nid de « têtes brûlées », adeptes des écoutes, du recrutement de sources, de la manipulation et des enquêtes poussées.

Des anciens encore éberlués se souviennent qu'un commissaire du service était un jour « monté au braquage » avec des membres d'Action directe, pour donner le change afin de mieux les infiltrer. De ce groupe, cet atelier de la « basse police » qui initiera de nombreux policiers aux méthodes des cabinets noirs, Philippe Massoni a été l'âme.

Ses liens avec Jacques Chirac sont anciens. Dès 1974, il lui sert de conseiller officieux alors que ce dernier est ministre de l'Intérieur puis le Premier ministre de Giscard. Chargé de mission à Matignon, il est ensuite coopté au cabinet de Raymond Barre, qu'il sert jusqu'en 1980, avant d'en être subitement écarté. Il affirmera être parti en 1980 ou en 1981. Une chose est sûre : il est chassé de son poste et, paraît-il, avec « une violence inouïe », comme me l'a raconté un ancien haut responsable des RG. Le directeur de cabinet de Raymond Barre lui lance : « À 14 heures, vous prenez vos fonctions à la préfecture. » Philippe Massoni aurait été à Matignon une taupe chiraquienne. Il rejoint alors les services techniques de la préfecture de police, ce qui n'est pas à proprement dit une promotion, et y demeure jusqu'en 1986, année de sa renaissance. D'abord directeur de cabinet adjoint de Robert Pandraud, le ministre délégué chargé de la Sécurité auprès de Charles Pasqua, il devient en mai 1986 le directeur central des RG. Deux ans plus tard, la réélection de François Mitterrand freine à peine sa carrière.

Massoni fait jouer ses amitiés politiques et maçonniques. En virtuose, il prend tous les virages, y compris ceux qui sont en épingle à cheveux, si bien que celui qui aurait appartenu au SAC a pu survivre à mai 1981. Philippe Decraene, journaliste au *Monde* puis directeur du CHEAM, le Centre des hautes études sur l'Afrique et l'Asie modernes, et dont l'épouse est depuis de longues années la secrétaire personnelle de François Mitterrand, facilitera sa carrière. Massoni fréquente aussi les lieux de pouvoir qui favorisent les nominations et protègent de certains aléas. Jusqu'à sa mort, il hante le club Vauban, la Grande Loge de France, où il est un haut gradé du Rite écossais ancien et accepté, ou encore le Siècle, cet aréopage de patrons, de hauts fonctionnaires, de ministres passés ou à venir et de journalistes ambitieux. Devenu préfet de police, Philippe Massoni y fera son miel.

Il fréquente aussi le cercle Joffre, une amicale maçonnique de hauts fonctionnaires, créée sur une idée de Charles Hernu, ministre de la Défense de Mitterrand en 1981 et maçon lui-même. En 1988, après la défaite de Chirac, Massoni actionne ses amis du cercle Joffre. En particulier son fondateur, qui va plaider sa cause auprès de Pierre Joxe, de nouveau ministre de l'Intérieur et ancien maçon du Grand Orient de France. Pierre Joxe se laisse convaincre, mais il prévient : à la moindre bévue, Massoni sautera. Ce dernier entame alors une carrière préfectorale de premier plan jusqu'à sa nomination à l'Élysée en 2001.

Sous le quinquennat de Jacques Chirac, son nom apparaît en marge dans l'affaire Clearstream. Mais il en aurait suivi, a-t-on dit, les préparatifs et l'évolution de la forgerie. De même dans l'affaire Cécilia, l'épouse de Nicolas Sarkozy. Une simple affaire privée. Cécilia Sarkozy quitte son époux pour un as de l'« événementiel », de la pub et de la communication, Richard Attias. De privée, elle va devenir une affaire politique, une « boule puante », un coup fourré.

L'affaire Cécilia

L'histoire a couvé une quinzaine de jours avant de se répandre comme une traînée de poudre, précisément le 18 mai 2005. Ce jour-là, Cécilia est vue au bras de son amant et ne se cache pas.

Dans les jours qui suivent, les téléphones mobiles et les courriels propagent la rumeur. L'histoire fait les délices des dîners en ville, alimente les commérages, mais il faut attendre le 23 mai pour que la presse rompe le silence : France Inter d'abord, puis RTL.

Le 26 mai, Nicolas Sarkozy crève l'abcès. Sur le plateau de France 3, il aborde ses problèmes conjugaux et valide publiquement ce qui n'était jusque-là qu'un bruit.

Autour de lui, on spécule sur une éventuelle manipulation. Quelques-uns voient dans l'orchestration de la vie privée du principal concurrent de Jacques Chirac pour le leadership de l'UMP la main de l'Élysée. Fin 2002, alors qu'aucun nuage n'assombrit le quotidien du ménage Sarkozy, des « équipes » s'attachent déjà aux basques de l'épouse du ministre. Un proche de Sarkozy me confie à l'époque qu'elles se composent de policiers chevronnés, blanchis sous le harnais de la préfecture de police et proches de hauts fonctionnaires chiraquiens. Ces « équipes » de la première heure se seraient depuis étoffées. En juin 2005, les effectifs de la bande auraient grossi, rejoints par des spécialistes de l'intelligence économique et du renseignement.

Cette querelle de couple attisée pour nuire s'inscrit dans la vague de « pipolisation » qui commence à submerger la vie politique. L'« info light » s'incruste, s'étale. Elle gagne du terrain. Elle s'étend jusqu'à l'AFP qui se fend d'une dépêche « urgente » lorsque la mannequin anglaise Kate Moss se retrouve impliquée dans une affaire de stupéfiants. Elle infecte les colonnes des journaux les plus « sérieux ». Impossible de résister. Sarkozy tente bien de faire jouer ses relations avec les grands patrons ou possesseurs de grands médias, mais en vain. *Paris Match* épingle Cécilia encore Sarkozy et Richard Attias son amant.

Un chasseur d'images les a « logés » à Manhattan, où il photographie le couple puis le suit en voiture dans New York jusqu'au pont à péage qui relie Manhattan à Long Island, où la filature s'interrompt. Le chauffeur de Cécilia a une carte à péage mais le photographe, non. Il n'y aura pas d'autres clichés. Dans le plus grand secret, *Paris Match* monte les images prises à New York et va en faire sa une. Le 25 août 2005 le magazine fait un tabac.

L'Élysée se frotte les mains. Dominique de Villepin se gausse, sûr que les Français ne voteront jamais pour un « nain ». D'autres sont convaincus qu'ils ne voteront pas davantage pour un homme qui n'a pas su garder sa femme. Quelques-uns s'empressent de leur côté de faire courir la rumeur. Alors que j'enquête à l'époque sur Nicolas Sarkozy[1], j'en suis le témoin. Un collaborateur habituel de Philippe Massoni m'informe un matin que le couple s'est déchiré et que Cécilia a quitté le domicile conjugal.

Mais l'ambition et la volonté de Sarkozy sont bien trop fortes, la prétendue affaire Clearstream ne l'a pas coulé, la crise de son ménage ne le fera pas davantage sombrer.

Le 3 janvier 2006, des dizaines de policiers se déploient sur le tarmac de l'aéroport de Roissy. Cécilia Sarkozy rentre de vacances, et son mari l'attend. Elle revient, paraît-il, au bercail. Mais tout cela n'est qu'une mise en scène et son retour a été négocié. Cécilia, tel un gri-gri, restera auprès du candidat Sarkozy jusqu'à ce qu'il soit élu président de la République.

Le 7 mai 2007, Nicolas Sarkozy investit l'Élysée. Il arrive bardé de promesses de campagne, celles qui n'engagent, selon le bon mot de Jacques Chirac, que ceux qui y croient.

Alors qu'il n'est encore que le président de l'UMP et aspire à la magistrature suprême, Nicolas Sarkozy se grisait en mars 2007 de belles paroles : « Je souhaite une République en tout point exemplaire » et « une démocratie irréprochable »[2]. Il ne tenait qu'à lui d'exaucer ses souhaits. Il ne l'a pas fait.

1. Voir mon livre *Nicolas Sarkozy. Enquête sur un homme de pouvoir*, Presses de la cité, 2007.

2. *Le Monde* du 9 mars 2007.

Chapitre 6

Nicolas Sarkozy, l'esprit de meute (2007-2012)

Une présidence bling-bling

La nouvelle présidence qui se voulait vertueuse inaugure en réalité l'ère du « bling-bling » et du tape-à-l'œil. Elle se singularise par une exposition médiatique qui frise l'exhibitionnisme. Sans doute est-ce le symptôme d'un tournant irréversible dans la vie politique française qui s'englue désormais dans une médiatisation outrancière.

Nicolas Sarkozy ajoute l'étalage de luxe dans lequel il se complaît, lui et ses amis de la grande industrie et de la finance qui l'ont aidé dans son ascension. Ils sont venus fêter leur héraut le 6 mai 2007 au Fouquet's, sur les Champs-Élysées, où la République irréprochable prend l'eau dès le premier jour. À ses côtés, ce n'est pas la république sociale qui s'affiche mais bien celle des hommes d'argent, des puissants. Le milliardaire canadien Paul Desmarais, Martin Bouygues, Stéphane Courbit (des paris en ligne et ancien président d'Endemol), Dominique Desseigne, le patron du Fouquet's et PDG du groupe hôtelier Barrière, Bernard Arnault ou encore Henri Proglio sont les aficionados du nouveau président.

Sans vergogne, ils exposent leur soutien à la vue de tous. On ne se cache plus désormais. La droite des affaires décomplexée s'affiche avec celui qu'elle a porté au pouvoir.

Grisé par sa victoire, Nicolas Sarkozy sombre dans un narcissisme compulsif. Sa personne devient un objet de curiosité, voire d'un culte quasi permanent.

Il y a d'abord l'épisode du yacht du milliardaire Bolloré, qui a mis son Falcon 900 à la disposition de Sarkozy le soir du Fouquet's, et qui le conduit à Malte d'où, avec Cécilia et son petit garçon Louis, il embarque sur ce luxueux navire. Le président fraîchement élu navigue sous les objectifs des caméras mais aussi sur fond de scène conjugale, car la crise a resurgi. Elle n'a en fait été que mise entre parenthèses. Cécilia a boudé les urnes au second tour et n'a pas voté. Elle n'entend pas jouer à la première dame et veut reprendre au plus vite le cours de sa nouvelle vie.

Il y a ensuite les vacances de Sarkozy président aux États-Unis. Cette fois, il séjourne dans une luxueuse propriété qui s'étale au bord du lac de Winnipesaukee, dans le New Hampshire. La demeure appartient à un ancien vice-président de Microsoft, Mike Appe. Elle fait 2 000 mètres carrés et coûte 21 790 euros la semaine (30 000 dollars). Grand luxe et plage privée. Pour ces vacances, le billet d'avion aller-retour a coûté 5 800 euros en classe affaires, alors que le président Sarkozy ne touche pour l'heure que 6 000 euros.

Sa « République irréprochable » prend des airs de Loft Story. Elle vire à la télé-réalité alors que le budget de l'Élysée explose. Certes Nicolas Sarkozy n'a pas juré qu'il serait un président économe. Mais tout de même. De 31 783 600 euros en 2007 le budget bondit à 100 millions en 2008. Précisons qu'à l'avenir, l'Élysée paiera son propre personnel et réglera une partie de ses voyages. Sarkozy alourdit la note en se faisant offrir par le ministère de la Défense son « Air Force One ». L'inflation budgétaire s'accompagne d'un réajustement de la rémunération du chef de l'État. Son salaire s'aligne sur celui du Premier ministre, atteignant 240 000 euros (brut) par an, soit une augmentation de plus de 172 %.

En augmentation aussi, le budget du personnel de maison affecté à l'appartement privé du chef de l'État, que Sarkozy explique par les quatre enfants qu'il a à charge, à la différence du couple Chirac.

Si les effectifs du palais sont en baisse, les frais de déplacement sont eux à la hausse[1]. En 2009, 13 millions rien que pour le transport aérien. Les dépenses d'investissement internes ont triplé : 1,4 milliard d'euros seront consacrés à la modernisation, à l'informatique, au parc auto ou encore à la sécurité. Dans ce domaine, quinze policiers qui le couvraient au SPHP (Service de protection des hautes personnalités) à l'Intérieur sont maintenant affectés à l'Élysée où le GSPR se compose désormais exclusivement de policiers.

Le « vice-président »

Nicolas Sarkozy investit l'Élysée avec la bande d'affidés qui le suit et l'épaule, pour certains depuis la mairie de Neuilly et le conseil général des Hauts-de-Seine, qu'il a présidé à la suite de Charles Pasqua. Nicolas Sarkozy récompense leur loyauté. Sans surprise, il nomme secrétaire général Claude Guéant que seconde François Pérol, un ancien de la banque Rothschild, comme secrétaire général adjoint.

Nouvel homme puissant du régime, Claude Guéant hérite du titre flatteur de « vice-président ». On le cajole. Pour l'heure il n'a pas encore attiré l'attention de la justice et son casier reste vierge[2]. Il plane au sommet de l'État.

1. *Les Échos* du 28-29 mai 2010.

2. En février 2013 la justice s'interrogera sur certaines liquidités suspectes apparues dans ses comptes et soupçonne un délit de blanchiment.

Ce fils du peuple prétend incarner cette méritocratie, cet ascenseur social tant vanté à droite. Issu d'une lignée d'instituteurs, il a préparé l'ENA grâce à une bourse. Promotion Thomas-More, il opte à sa sortie de l'école pour la préfectorale et entame sa carrière à l'Intérieur en 1977.

Homme longiligne, aux mœurs longtemps ascétiques, le visage blême et allongé, Guéant dissimule derrière des lunettes sans fantaisie et sous un sourire de façade un regard inquisiteur. On lui prête un caractère inflexible, une vraie dureté dans les relations humaines. Il émane de lui une forme technocratique d'autoritarisme. Certains de ses anciens affidés disent qu'il mène son monde à la baguette, comme il le faisait déjà en 1995 quand il dirigeait la police, place Beauvau, après avoir été le directeur adjoint de cabinet de Charles Pasqua.

L'homme a blanchi sous le harnais pasquaïen avant de rallier le panache sarkozyste et de devenir un des fidèles parmi les fidèles du nouveau président.

À l'Élysée les choses sérieuses passent par lui. Il a la main sur les grands contrats industriels de la France à l'étranger dont ceux sensibles (on l'a vu) de l'armement. Il assiste aux entretiens hebdomadaires du PR avec son Premier ministre François Fillon, qui s'en agace bien que, selon la doxa sarkozyste, il ne soit au fond qu'un « collaborateur » du président. Fillon pressera malgré tout l'Élysée pour que Guéant cesse de tenir la bougie lors de ses discussions privées avec le président.

En début de quinquennat Guéant paraît indéboulonnable, lui le « sarkologue » en chef », le complice des débuts de Sarkozy dans les Hauts-de-Seine. En régisseur dévoué, il tient la maison. Tous ceux qui ont du pouvoir à l'Élysée lui sont reliés par un fil, une subordination instituée dans un organigramme ou qui reste invisible. Rien ne lui échappe et il assume sans faillir cette surcharge d'obligations.

L'homme est un « bourreau de travail » et déjeune le plus souvent d'un simple plateau-repas. Mais quel secrétaire général vers qui tout remonte n'est pas obligatoirement et nécessairement un gros bosseur ? Pour faciliter son omniprésence dans les dossiers les plus sensibles, Claude Guéant installe son épouse dans l'annexe du quai Branly. Preuve s'il en est de son dévouement à sa femme (qui va néanmoins être terrassée en quelques mois par un cancer foudroyant), mais aussi à la fonction dont l'a investi Nicolas Sarkozy.

Entre lui et le président, les liens sont très étroits. Ce ménage encore uni ne laisse guère de place aux intrus. Guéant veille avec jalousie sur ce privilège de proximité. Il s'occupe de tout et interfère dans les affaires privées du président. En février 2008, il organise en personne à l'Élysée l'union civile entre Carla Bruni et Nicolas Sarkozy. Il supervise les affaires africaines, livrées aux anciens et nouveaux amis de Sarkozy, et où se côtoient Patrick Balkany, le « frère » de toujours, Robert Bourgi, vestige des réseaux Foccart, mais aussi de nouveaux acteurs tels que Philippe Bohn. Cet ancien baroudeur a crapahuté jadis dans la jungle avec les équipes d'Alfred Sirven, l'homme de réseaux de l'affaire Elf. Devenu au fil du temps le « Monsieur Afrique » d'Airbus, Guéant utilise son carnet d'adresses en Afrique où Bohn a ses entrées au plus haut niveau au Rwanda, en Afrique du Sud ou encore en Libye, car celui que la presse a baptisé de ce titre ronflant de « vice-président » n'est qu'un préfet, certes haut de gamme, expérimenté, un redoutable technocrate, mais il ne dispose pas de réseaux et de circuits d'information privilégiés. C'est sa grande faiblesse. Il dépend pour beaucoup des autres, et tout particulièrement de son principal rival, personnage central de l'entourage présidentiel, Bernard Squarcini.

Claude Guéant n'a pour seul concurrent que ce dernier, qui est le véritable homme fort du quinquennat, celui pour qui le couple Sarkozy – la paire Nicolas et Cécilia – a connu dans le passé un véritable engouement.

Le cerbère

Nicolas Sarkozy apprécie Bernard Squarcini, cet exégète politico-policier des affaires corses, auxquelles lui-même accorde une grande importance. Une partie de sa vie ne s'est-elle pas construite dans l'île de Beauté ?

Tout jeune, avec sa mère, Nicolas Sarkozy passait ses vacances d'été dans un hôtel en bord de mer, sur la route de Cargèse. Sa première épouse était corse et, à Neuilly, il a eu pour guide, si ce n'est pour mentor, un autre Corse, Achille Peretti, ancien résistant, ex-commissaire de la DST, franc-maçon, gaulliste de tradition et maire de cette ville que Sarkozy prend à la hussarde en 1983.

Nicolas Sarkozy aime et connaît bien les Corses. C'est ainsi. Il s'est amouraché au fil du temps aussi bien des simples gens que des politiques, côtoyant au passage quelques individus aux pedigrees plus tapageurs, voire sulfureux. Fut un temps où il avait même « corsisé » son nom, faisant croire que « Sarkozi » (avec un « i » au lieu du « y ») était un patronyme corse. Ce tropisme explique en grande partie la place qu'occupe Bernard Squarcini à ses côtés.

Sarkozy sait aussi ce qu'il lui doit, que ce soit dans l'affaire Clearstream ou la capture d'Yvan Colonna, coauteur de l'assassinat en février 1998 du préfet de Corse Claude Érignac, et acteur d'une longue cavale à laquelle les bons tuyaux de Squarcini ont mis un terme.

Au service du leader mondial de l'industrie du luxe, le groupe LVMH de Bernard Arnault, Squarcini qui porte désormais des costumes de bonne coupe ne se séparait jamais, sauf exception, de sa veste de cuir. Surnommé « le Squale », il animait alors l'antiterrorisme de la DCRG dont il était le miroir, l'incarnation. Menacé, sa tête souvent mise à prix, il lui arrivait à la sortie d'un restaurant de sauter dans un van en marche où l'attendaient ses gardes du corps, avant de s'évanouir dans un crissement de pneu. Il jonglait avec une ribambelle de téléphones portables qui lui permettaient de suivre les opérations en cours et de veiller sur sa progéniture, elle-même menacée et cachée un temps dans le sud-est de la France. Ce meneur d'hommes traîne aussi une réputation d'homme de clan, celle d'un affidé de la fratrie « pasquaïenne », en raison de ses attaches corses et de quelques-unes de ses relations.

Un florilège de notes blanches de service ou d'officines colporte, depuis les années 1990, cette réputation. Elles citent les mêmes noms, ceux des relations compromettantes ou douteuses qu'il entretiendrait avec ces personnages interlopes que l'on croise dans les coulisses du renseignement où, par principe, on ne recrute pas des enfants de chœur. Son poids dans les affaires corses et l'arrivée de Sarkozy place Beauvau ont boosté sa carrière.

En 2007, Bernard Squarcini apparaît plus puissant que jamais. Il va veiller, tel un cerbère, sur le nouveau président et protéger son image, déminant les affaires qui le menacent avant qu'elles ne surgissent, anticipant les mauvais coups et rendant compte des petites histoires, souvent délicates, qui pourraient entacher la réputation du chef de l'État, celle d'un membre de son gouvernement voire de son entourage. Il alerte et informe.

Revers de la médaille, cela lui vaudra une pluie de coups. Il syndique contre lui une cohorte d'ennemis tenaces et revanchards, car Sarkozy a le tort de répéter ce que lui confie son chef du renseignement à propos des frasques de ces mauvais élèves, qu'il chapitre, créant ainsi les rancunes.

Si Claude Guéant et Bernard Squarcini sont les principales têtes d'affiche de la Sarkozie, d'autres collaborateurs conseillent et éclairent le président. Depuis près de vingt ans, Patrick Ouart est lui aussi un fidèle. Conseiller justice de l'Élysée, il veillera notamment sur les nominations de magistrats, faisant ainsi figure de « ministre bis » de la Justice. Nicolas Sarkozy l'a nommé alors que l'homme est mis en examen en Belgique dans une affaire d'espionnage.

Le conseiller justice de l'Élysée

Personnage connu de l'intelligence économique, Patrick Ouart a été le secrétaire général déontologue de Suez, un groupe qu'il a rejoint en 1998 après avoir débuté sa carrière de magistrat à Lille en 1982.

Secrétaire général de l'APM (1987-1989), un syndicat de magistrats très à droite, il travaille à la Ville de Paris aux côtés de Philippe Goujon, avant de rejoindre en 1993 Matignon comme conseiller technique auprès d'Édouard Balladur[1]. Son nom est associé à l'affaire Electrabel, la filiale belge du groupe Suez qui en détient 50,01 %.

Cette histoire d'espionnage est révélée alors qu'une OPA hostile a été lancée par l'électricien espagnol Iberdrola sur Suez. Une attaque téléguidée des îles Vierges, qui vise principalement le pôle électricité de Suez. L'OPA a-t-elle des complicités au sein d'Electrabel ? Pour s'en assurer, trois spécialistes en informatique pénètrent dans les locaux bruxellois de la filiale belge afin d'en savoir plus sur cette opération que suit un de ses responsables.

1. Ex-maire RPR de Pendé (Somme), Patrick Ouart a fait ses classes dans le sillage de Jérôme Monod, ce très influent conseiller de Chirac.

Les monte-en-l'air émargent à la société lyonnaise ICS, à laquelle Ouart sous-traite pour Suez des dossiers d'intelligence économique. Quelques jours après l'intrusion, un logiciel espion est découvert dans l'ordinateur d'un cadre lié aux investisseurs espagnols. L'affaire n'en reste pas là, car la justice belge y met son nez. Bientôt, cinq personnes se retrouvent inculpées de piratage informatique et de tentative d'interception de communications privées. Parmi elles, un ex-nageur de combat de la DGSE et deux « techniciens », ainsi que Patrick Ouart qui, dans cette affaire, risque une grosse amende et jusqu'à cinq ans de prison. Le secrétaire général de Suez dément alors ces accusations d'espionnage. Il ne s'agissait selon lui que d'un test des installations d'Electrabel, et rien d'autre. Une « mission de sécurisation informatique » et nullement une affaire d'espionnage.

À Paris, le patron du groupe, Gérard Mestrallet, et Patrick Ouart sont entendus à titre d'information dans le cadre d'une commission rogatoire, tandis que la presse belge grossit ses titres sur l'« Electragate ». Mais la version de Suez n'a pas convaincu le parquet de Bruxelles, qui renvoie les inculpés en correctionnelle. Néanmoins, avant que l'affaire ne passe devant un tribunal, la décision du parquet doit être, le 17 août 2006, confirmée par la chambre du conseil. Cette dernière décide alors de clore le dossier. Le 8 janvier 2008, le parquet annonce qu'il ne fait pas appel.

Entre-temps, Patrick Ouart a été nommé conseiller justice du président Sarkozy. Quelques mois plus tard, le 22 juillet 2008, un juge parisien débarque à l'Élysée et se fait conduire jusqu'au bureau du numéro 2 de la cellule diplomatique, Bruno Joubert. Il enquête sur la disparition en Côte d'Ivoire du journaliste Guy-André Kieffer, en avril 2004, qui aurait eu connaissance de malversations du président ivoirien et en particulier de sa compagne Simone. Une enquête délicate et sensible.

Un juge trop indiscret

Le juge se heurte alors à celui qu'on a baptisé le « ministre bis » de la Justice. Son enquête dérange. Le fouineur est d'ailleurs suivi de près, et il le sait. L'attaché sécurité de l'ambassade de France l'a informé que, lors de ses voyages en Côte d'Ivoire, il était filoché par les services français. Mais cela ne décourage pas ce juge d'instruction têtu qui décide d'entendre Patrick Ouart : il le soupçonne d'avoir fait pression dans cette affaire sur un témoin. Ce qui ne plaît guère et même pas du tout à l'Élysée.

Déjà dans le collimateur, ce même magistrat aggrave de nouveau son cas, cette fois dans une autre affaire qui vient d'être relancée. Il est saisi du dernier rebondissement de l'affaire Ben Barka, l'histoire de ce leader tiers-mondiste marocain enlevé sur ordre des services de Rabat, en plein Paris, le 29 octobre 1965 à 12 h 15, par des barbouzes françaises épaulées par des truands. Depuis, la famille veut savoir qui l'a tué, comment, et ce qu'il est advenu de son corps. Une affaire qui a jeté une ombre sur les relations franco-marocaines. Ce magistrat qui tient tête à la présidence, cuisine le conseiller justice, fouille le bureau du conseiller diplomatique et défie le chef de l'État ivoirien suscitait déjà à l'Élysée une profonde exaspération. Voilà qu'il récidive et s'apprête à mettre sur le gril les autorités marocaines. L'Élysée n'entend pas le laisser faire. L'Inspection générale des services judiciaires, saisie par le ministre de la Justice, se met en branle après avoir reçu un rapport, plutôt virulent et hostile au juge d'instruction, du premier président de la cour d'appel de Paris.

Les reproches tiennent en une phrase : le juge consacrerait trop de temps aux deux grosses affaires qu'il instruit (Kieffer et Ben Barka) et négligerait les autres. Ses voyages à l'étranger à répétition feraient aussi flamber les frais de justice. Pour ces raisons, il fait l'objet d'une procédure disciplinaire plutôt opaque, car le magistrat n'aura pas connaissance des éléments qui vont nourrir le dossier.

Mais le juge n'est pas dupe de ce qui motive ce soudain intérêt pour son cabinet d'instruction. La plupart des magistrats qui critiquent ses méthodes et la gestion de son cabinet seraient plutôt proches du pouvoir[1].

Cette enquête disciplinaire, qui se conclura finalement par un non-lieu, a aussitôt été utilisée contre le juge. Elle n'avait selon lui comme objectif que de l'affaiblir et de le discréditer.

Patrick Ouart ne finira pas le quinquennat à l'Élysée et rejoint le groupe LVMH. Il n'aura pas été le plus sulfureux des conseillers de la présidence Sarkozy. Son nom n'est attaché à aucun scandale, alors que le quinquennat a pourtant secrété bien des affaires.

La plus troublante, sans doute, est celle qui met en cause le conseiller en « stratégie » de Nicolas Sarkozy, ce tenant de la droite maurrassienne qui, durant cinq années, a enregistré des heures de conversations privées entre le président et quelques-uns de ses collaborateurs.

Cet épisode, d'une gravité extrême, révélé par *Le Point* début mars 2014, ne sera connu qu'après l'élection de François Hollande. L'affaire braque ses feux sur un étrange conseiller devenu un des plus influents de la Sarkozie.

Le chouchou de Nicolas Sarkozy

Lunettes, plutôt grand, crâne dégarni, visage lourd et un peu flasque, l'air sérieux et préoccupé, Patrick Buisson semble

1. Entretien avec le juge Patrick Ramaël en 2010 en compagnie d'un autre magistrat souhaitant garder l'anonymat.

gronder et maugréer en permanence. C'est un pur homme de droite, de cette droite dite décomplexée, voire intégriste. Il fait contrepoids auprès de Nicolas Sarkozy à cet autre conseiller influent qu'est Henri Guaino, lui plutôt issu de la gauche républicaine et souverainiste.

L'idylle intellectuelle entre Sarkozy et Patrick Buisson date de novembre 2005, bien qu'ils se soient rencontrés pour la première fois fin 1995, à la mairie de Neuilly, quand le futur président entamait sa traversée du désert après l'élection de Chirac à l'Élysée et la mort du « balladurisme[1] ». Il ne s'agit alors que d'un simple contact, d'une poignée de main. L'accolade chaleureuse avec effusion viendra plus tard, lors des émeutes qui, en 2005, embrasent les banlieues. Au bout de trois semaines, elles laissent aux Français une ardoise de plus de 200 millions d'euros. Patrick Buisson réapparaît. Il épate, dit-on, celui qui est alors ministre de l'Intérieur, par ses analyses et ses éclairages. Dès lors, il instille dans la « pensée » sarkozyste des repères ultradroitiers dont la clé de voûte est la « crise identitaire » qui torture, paraît-il, le petit peuple de France.

Ébahi par sa fulgurance, Sarkozy fond sous le charme de cet ancien prof d'histoire, journaliste ayant appris le métier à *Minute*, et que certains auréolent d'un passé d'agitateur d'extrême droite à l'université de Nanterre, lors des journées de Mai 68, ce qu'il est loin d'avoir été.

Le lien intellectuel entre les deux hommes est si fort que Buisson prétend que Sarkozy « ne pouvait plus rien faire » sans lui. Il se serait même vanté de faire de lui ce qu'il voulait. Ce lien de dépendance (voire de domination) aurait uni les deux hommes, de 2006 à 2012, période durant laquelle Buisson conseille le candidat puis le président Sarkozy. Apparemment

1. Ariane Chemin et Vanessa Schneider, *Le Mauvais Génie*, Fayard, 2015.

non sans effets positifs, lors de la campagne et de l'accession au pouvoir. Du moins si on s'en tient aux largesses de Sarkozy pour ce collaborateur qui, de façon si décisive, aurait contribué à la victoire.

Nicolas Sarkozy sait récompenser ceux qui l'ont aidé. Buisson n'a pas affaire à un ingrat. Qu'on en juge. À la demande de Sarkozy, Martin Bouygues, le patron de TF1, confie à son protégé une chaîne de télé. Buisson qui, depuis 2001, collaborait déjà à LCI, une autre filiale du groupe TF1, devient donc le patron de la chaîne Histoire. Il recevra ensuite, à l'Élysée, des mains de Sarkozy, la Légion d'honneur. Un geste qui a plu car Buisson aime, semble-t-il, les honneurs, qu'il s'agisse de consacrer son rang social en lui offrant une chaîne de télé ou de décorations qui rendent hommage à ses talents.

Dans leur livre *Le Mauvais Génie*, les deux journalistes du *Monde* qui ont enquêté sur Patrick Buisson racontent qu'il a, début 2012, été décoré de l'ordre de Saint-Grégoire-le-Grand à la nonciature – l'ambassade du Vatican à Paris – des mains de l'archevêque Luigi Ventura[1]. Le même Ventura qui, en janvier 2019, est accusé d'agression sexuelle sur un cadre de la Ville de Paris. Décidément généreux, débordant quasiment d'affection, Sarkozy fait à son protégé une place dans le budget de l'Élysée. Après en avoir été le contempteur, du temps où il écrivait dans *Minute*, Buisson est devenu un adepte des sondages, dont il va faire commerce avec l'Élysée.

Son cabinet d'études, Publifact, qu'il a créé en 1982, voit son chiffre d'affaires bondir de 13 000 euros en 2003 à 1 733 982 euros en 2007. Buisson a sans doute fait sienne la formule préconisant de battre le fer tant qu'il est chaud. La directrice de cabinet du président établit, dès le 1er juin 2007, une convention entre l'Élysée et le cabinet d'études de Patrick

1. Ariane Chemin et Vanessa Schneider, *Le Mauvais Génie*, *op. cit.*

Buisson, pour un coût avoisinant 1,5 million d'euros. Et cela sans la moindre mise en concurrence, comme l'a découvert la Cour des comptes en examinant le budget de l'Élysée en 2008[1]. Ainsi, et à divers titres, Buisson et ses sociétés auront touché de l'Élysée 3,3 millions d'euros[2].

Patrick Buisson suit également pour l'Élysée le dossier *France-Soir*, ce quotidien racheté par l'oligarque russe Sergueï Pougatchev. Membre de cette caste d'hommes d'affaires très active en France, dont le fils Alexandre dirige à Paris le journal installé à proximité des Champs-Élysées, il est reçu au « Château » par Claude Guéant. Spécialisé dans la construction navale, Pougatchev est sur les rangs pour construire en Russie, dans ses chantiers navals, le *Mistral*, ce bâtiment ultramoderne de conception française que les Russes voudraient acheter – mais ils devront faire une croix sur le contrat, en raison des pressions de l'OTAN qui ne veut pas voir la Russie disposer d'un bâtiment si sophistiqué.

D'autres affaires liées aux oligarques russes sont traitées avec plus de discrétion. Un conseiller de l'Élysée suit de son côté un autre dossier, auquel est associé le sulfureux Oleg Deripaska, patron du géant russe de l'aluminium Rusal, et dont le nom sera cité en marge de l'affaire Benalla. Des années plus tard, ce même conseiller, jadis trésorier du Parti républicain, deviendra le patron de Rusal.

En tant que « stratège », Patrick Buisson participe aussi aux délibérations de l'état-major rapproché de Sarkozy. L'ex-journaliste de *Minute* est un des happy few de cet aréopage qui compte dans ses rangs le sondeur Pierre Giacometti, Henri Guaino, Franck Louvrier, Claude Guéant (puis Xavier Musca, qui lui succédera comme secrétaire général de l'Élysée).

1. Rapport publié en juillet 2009.
2. Selon l'enquête judiciaire enclenchée après la publication d'un rapport de la Cour des comptes.

Le « brain-trust » se réunit chaque semaine à l'Élysée dans le salon vert, face au parc, autour d'une grande table ovale. C'est là le plus souvent que Buisson déclenche son enregistreur.

Buisson et l'affaire des enregistrements

De ces délibérations qui auraient dû rester secrètes on connaîtra en partie la substance, grâce au seul Patrick Buisson, qui visiblement a péché par ingratitude.

Il « microte » en douce le président de la République, celui qui pourtant a été si généreux avec lui. Il enregistre les conversations, aussi libres que peuvent l'être les conversations privées que Sarkozy a avec ses conseillers, violant ainsi le devoir de réserve, la confiance placée en lui et, plus grave encore, le secret des conversations.

Le Canard enchaîné et le site Atlantico ont publié des extraits de certains de ses enregistrements, que Buisson a fait numériser par son fils, émaillés d'attaques personnelles ou de mots cinglants proférés par Sarkozy à l'endroit de Jacques Chirac, « avide et méchant », « un type corrompu », ou de Christian Estrosi : « Un abruti qui a une noisette dans la cervelle. »

On y trouve la confirmation du rôle joué par Alain Marleix, un ancien du mouvement d'extrême droite Occident (comme l'indique le registre du groupe, il vivait alors dans la banlieue sud de Paris), qui faisait alors office de « conseiller élections » du président. Sarkozy l'avait missionné pour assurer au Front national les signatures nécessaires pour qu'il puisse présenter un candidat à l'élection présidentielle. Buisson était, de son côté, chargé de rencontrer Le Pen, qu'il connaît bien et de longue date. Il l'avait défendu dans *Minute* quand Le Pen avait été accusé d'avoir torturé en Algérie. Buisson jouera les intermédiaires entre les deux tours de la présidentielle de 2007. Le clan Le Pen juge que, à défaut d'accéder au pouvoir ni même au second tour, mieux vaut soutenir celui qui défend peu ou prou ses idées, comme me le confiait d'ailleurs Marine Le Pen en 2006[1].

Dans l'histoire de la présidence, une telle violation des conversations est sans précédent. L'affaire est gravissime. On ne connaît en effet jusqu'à présent qu'une infime partie de ces enregistrements : que recelaient les autres, et auraient-ils pu comporter des secrets d'État ? Dans l'histoire de l'Élysée, sous la Ve République, il n'y a guère que Jacques Foccart qui ait été accusé de disposer d'un système d'écoute dissimulé dans une commode, lui permettant de son bureau de surprendre les conversations du président. La comparaison s'arrête là, car Buisson n'est pas Jacques Foccart. Interrogés par mes soins sur cette énormité, cette transgression susceptible de porter atteinte à la sûreté de l'État, d'anciens responsables de la DCRI, chargée du contre-espionnage, de la guerre économique, de la lutte antiterroriste, bottent en touche. Ils n'étaient pas responsables de la sécurité à l'Élysée ; ils n'étaient ni autorisés ni qualifiés pour faire, je cite, « les poches du conseiller ». Cela incombait aux militaires chargés de la sécurité du palais de l'Élysée.

Un autre conseiller de l'Élysée aura moins de chance. Il tire discrètement sa révérence après avoir été pris la main dans le sac. Il quitte le « Château », non de son plein gré, mais après qu'une valise satellitaire du contre-espionnage a intercepté certaines conversations sur son portable. Le conseiller se montrait, paraît-il, aussi disert qu'indiscret sur les délibérations du Conseil des ministres. *Exit* le conseiller trop bavard.

L'affaire Buisson est d'autant plus étonnante que Nicolas Sarkozy a fait de l'Élysée une tanière, une oasis pour les services de renseignements, et y a installé une véritable « centrale ».

1. Frédéric Charpier, *Nicolas Sarkozy. Enquête sur un homme de pouvoir*, *op. cit.*

Un président trop puissant ?

Dans l'euphorie de la victoire, Bernard Squarcini crée tout d'abord en 2007 la DCRI (devenue DGSI), puis il suggère la création d'un poste de coordonnateur national du renseignement, qui voit le jour en août 2008. Son premier titulaire, Bernard Bajolet (voir plus loin « François Hollande choisit la DGSE »), dispose d'une équipe resserrée et compte parmi ses adjoints Christophe Gomart, un ancien du cabinet des affaires réservées de la Défense (et futur patron de la DRM), Pierre Lieutaud, ex-sous-directeur à la recherche aux RG ainsi que le préfet Meddah.

Placé sous l'autorité de Claude Guéant, le poste laisse peu de marge de manœuvre à son titulaire qui doit collaborer avec le chef d'état-major particulier du président, l'amiral Édouard Guillaud, le conseiller diplomatique et « sherpa » (celui qui prépare les grands sommets internationaux) Jean-David Levitte, et le « conseiller intérieur » Érard Corbin de Mangoux, le futur patron de la DGSE. L'on peut parler sans exagération d'une hyperconcentration dans le domaine du renseignement.

Le président tient entre ses mains un pouvoir inédit. Jamais autant de flux d'informations n'ont convergé vers l'Élysée – contre-espionnage, opérations spéciales, lutte antiterroriste, guerre économique, service de renseignements Tracfin et celui du Quai, moins connu mais très précieux – et peut-être plus encore que du temps de Jacques Foccart, dont la puissance en la matière frisait le pouvoir absolu.

De sa forteresse, Nicolas Sarkozy garde aussi la main sur l'UMP, afin de parer à d'éventuels putschs et de veiller aux dissidences. Le directeur général du mouvement, Jérôme Peyrat, le tient informé dans les détails de tout ce qui s'y passe. Sarkozy verrouille la machine : il n'y a plus à l'UMP de président mais une direction collégiale. Peyrat gère le parti et fait le lien avec l'Élysée, il a deux bureaux, l'un rue de La-Boétie, au siège du mouvement, l'autre rue du Faubourg-Saint-Honoré. Un de ses collaborateurs marque de son côté à la culotte Patrick Devedjian, le nouveau patron des Hauts-de-Seine, l'ancien fief de Pasqua et de Sarkozy. L'Élysée exhale un parfum d'hyper-puissance.

La tentation est forte (elle l'était déjà, elle l'est plus encore) sinon inévitable d'user et d'abuser d'un pareil pouvoir discrétionnaire. Les prédécesseurs de Nicolas Sarkozy y ont tous cédé. De Gaulle a créé et dirigé du palais de l'Élysée la Françafrique, avec ses barbouzes et ses réseaux parallèles. Pompidou a utilisé le patron du SDECE pour punir ceux qui avaient trempé dans l'affaire des photomontages, tandis que son conseiller spécial Pierre Juillet réceptionnait chaque matin des dizaines de comptes rendus d'écoutes illégales. Giscard d'Estaing a quant à lui privatisé les services spéciaux pour étouffer l'affaire des diamants. Mitterrand a créé une officine pour protéger ses secrets personnels, et Chirac a couvert, voire, à lire certains comptes rendus, encouragé une entreprise de faussaires pour abattre un rival.

Nicolas Sarkozy dispose de puissants moyens d'action et quand sa vie privée suscite à nouveau les commérages, il n'hésite pas. Pour faire taire des rumeurs et identifier ceux qui les propagent, l'appareil d'État, flanqué de sa justice et de ses services, se mobilise.

Affaires de mœurs

Le 6 mars 2010, une journaliste de Skynews interviewe Carla Bruni-Sarkozy et, relayant les rumeurs qui divaguent sur Internet, elle évoque les infidélités prêtées aux deux époux. La mèche est allumée.

L'entretien terminé, Carla éclate, folle de rage. Elle libère sa colère, tempête. Elle se sent humiliée et veut que les rumeurs cessent et que l'on découvre qui les propage.

Le 9 mars, le bruit s'emballe cette fois sur le Web. Une filiale de Lagardère Active, chargée de faire du buzz, est à l'origine de ce rebond de la rumeur et de son amplification. Thierry Herzog, l'avocat de Nicolas Sarkozy, monte au créneau. Il menace les sites qui reprennent l'info, laquelle se répand maintenant dans le monde entier. Le groupe Lagardère dépose plainte contre X, ce qui évite à Sarkozy de le faire.

Cédant à la spirale de la surenchère, le président met la machine en branle. Ce ne sont pas les moyens à sa disposition – on l'a vu – qui manquent. Fidèle parmi les fidèles, l'échotier affable et toujours bien informé Pierre Charon monte en première ligne. À l'Élysée, il est officiellement chargé des chasses présidentielles, comme l'avait été avant lui Victor Chapot sous Giscard ou François de Grossouvre sous Mitterrand.

Le ministre de l'Intérieur Brice Hortefeux confie à la DCRI de Bernard Squarcini le soin d'identifier les sources des commérages. En saisissant ce service, il s'assure que l'enquête sera couverte et donc protégée par le « secret-défense ». Puis, le 2 avril 2010, le parquet ouvre une information afin de connaître l'origine des ragots.

Aux deux enquêtes officielles s'ajoute une enquête parallèle, disons plutôt des initiatives ciblées qui ne laisseront pas de traces[1]. Brice Hortefeux convoque discrètement place Beauvau François-David Cravenne, un conseiller de Christian Estrosi, qui par ailleurs conseille Rachida Dati. Les fadettes du conseiller analysées par la DCRI, qui a obtenu l'autorisation de l'instance qualifiée de se les procurer, mettent en évidence des échanges

1. Michael Darmon et Yves Derai, *Carla et les ambitieux*, Éditions du Moment, septembre 2010.

intenses de SMS entre Dati et son conseiller non officiel au moment de l'affaire des rumeurs. Devant Brice Hortefeux, Cravenne se souvient qu'un an plus tôt Dati a évoqué devant lui une liaison de Sarkozy avec une de ses collaboratrices.

Cela suffit. Rachida Dati est alors montrée du doigt. Pierre Charon confie au *Nouvel Observateur* qu'il la soupçonnait d'être derrière les ragots[1]. Ce n'est pas un secret qu'elle et Carla Bruni ne s'entendent pas. La nouvelle épouse de Sarkozy l'a même fait bannir de l'Élysée. Entre les deux femmes, il existe un abîme. Un sévère contentieux les oppose. Mais Rachida Dati se rebiffe. Elle refuse d'endosser cette affaire de rumeurs alors qu'Hortefeux a déjà supprimé son escorte pour la punir, elle qui crie son innocence. Elle prétend qu'elle aurait été mise sur écoute. Bien que ce ne soit pas exact, il y a tout de même un fond de vérité comme on le verra (voir plus loin « Une histoire sans fin »). L'affaire des rumeurs s'envenime, elle tourne à la polémique et finalement se retourne contre l'Élysée. Le camp sarkozyste se déchire. Le temps est venu de faire retomber la pression, de désamorcer cette escalade verbale, avant que Dati ne fasse un esclandre ou, pire, qu'elle ne lâche quelques secrets de famille !

Le 7 avril 2010, Carla Bruni et Nicolas Sarkozy calment le jeu. Carla intervient sur Europe 1 tandis que Sarkozy passe la consigne à certains collaborateurs de l'Élysée réunis autour de Guéant : « Plus un mot sur cette affaire ». On dément au passage qu'il y ait eu une enquête, car « on n'enquête pas sur des commérages », dit Carla. Bernard Squarcini dément le démentit. Il confirme qu'il a bien été actionné et qu'il a agi à la demande du ministère de l'Intérieur. La DCRI a été saisie début mars par le directeur général de la police nationale Frédéric Péche-

1. Précisons qu'à l'époque Rachida Dati est sa concurrente à Paris pour les sénatoriales de l'UMP.

nard. Dati se plaint encore, cette fois au micro de RTL, d'avoir été indûment accusée. Elle vise Pierre Charon, qui va essuyer les plâtres car il faut toujours un fusible. Mis de côté pour sa maladresse, il doit même quitter son poste à l'Élysée.

Rachida Dati triomphe. On parle d'un retour en grâce alors que Carla avait réussi à la déloger et à l'éloigner de l'Élysée. La République irréprochable sombre dans le vaudeville permanent.

À trop user des moyens de l'État pour de simples affaires privées, la présidence court le risque d'être accusé de couver un cabinet noir, de surcroît surdimensionné, et de l'utiliser de façon secrète et clandestine pour asseoir sa puissance et déstabiliser ses adversaires.

C'est ce qui se produit quand Dominique Strauss-Kahn, un des favoris de la prochaine élection présidentielle, est soudainement compromis dans une histoire de mœurs. Certains n'hésitent pas à se demander si l'Élysée ne serait pas pour quelque chose dans ses mésaventures.

L'affaire DSK

Le 14 mai 2011, alors président du FMI, le Fonds monétaire international, DSK est arrêté à New York.

Menottes dans le dos, le visage mal rasé, il est exhibé à la télévision. Des policiers qui enquêtent sur ce qui s'est produit dans la suite 2806 du Sofitel, que le patron du FMI occupait, l'escortent tel un vulgaire malfrat. Celui que les sondages placent alors en tête pour la prochaine élection présidentielle, et désignent comme le favori de la « primaire socialiste », est soupçonné d'agression sexuelle, et d'avoir aggravé son cas en tentant de filer à l'anglaise et d'échapper à la justice new-yorkaise.

Celle qui l'accuse est une femme de chambre afro-américaine, Nafissatou Diallo. Après avoir fait aux responsables du Sofitel le récit de l'« agression sexuelle » dont elle a été la victime, elle est examinée à l'hôpital St. Luke et interrogée par la police moins de trois heures après l'assaut sexuel présumé.

Pendant ce temps, la police recherche DSK qui a quitté l'hôtel. Il va tout d'abord déjeuner avec sa fille. Puis il prend un taxi pour rejoindre l'aéroport JFK. En cours de route il rappelle l'hôtel. Il a oublié, dans la chambre, son téléphone portable BlackBerry. Il tombe dans un piège. Le réceptionniste de l'hôtel prétend que l'appareil a été retrouvé et que l'on peut le lui apporter. Confiant, DSK vend la mèche et se livre sur un plateau. Il révèle qu'il se rend à l'aéroport JFK. Il ignore qu'au bout du fil, la police l'écoute et qu'elle s'est mise immédiatement en route pour s'emparer de lui, ce qu'elle fait à 4 h 45 (16 h 45), alors que le chef du FMI a déjà embarqué dans un avion à destination de Paris.

Cette affaire bouleverse la donne politique française. Elle ruine une ambition, détruit une réputation et rebat aussi les cartes. Difficile d'accepter l'idée qu'aucune main malveillante ne soit intervenue dans cette histoire et que DSK ne puisse s'en prendre qu'à lui-même.

N'aurait-il pas été plutôt la victime d'une trame obscure, tissée dans l'ombre par des esprits machiavéliques ? Certains qui le croient s'interrogent : DSK est-il tombé dans un piège ? Était-il ciblé par un cabinet noir animé par des flics sarkozystes aux aguets attendant, voire espérant, le moindre faux pas de celui que l'Élysée considère pour la prochaine élection présidentielle comme son principal rival ? En clair, a-t-on fait trébucher DSK ?

Le président et l'affaire DSK

Ces interrogations ne sont pas dépourvues d'une certaine légitimité au regard de cette « centrale de renseignements » qu'a édifiée Sarkozy à l'Élysée, et du nombre de policiers et d'agents secrets, la plupart à sa dévotion, qui l'entourent.

Une série de coïncidences et de recoupements alimentent également la suspicion.

Tout d'abord, Nicolas Sarkozy affirme qu'il n'a appris l'arrestation de DSK que le lendemain matin, heure française. Est-ce bien sérieux ? Comment imaginer que le Sofitel n'ait pas prévenu par un canal quelconque l'Élysée, alors qu'en 2011 le groupe Accor, qui possède la chaîne hôtelière Sofitel, emploie d'anciens policiers qualifiés de « proches » de la « firme », ce surnom péjoratif donné aux flics sarkozystes (on y reviendra) ? Ajoutons encore qu'une fois battu à la présidentielle et redevenu un simple citoyen, Nicolas Sarkozy sera coopté au directoire du groupe Accor. La chaîne d'hôtels entretient de longue date d'excellentes relations commerciales avec certains services policiers du ministère de l'Intérieur.

Des faits précis rendent d'ailleurs discutable cette affirmation. Samedi 14 mai, John Sheehan, le responsable sécurité du groupe Accor à New York, joint au téléphone René-Georges Querry, dit Jo, le responsable de la sécurité du groupe à Paris. À cet instant précis, ce dernier se trouve au Stade de France, où il suit le match de football, Lille/PSG, dans la loge présidentielle – où se trouve justement Nicolas Sarkozy. Il est près de 23 heures. John Sheehan préviendra aussi le responsable parisien du groupe, Xavier Graff.

Autre témoin, Martine Aubry, présente elle aussi et assise non loin de Sarkozy. Elle se souvient que ce dernier s'affairait, pianotait fébrilement sur son BlackBerry non loin de Querry qui, comment peut-on le croire, n'aurait rien dit à son voisin. Une fois averti, Querry appelle Ange Mancini, le fondateur du RAID, qui a succédé à Bernard Bajolet comme coordonnateur du renseignement à l'Élysée. Il lui fera suivre le mail que lui a adressé pour confirmation le directeur du Sofitel[1].

Ange Mancini répercute l'info au directeur de cabinet de Sarkozy, Christian Frémont. Mancini et Frémont n'auraient pas davantage informé le président d'un tel événement ? Cela n'est pas crédible. Le secrétaire général Xavier Musca, qui a succédé à Guéant à ce poste, dit avoir décidé cette nuit-là de ne pas réveiller le président[2]. Claude Guéant, qui est devenu le ministre de l'Intérieur, est prévenu à 0 h 30 par son directeur de cabinet. Lui aussi fait le cachottier.

Difficile de croire que Nicolas Sarkozy n'ait pas été prévenu, ce qui d'ailleurs aurait été logique. Pourquoi alors s'en tenir à cette version ? Peut-être parce que l'Élysée s'intéressait en effet de près à DSK.

Dans la seringue sarkozyste

DSK lui-même se sentait épié. Deux semaines avant l'affaire du Sofitel, il est photographié à Paris dans une Porsche de fonction du groupe Lagardère. Il dit faire l'objet de manœuvres visant à le déstabiliser. À des amis, il confie qu'il se méfie désormais « de tout et de tout le monde ». Il se croit écouté par Claude Guéant, qui serait prêt, dit-il, à monter contre lui une sale affaire.

Le jour de l'agression, en route pour l'aéroport JFK, il appelle Anne Sinclair, son épouse, et lui demande de contac-

1. Le 9 juillet 2011 il affirmera à l'AFP qu'il a prévenu Mancini « une heure après l'arrestation de DSK ».

2. *Le Monde* du 9 juillet 2011.

ter Stéphane Fouks, le patron d'Havas et un de ses amis, car il a des soupçons sur l'intégrité de son téléphone du FMI. Il envisage, théorise une alliance entre Poutine et Sarkozy pour le dégager de son poste, chacun y trouvant son intérêt, dit-il à Claude Bartolone, alors patron PS du conseil général de Seine-Saint-Denis. Le téléphone qu'il a oublié dans la chambre du Sofitel disparaît. Mais sans doute n'a-t-il pas été perdu pour tout le monde. Certains affirment, mais sans le prouver, qu'il aurait contenu un mouchard et que les conversations de DSK étaient écoutées. D'autres vont plus loin encore. Un « plan anti-DSK » aurait été concocté par l'Élysée. Objectif : le discréditer avant même la « primaire socialiste ».

Des semaines avant l'affaire, la presse rapporte des propos ambigus attribués à Nicolas Sarkozy. « DSK ne tiendrait pas une semaine, on a des photos, elles existent, on les fera circuler », dit-il avant d'ajouter « à côté de lui, j'aurais l'air d'un pasteur méthodiste »[1]. Soit de bonnes raisons de se tenir sur ses gardes.

En mai 2011, le strauss-kahnien et futur ministre de la Justice de François Hollande, Jean Michel Urvoas, franchit le pas. Il interroge sans détour le pouvoir : existe-t-il à la DCRI une équipe dédiée pour enquêter sur la vie privée de DSK ? La réponse est bien entendu négative. Aucune équipe ne travaille sur le patron du FMI. Pourtant, une note évoquant la vie privée de DSK existe bien. Elle n'a pas été rédigée par la DCRI mais par une patrouille de la DSPAP (la Direction de la sécurité et de proximité de l'agglomération parisienne), de la préfecture de police de Paris, que dirige le sarkozyste et ami de Claude Guéant, Michel Gaudin. Cette note, transmise au cabinet du ministre de l'Intérieur, rapporte un contrôle de police au bois de Boulogne effectué dans un camping-car : DSK y a été surpris en compagnie de deux travestis.

1. *Le Nouvel Observateur* du 3 février 2011.

Enfin, peut-on imaginer que les réseaux sarkozystes n'aient pas été informés de cette affaire de prostitution (dite l'affaire du Carlton de Lille) qui couve dans le nord de la France depuis des mois, et compromettra DSK dès qu'elle deviendra publique ?

Un indicateur de la police des mœurs de la région lilloise, par ailleurs chargé des relations publiques de l'hôtel Carlton, a balancé – l'a-t-il fait sans arrière-pensée ou inspiré par des esprits malveillants ? – un réseau de prostitution ayant mis à la disposition de DSK des professionnelles dont quelques-unes auraient été convoyées pour des parties fines jusqu'à Washington, où se trouve le siège du FMI et où réside alors son directeur. Des rumeurs courent depuis des semaines sur cette histoire. On en discute même, guillerets, sur les « parvis » des loges de Lille, plusieurs personnes liées au réseau et à DSK ayant des attaches maçonniques.

Cette affaire a longtemps dormi à l'instruction au TGI de Lille, et probablement aurait-elle été exploitée sans retenue si DSK ne s'était pas « suicidé », sans que personne l'y pousse, au Sofitel de New York.

DSK n'est pas le seul puissant à déchoir cette année 2011. Alors qu'il se retrouve devant la justice new-yorkaise, dégringolé de son piédestal, un autre « grand » de ce monde perd lui aussi le pouvoir, et, plus encore, la vie. Tout comme pour DSK, Sarkozy est à nouveau pointé du doigt.

L'improbable duo Sarkozy-Kadhafi

Arrivant à l'Élysée, Nicolas Sarkozy a choisi d'emblée le pragmatisme. Il gouvernera sans entrave, mettant de côté les principes trop tatillons, l'embarras et les scrupules.

N'est-il pas le président du « big business » ? Il n'affichera aucun ostracisme envers les nouveaux eldorados sur lesquels lorgnent les industriels français. Y compris la Libye, depuis peu réintégrée dans le giron de la communauté internationale, et qui n'est plus désormais cataloguée comme un État terroriste.

La Fondation Kadhafi, que dirige un des fils du guide dictateur, Saif al-Islam, a déboursé près de 3 milliards de dollars pour indemniser les victimes d'attentats dans lesquels étaient compromis les services libyens. Le prix de la « rédemption », selon le mot de Jean-David Levitte, le chef de la cellule diplomatique de l'Élysée. Ce dernier œuvre sous la houlette du secrétaire général Claude Guéant, et flanqué de Bruno Joubert pour les affaires africaines, pour lesquelles Nicolas Sarkozy a décidé de procéder à une sorte de mixte entre « officiels » et « officieux ». Ceux-ci comptent des amis du président tels que Patrick Balkany et des Neuilléens comme Dov Zerah, un ancien du bureau Afrique du Trésor, ex- « dircab » en 1993 de Michel Roussin, alors ministre de la Coopération, sans oublier Robert Bourgi, un ancien des réseaux Foccart.

Depuis mai 2005, la Libye a rouvert ses portes au grand commerce. Depuis, les entreprises françaises, notamment celles de l'industrie de l'armement, s'y ruent. Le colonel Kadhafi étant redevenu fréquentable, Nicolas Sarkozy décide de l'inviter à Paris en décembre 2007 et l'accueille avec un certain lustre. Son séjour, organisé par le jeune diplomate Boris Boillon, un protégé de Nicolas Sarkozy, aura des allures de foire commerciale d'un niveau relevé. Au menu : Mirages, Rafales, hélicoptères, systèmes radar et de télécommunication, projet de manufacture d'armes ainsi que la production d'équipements militaires, la modernisation de la marine libyenne, ou encore des installations nucléaires civiles.

Kadhafi fait là un come-back flamboyant. Chouchouté par les milieux d'affaires et les lobbies de l'armement, on le courtise, le cajole. Lui joue au Bédouin. Il dresse sa tente dans le jardin de l'hôtel Marigny, à 30 mètres à vol d'oiseau de l'Élysée. Parmi les festivités, il a été prévu un dîner, le 11 décembre 2007, à l'hôtel Ritz où le chef libyen sera entouré d'un parterre d'intellectuels et de l'ancien chef de la diplomatie française, Roland Dumas. L'entente franco-libyenne semble repartie du bon pied. L'euphorie n'aura cependant qu'un temps. En dépit des promesses et des ronds de jambe, le marché libyen ne sera pas l'eldorado tant espéré. À défaut de tenir ses engagements, la Libye consent toutefois à servir de rempart à l'Occident dans la lutte antiterroriste, au prix de sévères entorses aux droits de l'homme.

À Paris, la déception l'emporte. N'ayant en Libye aucun intérêt industriel ou financier d'importance, la France se retrouve parmi les premiers à lâcher le colonel Kadhafi et à contribuer, au printemps 2011, au renversement de son régime au nom de la démocratie et de la défense des droits de l'homme. Plus encore, Nicolas Sarkozy aurait cornaqué et orchestré la révolte en Libye. Il aurait même jeté les bases de l'insurrection dès le mois d'octobre 2010. À en croire le bulletin *Maghreb Confidentiel,* plutôt bien informé, la France et ses services auraient préparé « l'insurrection » dès la fin octobre 2010.

Le 21 octobre, les services français réceptionnaient à Paris Nouri Mesmari, le chef du protocole de la cour de Kadhafi, un des rares ayant accès au chef libyen à toute heure et en tout endroit. Il s'apprête à fuir son pays et à réclamer l'asile politique. La veille, Mesmari a fait escale durant quelques heures à Tunis, semble-t-il pour y prendre contact (voire préparer la rébellion dans la Cyrénaïque) avec des représentants du « printemps tunisien ». À Paris, il débarque avec sa famille et s'installe dans une suite de l'hôtel Concorde Lafayette, sous la protection des services français. Puis le chef du protocole livre les secrets de la défense libyenne aux militaires français, qui prennent pied, peu à peu, à Benghazi, d'où sera déclenchée en mars 2011 l'insurrection relayée au tout début par les réseaux sociaux[1]. La rébellion vire immédiatement à la guerre civile, puis à la guerre tout court. Le colonel Kadhafi, courtisé il y a peu encore, plonge dans la clandestinité. Traqué par les satellites espions, les bombes et les missiles de l'OTAN, il finit le 20 octobre 2011 lynché par une foule fanatisée.

Depuis, d'anciens proches du chef libyen affirment que ce dernier aurait contribué au financement de la campagne de Sarkozy en 2007[2].

Une autre campagne se profile, imprévue, et il y a peu impensable. La chute de DSK a en effet bouleversé la stratégie de l'Élysée. Nicolas Sarkozy a perdu son challenger idéal, celui qu'il pouvait pulvériser le moment venu et sur lequel il prétendait avoir prise. Il ne semble pas y avoir gagné au change. Face à lui, l'outsider, le falot François Hollande. Le renseignement parisien rédige aussitôt une longue note sur sa compagne d'alors, la journaliste Valérie Trierweiler. Ainsi va le petit monde de la politique. Puis, porté par la vague anti-Sarkozy, François Hollande s'ouvre la voie de l'Élysée.

1. Un autre Français, le philosophe Bernard-Henri Lévy, s'active lui aussi. Il est une des chevilles ouvrières du Conseil national de transition libyen qu'il fait recevoir à l'Élysée par Nicolas Sarkozy le 10 mars 2011.

2. En avril 2013 une information a été ouverte afin d'établir si oui ou non Sarkozy a touché tout ou partie des 57 millions d'euros offerts par Kadhafi, ce qu'on ignore toujours.

Chapitre 7

François Hollande, le président normal (2012-2017)

Le premier cercle

L'usage semble désormais établi. Une tradition à laquelle nul ne se soustrait veut qu'un président s'entoure de collaborateurs dont il a éprouvé la fidélité. En début de quinquennat, François Hollande s'y plie à son tour.

Aux postes sensibles, il nomme deux anciens de l'ENA, de la promotion Voltaire, sortis de l'école avec lui en 1980. Le secrétaire général est Pierre-René Lemas, ce préfet de Lorraine débarqué par Nicolas Sarkozy et que remplacera en avril 2014 Jean-Pierre Jouyet, et la directrice de cabinet est Sylvie Hubac, elle aussi ancienne de la promo Voltaire.

Plus inattendu en revanche, après avoir stigmatisé le monde de la finance invisible, ou comme l'on dit à l'extrême droite « vagabonde », voire « apatride », il ne se prive pas des conseils de quelques-uns de ses représentants. Parmi ceux dont il apprécie les éclairages et les conseils, Bernard Cottin, ex-conseiller de Roland Dumas au Quai d'Orsay, puis de Rocard à Matignon et, grâce au coup de pouce d'André Rousselet, futur PDG de Numéricable, filiale de Canalsat. Il sera écarté de son poste en 2005 par Jean-René Fourtou, un partisan radical et militant de Sarkozy. En 2011, lors de la « primaire socialiste », Cottin s'occupait des finances, en duo avec Jean-Jacques Augier, autre proche de Hollande et lui aussi ancien protégé d'André Rousselet, dont il a été le bras droit. Augier était un des cadres dirigeants du groupe des Taxis G7 quand Rousselet présidait Havas, et préparait le lancement de Canal+. Promo Voltaire et membre de l'Inspection générale des finances, Augier lèvera les fonds pour son ami Hollande. Cet homme à l'âme entrepreneuriale évolue dans ce « monde invisible » de la finance, où il a investi dans l'édition. Il a séjourné de longues années en Chine avant de revenir en France en 2010. Autre homme d'affaires et vieux camarade de Hollande, André Martinez, sorti de HEC en 1973. Il a entouré Hollande avant et après sa déclaration de candidature. Il se voyait ministre ou conseiller en titre à l'Élysée, il sera plus modestement, à Bercy, l'œil du président.

Citons encore ce collaborateur de la présidence qui a fait ses classes dans le monde du business, le « Monsieur Europe » de la cellule diplomatique de Hollande, Philippe Léglise-Costa. Lui a démarré sa carrière en 1990 dans le BTP sous le drapeau de Francis Bouygues, avant de rejoindre le Quai d'Orsay puis d'être le conseiller Europe d'Hubert Védrine, alors ministre des Affaires étrangères, et le directeur de cabinet de Jean-Pierre Jouyet (voir plus loin « Déjeuner chez Ledoyen »), alors secrétaire d'État aux Affaires européennes de Nicolas Sarkozy.

Pour sa « com », Hollande s'est tourné vers Pierre Lescure, un ancien journaliste devenu patron de Canal+. Cet homme très influent dans les médias et le show-biz sera le conseiller média de la campagne et de « radio Hollande », la Web TV du fils du futur président, qu'épaule Claude Sérillon, le coach occulte et l'ami, qui ne sort de l'ombre que le 20 octobre 2011. Jean-Pierre Elkabbach l'a rendu célèbre lors de l'affaire des diamants en l'interdisant d'Antenne pour l'avoir évoquée dans une revue de presse[1]. Enfin, Paul Boury (de l'« agence Boury »), un ancien de HEC et spécialiste de l'influence, sait se rendre utile. Il a ouvert à Hollande son carnet d'adresses aux rubriques patrons et people.

Ce monde invisible de la finance n'est donc ni maltraité ni discriminé.

Mais Rachid Kasri, celui qui, disait-on, sait tout sur François Hollande depuis 1997, conduit le Monospace du PS que ce dernier utilisait, membre bénévole du SO du PS, est laissé aux oubliettes. Pour ce qui le concerne, les lampions de la fête se sont éteints le soir de la victoire. Il se serait bien vu pourtant rejoindre le parc auto de l'Élysée...

Pour ce qui relève de son information dans les domaines sensibles, François Hollande se tourne là encore vers une vieille connaissance qu'il va nommer à la tête de la DGSE, Bernard Bajolet qui, sous la présidence Sarkozy, a été le premier coordonnateur national du renseignement.

François Hollande choisit la DGSE

Poulain de Lionel Jospin, Bernard Bajolet est en poste comme ambassadeur à Kaboul quand François Hollande le propulse à la tête de la DGSE. Les deux hommes se connaissent depuis la fin des années 1970, l'un est alors stagiaire de l'ENA et l'autre, jeune diplomate, et tous deux sont affectés à l'ambassade de France à Alger.

Sans doute cela a-t-il compté dans son choix, alors que le monde vit désormais à l'heure du 11 septembre 2001, du terro-

1. Pour sa communication François Hollande est également conseillé par Claudine Ripert, qu'il a connue à Sciences Po, et Christian Gravel, l'ex-directeur de cabinet de Manuel Valls dans sa ville d'Évry.

risme islamiste rampant. Spécialiste du monde arabe, Bernard Bajolet a effectué sa carrière de diplomate pour l'essentiel au Moyen et au Proche-Orient, puis en Bosnie, un pays balkanique et musulman. En 2003, il est en poste en Irak quand Jacques Chirac croise le fer avec Washington et s'oppose à l'invasion du pays par une coalition emmenée par les États-Unis. Bajolet se familiarise à l'époque avec le travail des services de renseignements. C'est à Alger, en 2006, que Nicolas Sarkozy le remarque. Il apprécie cet homme un peu effacé et discret que lui vante Bruno Joubert, diplomate issu de la communauté du renseignement[1]. En juin 2007, ce dernier quitte le Quai d'Orsay pour rejoindre l'Élysée en tant que conseiller diplomatique adjoint, chargé de l'Afrique, auprès de Nicolas Sarkozy. Il plaide alors pour la venue à l'Élysée de Bajolet. Mais sous Sarkozy, placé sous la tutelle de Claude Guéant, il n'aura pas les coudées franches au poste de coordonnateur national du renseignement où il est nommé et où il se trouve étroitement encadré par des hommes du sérail sarkozyste. En 2010, Bajolet prend de la distance avec l'Élysée et se fait bombarder ambassadeur de France à Kaboul où les troupes françaises sont exposées au feu terroriste[2].

François Hollande, qui apprécie les conseils et les analyses de Bajolet, lui confie en avril 2013 la DGSE. Désormais, il

1. De septembre 1997 à novembre 2001, Bruno Joubert a été le directeur stratégique de la Direction générale de la sécurité extérieure (DGSE) et, en 2005, le directeur Afrique du Quai d'Orsay. En mai 2012 Sarkozy le nomme à la tête de l'ambassade de France près le Saint-Siège à Rome à la Villa Bonaparte.

2. François Hollande choisit, pour le poste que Bajolet a occupé sous l'ère Sarkozy, Didier Le Bret qui succède à Ange Mancini que le nouveau président a gardé auprès de lui plus d'une année. Le Bret a été ambassadeur de France en Haïti et chef de la cellule de crise du Quai d'Orsay de 2013 à 2015, date à laquelle il rejoint l'Élysée.

rend compte directement au chef de l'État. Il s'affranchit de son ministre de tutelle, Jean-Yves Le Drian, le ministre de la Défense, et de son directeur de cabinet, Cédric Lewandowski. La DGSE semble même jouer en solo, multipliant les causes de friction, qui ne manquent pas, notamment avec ses partenaires de la « communauté » du renseignement.

La DGSE s'oppose à la Direction du renseignement militaire, la DRM, très active en Irak et en Syrie, et qui lui fait de l'ombre ; elle joue aussi perso dans les opérations spéciales, en particulier les opérations « homos » pour homicides, dans lesquelles son service action est en concurrence avec les forces spéciales françaises dans la lutte antiterroriste. Autre pomme de discorde, cette fois avec la DGSI, qui dépend des moyens de la DGSE en matière de « renseignement technique » et qui signe un contrat controversé avec la société américaine Palantir pour traiter les flux de données. Cette société travaille en effet pour le renseignement US et passe pour un cheval de Troie des services américains.

Tout ne sourit pas pour autant à la DGSE. Sa relation privilégiée avec l'Élysée ne lui donne pas gain de cause dans tous les dossiers. En dépit des liens noués entre son directeur et François Hollande, elle est écartée des négociations pour la libération des quatre otages français (Daniel Larribe, Pierre Legrand, Thierry Dol et Marc Féret), du site minier d'Arlit, au Niger. Employés par le groupe Areva, ils ont été enlevés, le 16 septembre 2010, par le groupe terroriste AQMI. Leur libération suscite une âpre guerre de l'ombre et une bataille de réseaux.

Bernard Bajolet fait bonne figure et digère en silence la couleuvre que lui ont fait avaler l'Élysée et le ministère de la Défense.

Hollande et la crise des otages

Le 24 mai 2013, un nouvel émissaire, Pierre-Antoine Lorenzi, entre en scène. Ex de la DGSE, ex-socialiste fabusien qui préside la société de sécurité Amarante, et proche du directeur de cabinet de Le Drian, Cédric Lewandowski, il devra négocier la libération des otages[1]. Pour sa mission, qu'a validée le ministère de la Défense, le « Mindef », il a carte blanche. Lorenzi s'empresse alors d'activer ses réseaux dans le Maghreb.

La DGSE vit mal son intrusion dans le dossier des otages et le rôle qui lui a été dévolu. Elle discute même la pertinence de ses contacts et de ses réseaux. Pierre-Antoine Lorenzi entretient de bonnes relations avec les services algériens et plus particulièrement des liens étroits avec le Département du renseignement et de la sécurité, le tout-puissant DRS. Un rapport confidentiel qui concerne les activités de Lorenzi en Algérie[2] indique toutefois qu'il n'y travaille que depuis que sa société Amarante investment SA a racheté la société CPC de Charles Pellegrini, l'ancien patron de l'OCRB. Air France-KLM lui avait confié la sécurisation des personnels et des avions de la compagnie à Alger à l'aéroport Houari-Boumediene.

Lorenzi possède une autre société, Serenus Conseil Maroc, qui apparaît dans le cadre d'une transaction commerciale entre la DCNS (Direction des constructions navales) pour l'obtention par le Maroc de navires de guerre de type frégates FREMM. Ce contrat de 470 millions d'euros avait été signé sous la présidence de Nicolas Sarkozy. L'achat s'était effectué sous la forme

1. Les négociations avaient été interrompues le 11 janvier 2013 alors que François Hollande déclenche la guerre au Sahel pour contrecarrer les plans d'AQMI au Niger et au Mali.

2. En possession de l'auteur.

de prêts garantis par un consortium de banques françaises. Pour son lobbying, Lorenzi avait recouru aux services de la société parisienne de conseil en communication Vae Solis, d'Arnaud Dupui-Castérès, proche de Jean-Pierre Raffarin et bien introduit dans les milieux politiques, notamment à l'UMP. Rien ne prouve, comme le laissent entendre des agents de la DGSE, que Lorenzi n'avait pas les reins suffisamment solides pour négocier la libération des otages d'Arlit.

Moins que le personnage, c'est en fait le principe de l'« externalisation » qui irrite la DGSE. Charbonnier veut rester mettre chez lui. Non seulement elle ne suit pas les négociations, du moins officiellement, mais la rançon que l'État nie avoir versée sera prélevée sur ses fonds secrets. Les lauriers de l'opération seront attribués à des circuits parallèles et à ce Pierre-Antoine Lorenzi, d'avantage homme d'affaires qu'authentique espion. De quoi faire enrager la DGSE, alors qu'un bruit fâcheux, et jusqu'ici non recoupé, raconte qu'une partie de la rançon se serait évaporée. La polémique fera rage entre réseaux de négociateurs. Puis elle s'éteindra.

Le 29 octobre 2013, après plus de mille jours de détention, une louangeuse et médiatique frénésie salue le retour en France des otages. Mais François Hollande n'en tire aucun bénéfice politique, ni même médiatique, et encore moins moral ou éthique. Trop de parasitages rendent le fond de cette affaire suspect. Deux journalistes français de RFI sont assassinés au Niger, alimentant la rumeur du détournement d'une partie de la rançon d'Arlit. François Hollande et Bernard Bajolet seront d'ailleurs entendus par la justice dans le cadre de cette affaire.

Le quinquennat n'échappe pas aux couacs, aux affaires, aux confits, ni même aux querelles intestines qui minent la majorité gouvernementale, ébréchant chaque jour un peu plus cette « présidence normale » que Hollande a brandie pendant la campagne électorale, et qui se brise maintenant sur la dure réalité des faits.

Un conseiller très spécial

L'« affaire Cahuzac » (Jérôme) du nom du ministre du Budget qui jurait droit dans les yeux de l'opinion qu'il ne possédait aucun compte bancaire à l'étranger avant d'admettre le contraire, jetant un peu plus la suspicion sur la classe politique, a été la plus médiatique de toutes mais pas la seule.

Ex-secrétaire national du PS, Faouzi Lamdaoui, chef de cabinet de Hollande durant la campagne et qui a rejoint l'Élysée en tant que chargé de l'égalité et de la diversité, devra lui aussi se démettre. Il répétait tel un mantra que « François » était « plus qu'un ami », « un frère », mais en décembre 2014 quand il se retrouve sur la sellette pour une (vieille) histoire (qui remonte à 2007-2008) de faux et usage de faux, d'abus de biens sociaux et de blanchiment, l'ami va faire défaut[1]. L'Élysée publie un communiqué. Il tire en quelques lignes un trait sur son collaborateur. Sans état d'âme, Hollande solde la vieille amitié qui le liait jusque-là à son conseiller. Celui qu'on dit volontiers attentiste ou pusillanime sait apparemment trancher dans le vif, sans perdre de temps.

Son « conseiller spécial » Aquilino Morelle en a fait lui-même l'expérience à ses dépens.

Il occupait à l'Élysée le bureau mitoyen de celui du président. Conseiller politique de François Hollande et chef du pôle

1. Faouzi Lamdaoui est notamment poursuivi pour avoir touché en 2007 plus de 170 000 euros d'une société de messagerie spécialisée dans la photo, dont il aurait été le gérant de fait et qui n'avait déclaré la même année au fisc que la somme de 75 000 euros.

communication de l'Élysée, Morelle est médecin de formation et énarque. Repéré par Pierre Moscovici, il rejoint à ses débuts le cabinet de Bernard Kouchner, alors ministre de la Santé, et lui sert de conseiller technique chargé du médicament, un poste qu'occupait avant lui Jérôme Cahuzac.

Le CV de Morelle indique encore qu'il a travaillé à l'Inspection générale des affaires sociales (1992-1996) puis à l'agence Euro RSCG, où il s'occupait de l'industrie pharmaceutique. À l'époque, l'agence a pour principaux clients les laboratoires Pfizer, Lilly, Aventis ou encore Sanofi. En 2005, Lilly le rémunérait 50 000 euros pour organiser des déjeuners dans de bons restaurants où il régalait aux frais des labos. Aquilino Morelle a aussi codirigé en 2011 l'enquête de l'IGAS sur le Mediator.

Bref, un parcours bien rempli, peut-être trop ? Le site d'information Mediapart l'épingle. Il l'accuse d'avoir mélangé les genres en percevant des rémunérations d'un groupe pharmaceutique qu'il était censé contrôler à l'IGAS. Sitôt accusé, sitôt viré. L'Élysée traîne déjà suffisamment de casseroles. Le « conseiller spécial » est alors remercié pour ses liens ambigus avec les laboratoires pharmaceutiques.

Dans l'instant, Aquilino Morelle perd son statut et ses avantages. Les deux chauffeurs mis à sa disposition lui sont retirés. François Hollande a frappé sans trembler. En vingt-quatre heures, son conseiller spécial quitte sur les chapeaux de roues ce lieu magique de la toute-puissance républicaine, dont il appréciait la cave et ses millésimes. La presse se délecte en rapportant en prime une histoire de cireur de chaussures qu'il convoquait sur son lieu de travail pour faire briller ou glacer ses précieuses pompes. Les jours de visite, Morelle se réservait un salon de l'hôtel Marigny et y trônait seul, le cireur à ses pieds[1].

1. Mediapart, 19 avril 2014.

Encensé la veille, il dégringole soudain de son piédestal. Le voilà réduit, ramené à sa dimension d'homme ordinaire. Ses qualités de « nègre » lui sont même déniées. Il emploierait à son service des plumes anonymes et se serait indûment approprié le discours dit du Bourget de François Hollande, qui en aurait écrit l'essentiel.

Viré, Aquilino Morelle dénonce la « Tcheka hollandienne », qu'il accuse d'agir à son encontre avec une « logique d'épuration ethnique » (*sic*), « c'est les Hutus et les Tutsis ». L'homme perd alors aussi le sens de la mesure.

La vie de l'Élysée apparaît de plus en plus chaotique. La « présidence normale » l'est de moins en moins. Elle se pare d'un voile d'obscurité qui enténèbre ses pratiques et ses usages. Elle fait même douter de la sincérité de la présidence. Le nouveau secrétaire général de François Hollande est en effet accusé de comploter contre Nicolas Sarkozy et de participer à des déjeuners conspiratifs.

Déjeuner chez Ledoyen

Au sommet de la pyramide des collaborateurs qui ont intégré l'Élysée, François Hollande place en cours de quinquennat son vieil ami Jean-Pierre Jouyet. Un socialiste à géométrie variable, dont le parcours reflète cette gauche méandreuse qui a conduit le PS à la catastrophe après y avoir semé la confusion, et l'avoir vidé de sa substance.

Né en 1954, doté d'un DEA de droit public, énarque, inspecteur des Finances, spécialiste de la TVA, directeur de cabinet en 1988 de Roger Fauroux, le ministre de l'Industrie de Michel Rocard, Jean-Pierre Jouyet végète quelque temps dans un groupe « transcourant » formé autour d'une dizaine de députés socialistes dont le credo est la « rénovation » du PS, soit la liquidation du parti d'Épinay et des influences soixante-huitardes. En 1991, il est le directeur de cabinet de Jacques Delors, alors président de la Commission européenne et, en juin 1997, le directeur de cabinet adjoint de Lionel Jospin à Matignon, avant d'être nommé directeur du Trésor à Bercy en 2000.

Peu après, il appellera avec les Gracques (un petit groupe d'influence composé d'anciens hommes de gauche versés dans les affaires) à une recomposition politique, ce qui lui ouvre les portes de la Sarkozie. Le fraîchement élu président donne du lustre à sa carrière de technocrate deloriste. Il le nomme à la tête de l'Autorité des marchés financiers, l'AMF (300 000 euros annuels, un salaire revu à la baisse devant son énormité), l'ex-COB, la Commission des opérations de Bourse. Puis Sarkozy fait de lui un secrétaire d'État aux Affaires européennes, poste qu'il quitte en décembre 2008. En 2018, il était un des hauts fonctionnaires les mieux payés de la République, plus de 230 000 euros par an.

Sous le quinquennat de François Hollande, il est au cœur d'une affaire (rendue publique en novembre 2014) aux côtés de François Fillon, ex-Premier ministre. À cette époque, Jouyet est secrétaire général de l'Élysée et Fillon est confronté à l'affaire Bygmalion, liée aux comptes de campagne de Sarkozy qui auraient explosé et donné lieu à des malversations. François Fillon a fait acte de candidature pour la prochaine présidentielle, alors que l'UMP se cherche un président et que le mouvement est en proie à une féroce lutte de pouvoir.

Le 24 juin 2014, lors d'un déjeuner au restaurant Ledoyen (un des plus huppés et des plus chers de la place de Paris), en présence d'Antoine Gosset-Grainville, collaborateur de François Fillon de 2007 à 2010, les deux hommes auraient évoqué l'état d'avancement des enquêtes judiciaires visant Nicolas Sarkozy. Fillon aurait encouragé Jouyet à stimuler l'action de la justice, afin de mettre définitivement hors jeu l'ex-président, qui n'a pas renoncé et entend bien prendre sa revanche. Si le contenu des échanges entre Fillon et Jouyet n'a jamais été certifié avec impartialité, le secrétaire général de l'Élysée a confirmé que le déjeuner avait bien eu lieu. François Fillon lui aurait demandé d'accélérer les enquêtes en cours. Il aurait dit « si vous ne tapez pas vite » « vous allez le laisser revenir »[1]. Des propos que Jean-Pierre Jouyet démentira tout d'abord, alors même qu'ils ont été enregistrés.

Le 28 mai 2015, l'affaire est jugée devant la 17e chambre correctionnelle. François Fillon, qui se dit diffamé, poursuit les journalistes, leur journal et Jouyet lui-même. L'ex-Premier ministre s'est déplacé en personne pour se défendre, mais Jouyet brille, lui, par son absence.

Cette histoire attise davantage encore la rivalité entre François Hollande et l'ancien président Nicolas Sarkozy, pour qui il ne fait plus de doute qu'il est dans le collimateur de l'Élysée, l'affaire ayant démontré la connivence des équipes de François Hollande avec François Fillon, le principal rival de Sarkozy à l'UMP.

La guerre des présidents

Nicolas Sarkozy se dit désormais convaincu qu'un cabinet noir épie ses moindres faits et gestes : « Les juges veulent obtenir ma peau avec la bénédiction de Hollande. C'est lui qui est derrière tout ça, la preuve, il a confié à des députés socialistes qu'il me surveillait et qu'il savait exactement ce que je faisais[2]. »

« Il y a de fortes chances pour que tout ce que j'ai dit au téléphone [il a été mis sur écoute par un juge, *N.d.A.*] depuis

1. *Le Monde* du 9 novembre 2014.
2. *Le Canard enchaîné* du 12 mars 2014.

un an, y compris sur le plan politique, se soit retrouvé sur le bureau de François Hollande », dit-il encore.

François Hollande nie. Il ignorait tout des écoutes de Nicolas Sarkozy, ce qui du moins ne semble pas avoir été le cas du cabinet de sa ministre de la Justice, Christiane Taubira, vers lequel convergent ce que l'on nomme, au choix, les « affaires réservées » ou bien les « affaires sensibles ».

Les relations entre l'ancien et le nouveau président s'enveniment et prennent un tour inédit. Les deux hommes veulent, semble-t-il, en découdre. Nicolas Sarkozy n'a toujours pas digéré le couplet de Hollande entre les deux tours, lors du face-à-face. Son « Moi président de la République » l'a humilié. Depuis, le contentieux paraît insurmontable. L'un et l'autre s'accusent en privé mais aussi en public des pires vilenies. L'un et l'autre se disent épiés, surveillés, espionnés. L'un et l'autre seraient animés de mauvaises intentions. Jusqu'à quel point seraient-ils prêts à aller pour faire trébucher l'autre, là est toute la question.

Elle se pose d'ailleurs crûment au moment du « Closergate » qui révèle la liaison de François Hollande avec l'actrice Julie Gayet. Comme ses prédécesseurs, François Hollande aime s'échapper du carcan sécuritaire de l'Élysée, redevenir un instant un homme ordinaire et libre, quitte à jouer des tours aux services de sécurité, et bien qu'on le dise menacé en raison de l'engagement de la France dans la lutte antiterroriste. « La sécurité du président est assurée en tout lieu et en toute circonstance par le GSPR », rétorque-t-on à l'Élysée, précisant qu'elle l'était y compris lors des virées discrètes du président avec la « première dame ». Sans doute parle-t-on trop vite.

Le 9 janvier 2014, le magazine *Closer* douche ces certitudes. Ceux qui doivent protéger le président de la rumeur sont mis en échec. L'Élysée n'a rien vu venir. Il n'a été informé des révélations du magazine people que la veille de sa parution, avec son lot de photos gênantes et compromettantes. Le président a été pris sur le vif ou, si l'on veut, la main dans le sac.

Des photos le montrent rue du Cirque, non loin de l'Élysée, devant une porte cochère, au numéro 22, alors qu'il descend de son scooter avant de s'engouffrer dans un immeuble où l'attend sa nouvelle conquête.

Depuis quelque temps, il s'absentait, disparaissant pour des cinq à sept qui parfois se prolongeaient dans la nuit, et même jusqu'à l'aube.

La présidence se donne à nouveau en spectacle. Un *soap opera* qui ravale et déconsidère un peu plus l'autorité et l'image du président. Jamais la vie privée d'un président en exercice n'avait été exposée avec une telle crudité.

Une journée en enfer

Branle-bas de combat à l'Élysée ce 9 janvier 2014. Le service de presse du palais croule sous les appels et les sollicitations des journalistes. Le magazine *Closer* va publier des photos qui dévoilent la liaison du président avec l'actrice Julie Gayet. Un secret de Polichinelle, une rumeur qui ne cessait d'enfler, dira-t-on.

La journaliste de *Paris Match* Valérie Trierweiler, qui partage la vie de François Hollande depuis des années, semblait elle encore dans l'ignorance. Probablement était-elle plutôt dans l'incertitude, car il n'est pas pensable que l'écho de cette liaison ne lui soit pas parvenu.

Lorsque l'imminence de la parution des clichés se confirme, Valérie Trierweiler, anxieuse et désemparée, impatiente, brusque les choses. Elle joint François Hollande. Elle veut savoir ce qu'il en est. Quelle est la nature de cette liaison : n'est-ce qu'une passade sur laquelle elle serait prête à passer l'éponge ? Ou est-ce plus sérieux ? François Hollande, qui ne peut échapper à une explication, lui fixe rendez-vous ce 9 janvier dans l'après-midi, à 15 heures, dans l'appartement qu'il occupe à l'Élysée.

Dans le livre qu'elle publie en septembre 2014, aussi dévastateur pour l'image de François Hollande que la révélation de cette tromperie l'a été pour elle, Valérie Trierweiler narre cette scène d'aveux. La couple s'assied, là où, écrit-elle, ils ont l'habitude de dormir. Elle va droit au but :

« Tu couches avec cette fille ?

– Oui », avoue l'ancien patron du PS, député de Tulle devenu président de la République, qui précise que cela dure depuis un mois.

La liaison est en fait plus ancienne. Hollande, qui se ravise et dont la mémoire se rafraîchit, précise qu'elle daterait du début 2013. Ces précisions ne sont pas sans conséquences, dès lors que se posera la question « qui avait intérêt à faire fuiter l'amourette présidentielle ? » pour entacher l'image de François Hollande en la mettant en scène médiatiquement.

Délivré par cet aveu un peu forcé, voire extorqué, François Hollande renfile le costume de président. Son agenda n'attend pas. Il file à un rendez-vous. Valérie Trierweiler reste seule. Désormais, elle est prisonnière de son portable et des échos qu'elle attend et redoute sur les réseaux sociaux de ce que la presse va baptiser, non sans enflure, le « Closergate » et quelques autres le « Gayetgate ».

Cette journée en enfer s'étire lentement. François Hollande la vit lui-même comme un cauchemar. Un chemin de croix. Les révélations de *Closer* vont entacher un peu plus son image, alors que sa cote de popularité est déjà à la baisse et qu'il sombre dans les sondages. Que va-t-on dire encore de ce président prétendument exemplaire et pourtant si volage ? Comme pour d'autres avant lui, le masque va tomber. Décidément, le mot exemplarité se marie mal avec les mœurs élyséennes, surtout depuis la présidence Sarkozy où l'on a assisté à un show permanent, une exhibition quasi narcissique de la vie privée dans ses travers les plus communs, si ce n'est les plus médiocres.

Une fois dans les meubles du palais, les promesses vertueuses et grandiloquentes sont vite oubliées, elles s'envolent. François et Valérie se retrouvent dans la soirée dans leur chambre élyséenne. Il était, écrira-t-elle plus tard, dans « un état de sidération », « plus abattu » qu'elle ne l'était elle. Ce soir-là, il parle et mange peu. Il avale sur le pouce un frugal repas avant de regagner son bureau.

Une réunion doit évoquer le sort de la journaliste de *Match* qui pour l'heure, ce 9 janvier tard dans la nuit, est encore « la première dame de France ».

Désemparée elle broie des idées noires, ne supportant pas cette brusque et pesante solitude, ce face-à-face avec elle-même et ce qu'elle pressent. Elle quitte sa chambre et, telle une héroïne d'un roman de cape et d'épée, se faufile par un des couloirs secrets de l'Élysée (un de ceux dans lesquels Christian Prouteau s'était autrefois perdu en rejoignant le bureau présidentiel). Elle atteint l'antre du secrétaire général Pierre-René Lemas, cet ami de longue date de François Hollande, membre de la promo Voltaire. Elle a besoin de parler, de se confier, mais aussi de se rassurer. Elle ignore ce qu'elle découvrira plus tard que Lemas et le chef de l'État ont déjà scellé son sort, ce que Lemas se garde bien de lui dire en la serrant dans ses bras, la consolant tel un grand frère affectueux et attentionné. On fait peu de cas des sentiments en politique. L'Élysée s'apprête à publier un « communiqué de rupture » en dix-huit mots, à la rédaction duquel Aquilino Morelle, qui n'a pas encore pris la porte, a participé. Il annonce la répudiation de la « première dame ». Il n'y a plus qu'à attendre que la nuit se passe avant l'épreuve du feu. Valérie Trierweiler racontera la scène pathétique du somnifère. L'un et l'autre en prennent un ce soir-là pour fermer l'œil avant d'affronter au saut du lit le rush médiatique.

En mars 2012, peu de temps avant l'élection, un sondage publié dans *Paris Match* affirmait que 40 % des Français interrogés considéraient le couple Hollande-Trierweiler comme le mieux placé pour les représenter. La vie politique est bien capricieuse.

Sous les feux de la rampe

Quand le jour se lève, l'affaire de la rue du Cirque est à la une de toutes les matinales des chaînes d'info et des radios. *Closer* va bientôt s'arracher dans les kiosques. Le reportage, sobrement légendé, ne laisse aucune place au doute. Les photos ont été prises face au 22 de la rue du Cirque, le 30 décembre 2013. Ce jour-là, à 23 h 24, le garde du corps de François Hollande s'assure que la voie est libre. Une minute plus tard, à 23 h 25, le président costumé en « black bloc », tenue sombre et casque intégral, se fait déposer par son garde du corps, et pour la circonstance son discret chauffeur, devant la porte d'entrée, au bas de la garçonnière ; le lendemain, 31 décembre, à 8 h 03, le garde du corps apporte les croissants. À 11 h 18, Hollande remonte sur le scooter et rentre à la maison. À 12 h 13, Julie Gayet lève le camp à son tour. La liaison présidentielle et le nom de la nouvelle favorite s'étalent dans la presse.

Ne voulant pas assister à la curée, vivre éveillée ce qu'elle appellera l'humiliation, Valérie craque. Elle se jette sur la boîte de somnifères, que lui arrache des mains François Hollande si brusquement que les pilules s'éparpillent sur le sol. L'encore première dame en ramasse quelques-unes et perd connaissance.

Quand elle émerge, veille sur elle le conseiller santé de l'Élysée, lui-même en contact avec le chef du service psychiatrique de l'hôpital parisien de la Salpêtrière. Elle accepte d'être hospitalisée de façon confidentielle. Elle quitte sa chambre de l'Élysée soutenue à bout de bras, épaulée par deux officiers de sécurité dont un à l'hôpital veillera sur elle déguisé en infirmier, tel jadis le gorille de De Gaulle.

Valérie Trierweiler achève sa convalescence au pavillon de la Lanterne, en lisière du château de Versailles, où elle a été exfiltrée suite à ce que l'Élysée a appelé un « coup de fatigue » nécessitant une cure de repos. Elle reste sous étroite surveillance. Un médecin veille vingt-quatre heures sur vingt-quatre à ce qu'elle ne manque ni d'anxiolytiques ni de tranquillisants.

Elle reçoit quelques messages bienveillants et amicaux, dont ceux d'anciennes premières dames telles que Carla Bruni et Cécilia Attias ex-Sarkozy, ou encore de Claude Chirac.

Le 25 janvier 2014, le vaudeville élyséen ainsi que la liaison entre la journaliste et le président prennent fin. Ce jour-là, François Hollande lit à Valérie le communiqué officialisant la rupture. Elle a cessé d'être « la femme de sa vie » tel qu'Hollande la présentait en octobre 2010.

Une femme trompée et meurtrie, humiliée surtout, quand elle a été la dernière informée de la trahison et *a fortiori* la découvre à la une de la presse, est une femme redoutable. Dans *Merci pour ce moment*, publié dès septembre 2014 (Les Arènes), Valérie Trierweiler écrit que début janvier 2014, en quelques heures, sa « vie a été dévastée ». Elle use du poids et du choc des mots pour se venger. Ce qui sera une grosse vente est une charge violente et qui aurait pu l'être davantage si l'éditeur n'avait pas tempéré, freiné le flot de colère qui jaillissait de la femme trahie. Comme l'avait été avant elle Ségolène Royal, la légitime, qu'elle a détrônée en 2007. La roue tourne.

Secret de Polichinelle

Si l'aspect vaudevillesque passe rapidement à l'arrière-plan, l'histoire intrigue et suscite des interrogations. Qui savait ? Qui a guidé les pas du photographe ?

Première découverte, le secret n'en était pas vraiment un, du moins ils étaient nombreux à le partager. Tout d'abord la garde rapprochée de François Hollande. Elle est dans le secret tout comme quelques-uns de ses proches, tel Julien Dray, l'ami de Julie Gayet, celle que visite en catimini François Hollande.

J'ai vérifié la nature des contrôles effectués par les services sur le « périmètre » de l'Élysée. Pour des raisons évidentes de sécurité, des enquêtes sont régulièrement menées par le renseignement parisien (hier les RG, aujourd'hui la Direction du renseignement) et le commissariat du 8e arrondissement. La rue du Cirque se situe justement dans ce périmètre. Du toit de l'immeuble on a, paraît-il, une vue plongeante sur l'Élysée. On interroge également, par prudence et par principe, les fichiers, afin de se renseigner sur les nouveaux arrivants, les riverains récemment installés à proximité du palais, qui pourraient être connus des services de police et de sécurité et présenter un risque éventuel, voire une menace. Les visites avec leurs secrets d'alcôve n'étaient donc pas ignorées et ne pouvaient l'être.

Dans les bureaux des Voyages officiels, on se gausse des rendez-vous du président avec sa maîtresse. Leur aventure rue du Cirque inspire de la moquerie. Cela n'échappe pas non plus au voisinage de la garçonnière, informé par le bouche-à-oreille des escapades du président. Enfin, l'amie de Julie Gayet, Emmanuelle Hauck, qui héberge la liaison présidentielle, serait, d'après un responsable de l'IGPN interrogé par mes soins, plutôt « bavarde ». Enfin, François Hollande qui sait la volatilité d'un secret croit pouvoir le confiner. Il se tient ainsi lui-même informé de l'état de la rumeur par un des paparazzis les plus en vue de la place de Paris, l'auteur des photos du couple Attias et Cécilia, prises en 2005 à New York. Le même photographe, sitôt informé de la présence de Jacques Chirac au Val-de-Grâce à la suite d'un AVC, toujours bien tuyauté, s'était installé face au bâtiment avec son matériel photographique longue distance. D'autres encore sont au courant.

Autre question qui se pose : qui a balancé ? Qui a tuyauté le photographe ? Le premier nom cité est celui de Michèle Marchand, un personnage incontournable du petit monde de la presse people, qu'elle hante depuis des années, et aujourd'hui omniprésente dans la coulisse politique.

Les éditions Grasset lui ont consacré en 2018 un livre, *Mimi*[1], qui remue un passé perclus de zones d'ombre (elle a côtoyé, semble-t-il, autant de voyous que de flics, et son parcours n'est pas vraiment rectiligne). Pour autant, elle compte parmi les happy few de la présidence Macron. À la tête d'une agence de photos de célébrités bien connue, cette femme influente ne pouvait qu'être l'initiatrice de l'affaire de la rue du Cirque. Les amateurs de raccourcis rappellent qu'elle a croisé, du temps où elle collaborait à *Voici*, une jeune débutante du nom de Laurence Piau, devenue depuis la directrice de… *Closer*. Un magazine où Mimi a donc ses entrées. Influente et pourvue de réseaux performants, soit. Mais cela ne prouve pas que Mimi ait été derrière le scoop de *Closer*.

Les soupçons se portent plus volontiers sur la « Sarkozie », accusée d'être l'instigatrice de ce complot politico-médiatique visant à atteindre la présidence Hollande. Un complot ourdi dans la perspective d'un match retour Sarko-Hollande, qui n'aura jamais lieu.

1. Jean-Michel Décugis, Pauline Guéna et Marc Leplongeon, *Mimi*, Grasset, 2018.

Sarkozy et le scoop de *Closer*

On l'a dit, les relations entre l'ancien et le nouveau président sont exécrables. François Hollande croit mordicus que son rival d'hier est à la manœuvre. Sarko et sa « bande » auraient aidé à localiser le couple et préciser l'heure des rencontres.

La bande a pour nom Pierre Charon, Bernard Squarcini et Michel Gaudin, une créature de Guéant et ancien préfet de police de Paris. Ils auraient manœuvré des sources infiltrées à l'Élysée. Hollande lâche même le mot de « barbouzerie ». « Il y a des gens qui étaient au GSPR du temps de Sarkozy qui ont des informations et qui doivent les transmettre à leurs amis », rapporte *Le Canard enchaîné*[1].

La « bande » aurait indiqué le lieu et les heures, mâchant ainsi le travail du photographe qui n'aurait eu qu'à planquer et appuyer sur le déclencheur. Ce dernier se nomme Sébastien Valente. Son profil plaide apparemment contre lui. Ce trentenaire aux cheveux bouclés est, depuis 2012, le protégé de Carla Bruni. Sarkozy l'a choisi comme photographe pour sa campagne présidentielle. Ce qui semble apporter de l'eau au moulin de Hollande. Le même Valente, à bord d'une petite Fiat noire, sera repéré alors qu'il filoche deux journalistes du *Monde* qui, depuis des mois, s'entretiennent avec François Hollande. Deux agents du Service de protection des hautes personnalités l'ont identifié. Ils assuraient la sécurité des journalistes et en profitaient probablement pour les surveiller de près, alors que le président leur fait des confidences. De ces entretiens qui s'étalent sur des mois, ils tireront un livre qui contribuera à anéantir les dernières velléités de François Hollande à vouloir figurer parmi les candidats à la présidentielle de 2017.

1. *Le Canard enchaîné* du 15 janvier 2014.

Sébastien Valente aurait suivi les journalistes afin d'identifier leurs sources, et livré au magazine *Valeurs actuelles* la liste des rendez-vous qu'ils avaient eus à l'Élysée. Autant d'allégations démenties, réfutées par le photographe et Yves de Kerdrel, le patron d'alors de *Valeurs actuelles*. Valente se défendra d'avoir été l'instrument d'un règlement de comptes.

Les deux journalistes du *Monde* écriront encore qu'en novembre 2013, alors qu'ils s'entretenaient avec l'ex-chef de l'État, Nicolas Sarkozy a évoqué les discrètes sorties en scooter de Hollande, alors que la rumeur d'une liaison entre le président en exercice et l'actrice Julie Gayet court Paris, devenant jour après jour un secret de Polichinelle.

Enquête à l'Élysée

François Hollande réalise qu'il a peut-être été trop confiant en laissant en place la plupart des hauts fonctionnaires de l'ère Sarkozy. Cécile Duflot, la ministre du Logement, s'en était d'ailleurs inquiétée. Elle craignait qu'ils ne sabotent la nouvelle politique. Hollande l'avait rassurée. La grande fratrie des énarques, lui avait-il dit, a la religion du service de l'État. Il s'aperçoit qu'il a peut-être été dupe et naïf, et que son prédécesseur bénéficierait de fuites au sein même de l'Élysée. Des taupes, des partisans abandonnés sur ses arrières, le tuyauteraient.

À l'automne 2014, de nouvelles photos, prises cette fois de l'intérieur du palais, mettent en émoi la sécurité élyséenne. Le magazine *Voici* les publie le 21 novembre. François Hollande et Julie Gayet sont attablés à une terrasse de l'Élysée. L'angle de vue est aisément appréciable. Les clichés ont été pris du premier étage du palais présidentiel. Aucun doute. Les trois photos de *Voici* ont été « triangulées ». L'expertise en a conclu qu'elles avaient été prises d'un bureau d'angle, occupé jusqu'à son limogeage par le conseiller spécial Aquilino Morelle.

Le colonel Éric Bio-Farina, ancien patron de la gendarmerie corrézienne, passé depuis général et chargé de la sécurité intramuros du président, mène l'enquête. Il doit identifier l'auteur des clichés volés. Les données écrites et celles de la vidéosurveillance archivées à la présidence sont soigneusement épluchées et étudiées ainsi que les heures de présence, les entrées et les sorties de l'Élysée.

De ce tri méthodique émerge une liste de suspects. Du simple visiteur au membre du personnel, le GSPR en a compté une dizaine, tous susceptibles d'avoir pu prendre les photos. Si l'enquête n'a livré aucune certitude, le personnel du « service privé » de l'Élysée, qui n'avait pas été renouvelé lors du départ de Sarkozy, est cependant remanié. Principe de précaution ? Sylvie Hubac, la directrice de cabinet de Hollande, fait le ménage.

François Hollande avait-il si mal placé sa confiance ? En tout cas, il est convaincu que des taupes ont alimenté les équipes sarkozystes, les informant sur les faits et gestes du président. Dès lors, il n'y avait plus qu'à passer l'info au photographe.

Ainsi s'expliquerait l'affaire de la rue du Cirque. Un coup monté par les sarkozystes. En est-on si sûr ? Nicolas Sarkozy a sans doute relayé la rumeur. Comme un coup de pied de l'âne à ce « président normal » qui lui avait fait la leçon devant des millions de Français à la veille du second tour.

En démariant les couches de ce drôle de millefeuille la comédie de mœurs s'efface pour faire place à une étonnante intrigue politico-policière.

Une histoire sans fin

L'appartement du 22, rue du Cirque, qui hébergeait les ébats amoureux du président, a fait l'objet d'un intérêt prolongé de la police judiciaire et de la Direction du renseignement de la préfecture de police de Paris, et cela bien avant que *Closer* ne révèle au grand public que François Hollande y retrouvait sa maîtresse.

La police enquêtait sur une possible affaire de blanchiment, ramenée plus tard à une simple fraude fiscale, mettant en cause un cercle de jeux qualifié de « vache à lait du grand banditisme insulaire ». Sis 47, avenue de Wagram, très éclectique, il accueillait des hauts fonctionnaires de police, tel le directeur du service central des courses et jeux, des hommes politiques et des « people » que rabattait vers lui le curieux Jean Testanière, baptisé le « mage du show-biz » en raison de ses « superpouvoirs », et de la nature de sa clientèle.

Cet ancien éducateur de La Seyne-sur-Mer jouait depuis 2006 au cercle Wagram un rôle de « relations publiques ». Yeux verts, teint hâlé, cheveux noirs raides et verres fumés, ses conseils, si ce n'est ses prédictions, étaient prisés. Sa gentillesse, sa bonté, le rendaient irrésistible. Il avait une grâce naturelle qui inspirait, y compris chez les truands, le respect.

Logé gratis par son ami et bienfaiteur l'homme d'affaires Jean-Claude Darmon, salarié 3 200 euros mensuels par la Ville de Levallois-Perret des époux Balkany, ayant table ouverte au cercle, le mage possédait une renommée certaine et une clientèle de jet-setters.

L'ex-ministre Rachida Dati appréciait ses pouvoirs et le rencontrait à la mairie du 7e arrondissement. Un policier ayant travaillé sur l'affaire du cercle Wagram m'affirme que le mage utilisait le nom de code de « Joséphine » quand il appelait

Rachida Dati à la mairie. Dati était ainsi écoutée par la bande, ou indirectement, comme beaucoup l'avaient été par la cellule de l'Élysée. On se souvient qu'elle accusait la DCRI de l'avoir mise sur écoute lors de l'affaire des infidélités dans le couple Sarkozy. Il n'en était rien, mais elle a bien été écoutée via la surveillance du mage.

La même enquête policière a ramené dans ses filets une prise plus étonnante. Un personnage directement relié au 22, rue du Cirque, Michel Ferracci, et pour cause : il est l'ex-mari de l'actrice Emmanuelle Hauck, l'amie de Julie Gayet chez qui elle et François se retrouvaient.

Les mystères de la rue du Cirque

Après son départ du cercle dont il a été le directeur des jeux (il a été interrogé par la PJ en mars 2012), Michel Ferracci se lance en 2009 dans une carrière d'acteur et tourne dans les séries *Mafiosa* et *Les Apaches*.

Son ex-femme, Emmanuelle Hauck, apparaît de son côté, en août 2009, sur des écoutes dans le cadre d'une autre affaire dont le dossier sera versé à celui du cercle Wagram : elle était liée à un braqueur corse, François Masini, assassiné le 31 mai 2013. Michel Ferracci était aussi une connaissance de Bernard Squarcini, le « cerbère » de Sarkozy, qu'il a connu en 2003. Ce flic, qui reste à la DGSI une véritable légende, connaissait du monde au cercle Wagram. Ce qu'expliquent notamment sa « corsitude », ses fonctions à la tête des RG – dont une sous-direction a longtemps été chargée de la surveillance des courses et jeux –, son goût du contact, son sens de l'amitié ou encore une certaine naïveté. Bernard Squarcini était l'ami de l'ex-barmaid du Wagram, qu'il a fait embaucher. Dans l'appartement que louait pour elle Michel Ferracci, la police a découvert des enveloppes, avec de l'argent liquide.

La barmaid avait été recrutée au cercle via François Casanova, un proche de son père et un ami défunt de Squarcini à qui, dans le passé, il avait présenté Alexandre Djouhri. Le nom de François Casanova apparaît dans bien des dossiers sensibles. Il était un recruteur de « sources » exceptionnel, notamment chez les voyous et dans le milieu carcéral. À ce titre, il a joué un rôle décisif dans la capture d'Yvan Colonna, ce berger de Cargèse en cavale pendant des années, et que la police recherchait pour son rôle dans le meurtre, à Ajaccio, en février 1998, du préfet Claude Érignac.

Bernard Squarcini était encore l'ami de Jean Casta, qui faisait la navette entre le Wagram et la Corse avec des enveloppes pleines de cash. Cela a fini par faire jaser.

Bien qu'il n'ait pas été impliqué lui-même dans l'affaire, il se tenait au courant. Certains ont dit qu'il interférait dans l'enquête. D'autres en ont profité pour dénoncer une des têtes de la « firme », surnom donné à une coterie de « flics sarkozystes », ou présentés comme tels, dont Bernard Squarcini aurait été le fédérateur, la clé de voûte[1].

Un autre personnage de premier plan du renseignement français hante les coulisses de l'enquête du Wagram, débutée sous Sarkozy et achevée sous Hollande et Manuel Valls, son ministre de l'Intérieur, au cabinet duquel il aura bientôt ses entrées.

1. Les membres les plus en vue de la « firme », outre Bernard Squarcini, sont Frédéric Péchenard, l'ex-patron de la Crim, fait directeur général de la police nationale par Sarkozy, Michel Gaudin, fait préfet de police de Paris, Claude Guéant, l'ex-DGPN devenu le secrétaire général de l'Élysée, Ange Mancini, le fondateur du RAID et dont Sarkozy a fait un des premiers coordonnateurs du renseignement, ou encore Christian Flaesch, le patron de la PJ parisienne et proche de Brice Hortefeux.

René Bailly, le directeur du renseignement parisien, a supervisé cette longue enquête. Sans doute est-il le plus informé sur cette affaire, qu'il a traitée en précurseur avant de la transmettre à la police judiciaire. Les éléments qu'il a fournis à la PJ ne sont qu'une infime partie de ce que ses enquêteurs ont collecté grâce aux sonorisations, aux photos et aux films de surveillance.

Bernard Petit, qui a supervisé l'enquête judiciaire du cercle Wagram pour la Direction centrale de la PJ, ignore encore aujourd'hui (en 2018) dans quelles circonstances et pour quelle raison on s'est intéressé à cette affaire[1]. Ses hommes n'ont jamais eu accès aux informations confidentielles de la Direction du renseignement de la préfecture.

Mais voyons qui est René Bailly, cet « homme invisible », peu connu au-delà du cercle des initiés et bientôt en cour au cabinet de Valls. Durant des années, il a été le partenaire (on dit aussi le rival) de Bernard Squarcini, dont il était le subordonné, et qui se retrouve en délicate posture dans l'affaire du Wagram. Figure du renseignement de la préfecture de police, René Bailly y a longtemps dirigé la section RG spécialisée dans la lutte antiterroriste.

Le « maître des intrigues »

Homme élégant à la mise soignée, de taille moyenne, le ventre plat, le cheveu brun avant qu'il ne s'éclaircisse et ne blanchisse, René Bailly a la réputation d'un séducteur. L'homme sort du moule des Renseignements généraux de la préfecture de police, cette institution jalouse de son indépendance qui règne sur Paris et ses secrets depuis des décennies. Il a été formé à l'école de l'après-68, une génération formatée par Philippe

1. Bernard Petit, *Secrets de flic*, Seuil, 2018, p. 116.

Massoni, ce grand manipulateur que Jacques Chirac a pris à ses côtés à l'Élysée en 2001.

As de la surveillance et de la sonorisation, René Bailly fait l'essentiel de sa carrière à la 9e section chargée de l'antiterrorisme, et que les anciens appellent la « SD », la « section de direction », la section phare, d'élite des RGPP. Longtemps en concurrence avec une autre section, celle-là chargée de l'extrême droite et de l'extrême gauche, qui selon des anciens aurait été placée par leurs collègues de la 9 sur écoute, afin de récupérer ses infos, connaître ses sources et se tenir au courant de ses opérations.

Au début des années 1990, Claude Bardon, le patron des RG de la préfecture de police, nommé par la gauche, donne un coup de pouce décisif à la carrière de Bailly, qu'il place à la tête de la 9 où ce dernier prend dès lors sa part à la lutte antiterroriste, entouré d'une équipe de fidèles.

Trois fonctionnaires, tous membres à la fin des années 1980 du RPR, et ayant chacun sa spécialité : l'un s'occupe des « Italiens », des terroristes exilés en France actifs ou inactifs ; un autre est un as de la « filoche », dit-on, doué d'une réelle aptitude à suivre quelqu'un sans être repéré, car à l'époque les marqueurs et autres GPS ne sont employés que de façon exceptionnelle, et restent l'apanage des services spéciaux tels que la DGSE.

Pour les écoutes et la sonorisation, Bailly possède aussi un duo de choc qui « double » souvent les hommes du RAID, ces grands spécialistes habituellement chargés de la besogne. Les deux hommes, affectés aux « opérations techniques », qualifiés d'as du « piégeage », voitures, appartements, locaux, sont logés dans un bureau à part et directement reliés au patron auquel ils resteront toujours fidèles.

Ce goût pour la sonorisation a fait grincer bien des dents quand la DCRI découvre, sans en avoir été avertie, que Bailly, passé momentanément à la DCRG, avait actionné le service technique de la DGSE qui, pour les opérations lourdes, lui prête main-forte. Il s'agissait de sonoriser un appartement occupé par des membres de l'ETA, qu'avaient repéré les RGPP[1]. Bailly entrera plus tard en conflit avec le chef de la DGSI, Patrick Calvar, lors de la vague d'attentats islamistes qui frappe Paris, notamment là encore en raison de divergences sur les techniques et les méthodes de surveillance.

Aujourd'hui retiré du renseignement parisien, René Bailly est sans aucun doute le mieux informé des dessous du cercle Wagram, de l'enquête et de ses petits secrets. Il est aussi, probablement, le plus fin connaisseur de cette adresse emblématique du quinquennat de François Hollande, le 22, rue du Cirque.

En 2012, au moment de l'alternance, René Bailly est maintenu à son poste par Manuel Valls, le nouveau ministre de l'Intérieur, qui limoge en revanche sans ménagement Bernard Squarcini.

René Bailly a désormais ses entrées place Beauvau.

L'hypothèse Manuel Valls

L'ultime couche du millefeuille désigne le ministre de l'Intérieur d'alors, Manuel Valls. Lui est accusé de n'avoir rien fait. Car il savait, c'est sûr. Ses services ne disaient-ils pas que François Hollande était suivi, y compris lors de ses virées privées ? Lui-même confie à des journalistes du *Monde :* « Quand il (Hollande) a, avec son téléphone non crypté, une conversation avec un chef d'État étranger, je le sais… Je lui dis : "Heureusement

1. René Bailly occupera également le poste de directeur régional des RG à Marseille et fera venir auprès de lui un des deux as de la sonorisation qui étaient à ses côtés à la 9e section.

que c'est moi ton ministre de l'Intérieur, toute la conversation a été captée." Il me répond : "Ah bon..."[1] . »

Aussi, comment aurait-il pu ne pas savoir, alors que les cinq à sept de François Hollande étaient loin d'être un secret inviolable ? Ne dit-on pas que le ministre de la Police est l'homme le mieux informé de France ? Manuel Valls disposait des moyens et des innombrables flux d'informations qui convergent chaque jour vers le ministère et ses diverses directions. Mieux encore, il a auprès de lui des collaborateurs très informés, tel son directeur de cabinet adjoint, Renaud Vedel, ancien collaborateur du sarkozyste Michel Gaudin quand ce dernier était le directeur général de la Police nationale.

Tout comme Manuel Valls, Vedel est un proche du criminologue Alain Bauer, cet hyperactif qui, depuis de longues années, hante la coulisse politique. C'est l'homme qui murmure aux oreilles des puissants, des ministres et des chefs d'État, et qui était chez lui à l'Élysée sous le quinquennat Sarkozy, choyé par son ami Claude Guéant. As du réseautage, Alain Bauer ne remplit aucune fonction officielle auprès du nouveau ministre de l'Intérieur, mais l'on peut parier qu'il a mis son grain de sel dans la constitution de son cabinet. Cet homme abreuvé d'informations a un pied et des oreilles un peu partout. Enfin et surtout, Manuel Valls n'avait qu'à se tourner vers René Bailly pour déchiffrer les « mystères de la rue du Cirque ».

Difficile donc d'imaginer que le ministre ne savait rien des visites de Hollande à Julie Gayet, chez l'ex-épouse de l'ancien directeur des jeux du Wagram. Mais alors, s'il savait, pourquoi n'avoir rien fait ni rien dit pour éviter que François Hollande ne tombe dans un piège ? Il aurait dû l'avertir, le prévenir que sa liaison était presque publique, que certains connaissaient même

1. Gérard Davet et Fabrice Lhomme, *« Un président ne devrait pas dire ça... » Les secrets d'un quinquennat*, Stock, 2016.

ses lieux de rendez-vous. Il aurait dû l'informer que l'adresse du 22, rue du Cirque pouvait être compromettante pour un président. Il aurait dû le mettre en garde pour sa sécurité physique, car rien ne ressemble plus à un téléobjectif qu'un fusil à lunette. Si la sécurité présidentielle consiste bien à protéger (si ce n'est d'abord) l'image du président, comme ce fut souvent le cas sous la Ve République – voir l'affaire des photomontages, celle des diamants ou encore la double vie de François Mitterrand –, le quinquennat de François Hollande aura été indiscutablement un fiasco.

Peut-être Manuel Valls pensait-il trop à son avenir personnel pour se préoccuper de celui de François Hollande ? Alors qu'il est devenu Premier ministre, en novembre 2016, il déclare : « Le pays attend et demande de la force, et j'ai cette force[1]. » Cela s'entend comme une déclaration de candidature. Les sondages lui sont d'ailleurs, à cette époque, favorables. Manuel Valls se voit en vainqueur de la « primaire à gauche » et le gagnant de la prochaine présidentielle.

L'histoire en a décidé autrement. Battu à la « primaire », il est court-circuité de l'extérieur par Emmanuel Macron, un quasi-inconnu qui l'a pris de vitesse, et le grille sur la ligne de départ alors même que François Hollande, honni par les Français, renonce à se présenter.

L'ex-secrétaire général adjoint de l'Élysée et ancien ministre des Finances, Emmanuel Macron, crée la surprise. Non sans habileté et le concours de circonstances exceptionnelles, il se fait élire en mai 2017. Emmanuel Macron a mené campagne comme on organise un raid, une opération de commando. Il a brouillé les cartes et créé autour de lui un réel engouement.

1. Cité dans *Le Canard enchaîné* du 16 novembre 2016.

Spécialiste des fusions-acquisitions à la banque Rothschild, il promet une fois intronisé dans sa charge le grand chambardement. On l'a cru et certains l'ont espéré.

Ainsi est-il devenu le huitième président de la Ve République.

Chapitre 8

Emmanuel Macron ou la république autocratique (2017- ?)

L'Élysée à l'heure du « nouveau monde »

Mince, sec, les yeux vifs et perçants, sachant tomber la chemise et adepte d'un franc-parler non dépourvu d'une certaine gaucherie, voire d'arrogance, Emmanuel Macron, tel de Gaulle en 1958, vient pacifier un monde au bord de l'écroulement, incarnant une forme réactualisée et new-look de l'homme providentiel.

Celui qui entre à l'Élysée va-t-il casser la baraque ? Cet iconoclaste paraît plutôt s'inscrire dans la lignée d'un Pompidou, tout comme lui un ancien employé de la maison Rothschild. Tout comme lui fan d'art moderne. Son épouse, tout comme celle de Pompidou, se passionne pour la déco du palais.

Plutôt vieille France et conservateur, Emmanuel Macron entre au palais en bon bourgeois. Il l'investit comme on intègre un logement de fonction. Il emménage dans l'appartement privé que l'on réserve au chef de l'État, situé au premier étage de l'aile est du palais. Il profite de cet avantage en nature et du précieux « room service », car à l'Élysée il suffit de demander pour être exaucé. De quoi perdre le sens des réalités.

Sans surprise, Macron se plie aux usages si ce n'est à la tradition. Il fait sien le bureau de ses prédécesseurs, celui qui se situe dans le salon d'angle, au premier étage de l'ancien hôtel d'Évreux. Il y apporte sa touche personnelle. Il s'entoure de photos et d'objets familiers, telle la *Marianne* de Shepard Fairey dont il ne se sépare plus depuis la campagne présidentielle et qui trône à ses côtés.

Pour poser ses téléphones portables, étaler ses crayons, les rapports, les notes et les parapheurs, Brigitte Macron lui a dégotté un meuble en béton qu'a conçu le styliste et designer Francesco Passaniti. Il végétait dans les réserves du Mobilier national après avoir séjourné quelque temps dans l'appartement de Jacques Chirac, quai Voltaire. Comme la plupart de ses devanciers, Macron a son chien, Némo, que l'on aperçoit le plus souvent couché à ses pieds.

Deux pièces plus loin, le bureau de Brigitte, installé dans le salon des Fougères dont elle a fait son antre, récupérant la table-bureau d'Aurélie Filippetti au ministère de la Culture, un meuble en bois de sycomore et en cuir.

À l'Élysée, Brigitte Macron n'a pas ce statut spécial qui avait été annoncé. Faisant polémique, il a été remisé aux oubliettes. Elle ne chôme pas pour autant. Tout comme ses devancières, elle refuse d'être une épouse potiche.

Un certain goût du patrimoine

Un rapport du Sénat[1] a estimé ce qu'elle coûtait à la nation. Outre le rôle protocolaire qu'elle remplit, elle voyage peu : en tout elle a effectué cinq déplacements en 2017, en métropole et hors de l'Île-de-France. Selon les sénateurs, elle n'a utilisé qu'une seule fois l'avion comme moyen de transport. Rien de

1. Rapport de la commission des lois du Sénat sur la dotation de la présidence de novembre 2018.

commun avec les lubies de Bernadette Chirac. Pour le courrier qu'elle reçoit et auquel il faut répondre, Brigitte Macron bénéficie à plein temps de l'aide d'une dizaine d'employés de l'Élysée.

Un autre rapport, celui-là de la Cour des comptes, publié le 24 juillet 2018, précise que « le directeur du cabinet, le chef du cabinet et une assistante (lui) consacrent les deux tiers de leur activité ; pour la seconde assistante, ce temps est ramené à un mi-temps. Dans ces conditions, le coût annualisé et "proratisé" des dépenses correspondant aux rémunérations et des charges afférentes s'élève à 278 750 euros[1] ».

Brigitte Macron veille encore sur le merchandising de l'Élysée, plutôt dynamique à en croire les sénateurs, et même lucratif grâce aux ventes de mugs, tee-shirts et autres montres estampillés « Élysée », qui auraient rapporté plusieurs centaines de milliers d'euros.

Toutefois, Brigitte Macron semble se préoccuper avant tout de l'état des lieux du palais qu'elle a découvert lors de son installation. Près d'un quart des pièces se situent en sous-sol, où des employés travaillent en permanence à la lumière artificielle, tandis que d'autres s'entassent dans des pièces parfois sans fenêtre, ou à quatre dans le même bureau. De Gaulle, on s'en souvient, tout comme Mitterrand plus tard, avait jugé le lieu exigu, ce qui ne s'est pas arrangé avec le temps. Il n'a cessé de se remplir, contraignant Georges Pompidou à faire acheter l'hôtel Marigny pour désengorger le lieu. Et le mal s'est depuis aggravé.

L'Élysée n'est pas qu'atteint d'une exiguïté chronique. La vieille bâtisse se délabre. Sa restauration n'était pas la priorité de François Hollande, et Nicolas Sarkozy, bien que moins

1. https://www.ccomptes.fr/sites/default/files/2018-07/20180724-comptes-gestion-presidence-republique_0.pdf

indifférent, ne s'est pas pour autant lancé dans des travaux pharaoniques. Tout juste a-t-il restauré trois salons, l'escalier d'honneur, la terrasse du jardin et la façade en pierre de taille.

Le couple Macron, lui, voit grand. En redonnant du lustre au palais, puisant dans la dotation de 103 millions d'euros que l'État alloue à la présidence, il veut propulser l'Élysée dans le XXIe siècle. Une tâche coûteuse, car le couple Macron a hérité d'un palais à l'abandon. Brigitte veut dépoussiérer plus de trois cent cinquante pièces, changer les tapis, les chaises, les moquettes, les tapisseries, les tableaux, retaper les boiseries et l'huisserie, refaire les installations électriques. Bref, un chantier d'ampleur qui devait, en 2017, mobiliser un budget de 10,3 millions d'euros, dont 600 000 rien que pour la rénovation de la salle des fêtes. On songerait aussi à retaper les bâtiments de la rue de Marigny et de la rue de l'Élysée, le « mess », la cantine où se restaurent les civils et militaires du « Château », ou encore de nombreux salons dont celui des Aides-de-Camp, qui donne sur les jardins de l'Élysée.

Bref, faire du neuf avec du vieux. Peut-être est-ce là toute l'originalité du « macronisme ». En tout cas le nouveau président a rajeuni les cadres autour de lui et les rythmes de travail sont plus connectés à la réalité du monde moderne.

Alexis et Ismaël ou le duo de têtes

Emmanuel Macron est un veille-tard qui harcèle presque ses collaborateurs, les bombardant de SMS jusqu'à des heures indues. Il régente tout, intervient, contrôle, supervise. Dans cette hyperconcentration du pouvoir, il s'est entouré de ce que l'on présente comme la fine fleur du « macronisme ».

La plupart se sont connus à La République en marche. Pendant la campagne ou un peu avant, quelques-uns avaient déjà tâté du pouvoir, le vrai, celui des grandes administrations telles que Bercy. La meute ne compte pas dans ses rangs d'« amis de trente ans », car il s'agit plutôt d'une génération spontanée accro à la téléphonie sans fil, aux messageries cryptées ; c'est la génération « geek » de la Ve et adepte du franglais. Elle se projette dans la vraie vie comme dans des feuilletons télé, et il n'est pas rare que les uns et les autres brodent un peu sur leur histoire. Signe de reconnaissance, leur addiction au téléphone portable, qu'ils possèdent en grand nombre, et avec lesquels ils jonglent en permanence.

De cette meute rasée de près et tirée à quatre épingles, deux hommes émergent, Alexis Kohler, 44 ans, le secrétaire général, et Ismaël Emelien, 30 ans, le « conseiller spécial ». Tous les deux sans états d'âme et dévoués (mais jusqu'à quel point ?) à leur patron, avec lequel ils communiquent par messagerie cryptée jusqu'aux heures les plus avancées de la nuit.

Lunetté, mais la monture reste discrète, vêtu à la façon oxfordienne – très gentry britannique –, Kohler est passé, à Bercy, par la case Pierre Moscovici, ce chef de file de la technocratie socialiste et détecteur de talents ; il a croisé Édouard Philippe chez les jeunes rocardiens, cette antichambre de la droite libérale, puis il a découvert Macron au ministère de l'Économie sous François Hollande. Sans doute Alexis Kohler est-il, au sein de la jeune garde du macronisme, le plus expérimenté. Cet Alsacien d'origine occupe pour cette raison ce poste si central dans l'histoire de la Ve qu'est celui de secrétaire général. Il est de ce fait le dépositaire de la plupart des grands secrets de l'État.

Alexis Kohler sait tout, car tout vient à lui, remonte jusqu'à ce haut fonctionnaire dévoué et intelligent, ex-directeur de cabinet de Macron à Bercy, qui aurait, dit-on, littéralement flashé sur cet esprit hors pair dont le chef de l'État exalte les traits de génie.

Comme le veut l'usage, Kohler occupe un bureau au premier étage, proche de celui du président, à l'image du reste du palais aux portes grinçantes et aux boiseries vieillottes. Son bureau est contigu au salon vert, lui-même mitoyen du salon doré affecté au président de la République depuis le général de Gaulle, à l'exception, on l'a vu, de la présidence de Valéry Giscard d'Estaing.

L'autre pilier élyséen de la Macronie, l'autre « bras droit », lui aussi un fidèle parmi les fidèles, comme l'assure la presse, est Ismaël Emelien, qui endosse le titre de « conseiller spécial ». Diplômé de Sciences Po et issu d'une famille aisée, il s'est installé dans le bureau qu'occupait sous les combles, de 2012 à 2014, Macron alors secrétaire général adjoint de François Hollande. Au prix de cette exiguïté, il demeure dans la même aile du palais que le président.

Les deux hommes se connaissent depuis la fin 2012. Gilles Finchelstein a fait les présentations. Directeur général de la Fondation Jean-Jaurès, mais aussi directeur des études chez Euro RSCG, au sein du groupe Havas, il a repéré Emelien au QG parisien de Dominique Strauss-Kahn, avant de l'introduire dans le cercle rapproché des collaborateurs de la présidence Hollande.

Emelien relevait jusque-là de la nébuleuse strauss-kahnienne. Une fois conseiller à l'Élysée, il présentera à Macron l'ex-directeur du FMI, qui a été son professeur d'économie, sans que, contrairement à la rumeur, les deux hommes aient pris l'habitude de converser ensemble et Macron de consulter DSK, l'ancien chef socialiste.

Comme bien d'autres strauss-kahniens orphelins, Emelien rallie le mouvement En marche ! Il y sert de boîte à idées. On lui attribue celle du « grand questionnaire » qui aidera les « marcheurs » à enrôler des militants. On le dit « stratège » et la cheville ouvrière de la victoire de Macron en 2017, ce qui ne l'empêchera pas de quitter prématurément l'Élysée, en plein scandale Benalla (voir plus loin « L'homme par qui le scandale arrive »).

Ludovic, Paul et les autres

À ce duo de tête, qui se détache, s'ajoutent des silhouettes issues de la Macronie plus ou moins effacées, tel Ludovic Chaker, un ancien de la direction des opérations d'En marche ! Lui aussi occupe un bureau au palais où il est chargé de mission auprès du chef d'état-major particulier du président de la République, sans que l'on sache au juste et exactement quelles sont ses prérogatives. Son nom n'apparaît pas dans l'organigramme officiel de l'Élysée, comme cela a été notamment par le passé le cas de Victor Chapot, chargé des affaires sensibles du temps de Giscard d'Estaing. Chaker semble avoir développé un tropisme asiatique : il parle le chinois, a fait Langues O' et pratique les arts martiaux. En 2007, âgé de 28 ans, il est chargé au consulat général de France à Shanghai de la coopération universitaire. En France, il travaille dans la communication et le consulting. Il passe aussi pour un spécialiste de la sécurité privée, doté d'un savoir-faire dans le renseignement : certains assurent qu'il serait un agent secret !

Au nombre encore de ces happy few aux contours incertains, Paul Soler, qualifié de « spécialiste » de la Libye depuis qu'il a séjourné à Benghazi en 2011 dans un bunker aux côtés de rebelles opposés aux troupes de Kadhafi. À son sujet, on use abondamment du conditionnel comme si son histoire relevait du secret ou qu'elle avait tendance ici et là à être édulcorée, enjolivée, selon la technique bien rodée du story-telling. Ce militaire de carrière aurait travaillé au COS, le Commandement des opérations spéciales (les forces spéciales françaises), et appartiendrait au 13e régiment de dragons parachutistes. Il conseillerait, dit-on, le président en matière de terrorisme djihadiste et traiterait à l'Élysée – là encore sans la moindre précision – les dossiers diplomatiques sensibles. La Libye serait devenue son domaine réservé, au grand dam du Quai d'Orsay.

On oublierait presque que des hommes d'expérience, et qui ne sont pas issus de la génération spontanée du macronisme, président aux destinées des services de sécurité et de renseignements. Le nouveau monde ne puise pas ses « cadres supérieurs » dans l'appareil de campagne de La République en marche.

Le 8 juin 2017, Laurent Nuñez, futur secrétaire d'État à l'Intérieur, est nommé à la tête de la DGSI, le service antiterroriste et de contre-espionnage. Ce n'est pas un véritable spécialiste du renseignement, mais l'homme connaît bien les rouages de l'administration. Bernard Émié, lui, a quitté l'ambassade de France en Algérie pour prendre la tête de la Direction générale de la sécurité extérieure (DGSE), les services de renseignement extérieurs, où il succède à Bernard Bajolet. Bernard Émié est un proche d'Alain Juppé et, en 1995, il a rejoint la cellule diplomatique présidentielle de Jacques Chirac, qui à la même époque consultait encore Jacques Foccart pour les affaires africaines délicates. Nicolas Sarkozy, en débarquant à l'Élysée, l'exile à Ankara comme ambassadeur car il n'a pas confiance dans ce fonctionnaire qu'il juge trop inféodé à la maison Chirac.

Enfin à la tête du Centre national du contre-terrorisme, un vieux briscard pourrait-on dire, Pierre de Bousquet de Florian qui, de 2002 à 2007, a dirigé la DST (Direction de la surveillance du territoire). Il était alors le poulain de Dominique de Villepin et sera à l'Élysée le conseiller technique de Jacques Chirac pendant quelques années. Depuis l'été 2016, il dirigeait Civipol, une société de conseil rattachée au ministère de l'Intérieur, chargée notamment d'exporter les savoir-faire français en matière de sécurité.

Voilà les hommes du renseignement qui comptent. Tout comme dans d'autres domaines, la « Macronie » occulte ceux qui font tourner l'État, ont de l'ancienneté et de la bouteille comme pour mieux créer l'illusion d'un « nouveau monde », l'existence d'une relève. Cet abus de confiance est probablement à la source du premier grand scandale de la Macronie, l'affaire dite Benalla, ce « jeunot » de 26 ans peut-être prématurément élevé dans la hiérarchie élyséenne.

Le 1er mai 2018, équipé comme un policier sans qu'il en soit un, on se souvient qu'il s'est mêlé place de la Contrescarpe à des combats de rue, a fait le coup de poing avec des manifestants, oubliant qu'il était le garde du corps d'Emmanuel Macron, le président. Pire, qu'il était filmé.

L'homme par qui le scandale arrive

Aucune présidence n'y a échappé. La vie d'un président n'est pas et n'a jamais été un long fleuve tranquille. De Gaulle a connu l'affaire Ben Barka et les barricades de Mai 68, Pompidou a subi une avalanche de scandales immobiliers et financiers, Valéry Giscard d'Estaing a coulé avec l'affaire des diamants, Mitterrand a vu sa double vie s'étaler et sa cellule élyséenne traînée devant les tribunaux, Chirac a fini par être condamné dans les affaires de la Ville de Paris qui ont miné ses deux présidences, et, tout comme François Hollande, Sarkozy a eu sa vie privée transformée en spectacle de télé-réalité.

Emmanuel Macron pouvait-il éviter d'être lui aussi victime de la malédiction ? Non bien sûr. À son tour, il s'englue, piégé dans une affaire qui l'éclabousse. Probablement qu'elle n'en aurait pas été une, c'est vrai, si elle n'avait pas impacté directement, et à son niveau le plus élevé, la présidence. Mais aussi si le fautif avait été d'emblée, clairement et rapidement, sanctionné et démis de ses fonctions. Mais l'affaire, disons-le franchement, se démarque des grandes dérives du passé.

À l'origine de ce que certains appellent un scandale d'État, Alexandre Benalla (né dans l'Eure, le 8 septembre 1991), adjoint au chef de cabinet de la présidence, que l'on présente comme le garde du corps du couple Macron et son protégé.

Formé à l'école d'Éric Plumer, dit « Jaurès », le patron du SO du PS, il rejoint à la fin 2012, comme expert en stratégie et influence, Velours International, une société fondée par deux anciens policiers de l'antigang. Puis il s'installe à Munich où il travaille pour l'Office européen des brevets (OEB), où il sert de garde du corps à son patron, Benoît Battistelli. Dès lors, Benalla s'illustre davantage dans le registre gros bras que tête pensante. Il rallie l'équipe d'En marche ! Chargé de la sécurité, il sera pendant la campagne le garde du corps attitré du candidat Macron.

Il papillonne et veille un peu à tout, comme au nombre de caméras vidéo dont le siège du mouvement a besoin et qu'il faut acheter ; il réclame du matériel et des armes. Tout cela ressort des nombreux mails échangés à l'époque en interne et révélés par les « Macronleaks[1] ». Alexandre Benalla acquiert ainsi ses lettres de noblesse. Et, la victoire venue, ayant fait ses preuves, il inspire suffisamment confiance pour être dignement récompensé. Directeur de cabinet d'Emmanuel Macron, Patrick Strzoda lui fait une place au palais.

Alexandre Benalla s'installe à la chefferie de cabinet, située au premier étage, officiellement avec le titre de « chargé de mission auprès du chef de cabinet du président de la République ». Pas de passe-droit. La Direction générale de la sécurité inté-

1. Mails internes de La République en marche consultables sur le site Wikileaks.org.

rieure (DGSI) le soumet à l'enquête d'usage, celle qui l'habilite au secret-défense, lui permettant de prendre connaissance des plans de l'Élysée ou encore de lire des notes de service confidentielles.

La mission qu'on lui confie est la même que celle qu'il a remplie durant la campagne : s'occuper des affaires privées du président. Emmanuel Macron, comme tous ses prédécesseurs sans exception, veut rester un homme comme un autre. Il tient à conserver une vie en dehors du palais. Se rendre au théâtre, aller au restaurant ou prendre des vacances. Partout où il va, Benalla ne quitte pas le couple présidentiel, toujours en duo avec le Groupement de sécurité de la présidence de la République (GSPR) et le service privé du président. Jamais seul. Chouchouté, on lui promet un appartement quai Branly, 80 mètres carrés en cours de rénovation, qu'il n'aura pas le temps d'occuper. Alexandre Benalla trébuche avant même que les travaux ne soient achevés.

« Ma nomination à ce poste, ça a fait chier beaucoup de gens. Parce qu'un gamin de 25 ans (*sic*), qui n'a pas fait l'ENA, qui n'est pas sous-préfet – parce que je suis le seul à ne pas l'être dans l'équipe, je suis l'extraterrestre de la bande », confesse-t-il au *Monde* avec un brin d'amertume au moment de sa chute[1].

Faut-il voir dans l'affaire, comme il le suggère à demi-mot, un coup bas, une chiennerie ? Le « blanc-bec » était associé au projet de création d'une Direction de la sécurité de la présidence de la République (DSPR), ce qui faisait grincer bien des dents place Beauvau. Mais quand on joue les premiers rôles, il y a des coups à prendre. C'est ainsi. D'autant que la sécurité présidentielle est devenue, depuis François Mitterrand, un enjeu pour les services, faisant l'objet d'une compétition sans merci,

1. *Le Monde* du 26 juillet 2018.

d'une guerre d'influence féroce entre la police et la gendarmerie, susceptible de s'envenimer au moindre dérapage.

Alexandre Benalla était-il l'homme de la situation, avait-il les épaules assez larges ou a-t-on préjugé de ses capacités ? Était-il plus simplement un maillon faible qui a prêté le flanc aux attaques ? L'« affaire » a pris immédiatement les proportions d'une crise politique et d'une affaire d'État qui s'emballe furieusement dans les médias. Le jeune garde du corps est écarté et mis en examen, notamment pour usurpation de fonction. Inconnu il y a peu, du jour au lendemain il sature l'espace médiatique, de quoi lui faire tourner la tête au risque de la perdre.

Pour mieux affronter la tempête, surfer sur ces vagues qui peuvent l'engloutir à tout instant, Alexandre Benalla reçoit l'aide d'experts en gestion de crise qui surgissent soudain autour de lui.

L'affaire Benalla déstabilise l'Élysée

Le plus voyant de ces experts est Marc Francelet, ancien journaliste passé aux relations publiques, et qui s'est illustré autrefois dans quelques dossiers judiciaires comme l'affaire Elf ou celle dite « Pétrole contre nourriture », où il est épinglé pour son travail de « lobbyiste en matière économique » comme il se décrit lui-même devant les enquêteurs. Rémunéré en barils de pétrole, il mettra son réseau d'amitié et son influence au service de Saddam Hussein, menant campagne contre l'embargo auquel l'Irak est alors soumis[1]. C'est à son domicile que Benalla accorde sa première interview, celle qu'il donne au quotidien *Le Monde* le 25 juillet[2]. Il livre sa version des faits, sa vérité.

1. Réquisitoire définitif, 20 octobre 2010, p. 87 et suivantes.
2. Paru le 26 juillet 2018.

Alors que l'entretien a pris fin et que Benalla pose devant l'objectif d'un photographe, se faufile la silhouette de Michèle Marchand, cette figure de la presse people très proche du couple Macron et qu'on avait soupçonnée d'avoir joué un rôle dans l'affaire de la rue du Cirque. Agit-elle cette fois avec Francelet à la demande de l'Élysée ? La chose n'a pas été éclaircie, mais plus d'un en est convaincu.

Alexandre Benalla avait sans doute besoin d'être épaulé car la tempête fait rage. Des experts, des gens pour ainsi dire rodés aux scandales et au fumet des affaires, sont les bienvenus car les dérapages du garde du corps ont pris de l'ampleur. Ses liens avec l'Élysée ont suscité la création de deux commissions d'enquête parlementaires, dont celle, pugnace, du Sénat que préside Philippe Bas, un fin connaisseur du fonctionnement de l'Élysée, et pour cause : il y a passé de nombreuses années. Il l'a rejoint au moment de la cohabitation Chirac-Jospin et y est resté huit années.

De 2002 à 2005, en pleine guerre fratricide entre chiraquiens et sarkozystes, Philippe Bas est le secrétaire général de la présidence. Heureusement qu'aucune commission d'enquête n'a cherché à l'époque à savoir si, dans l'affaire Clearstream, l'Élysée était ou non impliqué dans la forgerie anti-Sarkozy, la création des comptes bidon attribués à son père et à quelques-uns de ses amis et proches comme Brice Hortefeux.

« Il y a des principes dans la République, je passe mes journées à les rappeler », déclarait le 9 août 2018 au *Monde* le sénateur après avoir soutenu lors de la campagne présidentielle de 2017, et jusqu'au bout, François Fillon, en dépit des affaires qui l'accablaient. La paille et la poutre.

Si, de bonne guerre, l'affaire est exploitée politiquement, une question se pose quant à son origine, sur les circonstances de la révélation du dérapage du 1er mai qui ne peut être le fruit d'un simple hasard.

L'affaire Benalla aurait-elle été « initiée » pour des raisons obscures et inavouables ? Il existe sur ce point une théorie : la remise des vidéos au journal *Le Monde* aurait une origine policière et aurait visé indirectement Christian Prouteau, désormais bien introduit à l'Élysée et proche du jeune Benalla.

Christian Prouteau à la source de l'affaire ?

Durant mon enquête, des noms de hauts fonctionnaires de police, prétendus auteurs de la fuite, me sont jetés en pâture. La cabale émanerait des plus hauts cercles de l'Intérieur, dont celui du Service de protection des hautes personnalités mais aussi de l'Inspection générale de la Police nationale, celle-là même qui, depuis le 1er mai, enquête sur l'affaire de la Contrescarpe. Christian Prouteau me confie de son côté : « Les gens qui ont sorti cette information sont d'un niveau important ».

A-t-on monté cette histoire pour faire trébucher Christian Prouteau, de nouveau en cour à l'Élysée ? Sa présence dans la coulisse et ses liens avec le jeune et novice Benalla en inquiétaient plus d'un, d'autant qu'il bénéficie du soutien de Patrick Strzoda, le directeur de cabinet de Macron. Ce dernier a reçu Prouteau dans son bureau avec le général Bio-Farina, le commandant militaire de l'Élysée, et Alexandre Benalla. D'autres visites à l'Élysée auront lieu qui n'avaient rien d'amical ou de protocolaire. Prouteau porte toujours le même projet de réforme. Il prône son système 100 % gendarme, celui qu'il avait vendu à François Mitterrand, puis proposé à François Hollande peu après son élection, lors d'un café pris en fin de repas avec Manuel Valls. Mais celui qui va devenir ministre de l'Intérieur aura le dernier mot. Hollande, qui ne veut pas se mettre à dos les policiers, a coupé la poire en deux. Policiers et gendarmes seront associés fifty-fifty, afin de ne fâcher personne.

Une hérésie pour Prouteau. « Ce sont deux forces formées de façon différente à la sécurité », martèle-t-il depuis des lustres. On ne marie pas l'eau et l'huile, le lapin et la carpe. Pour l'ex-chef du GIGN, François Hollande n'avait « aucun schéma tactique » en tête et n'a nommé une femme[1] à la tête du service de protection que « pour faire un coup »[2].

Le « nouveau monde » lui a paru plus ouvert, du moins plus réceptif. Le jeune Benalla, associé à la réforme de la sécurité de l'Élysée, semble lui aussi mieux disposé à son égard. Il écoute les bons conseils du préfet Prouteau, qui plaide également pour la création d'un service de renseignements (le quatrième cercle, on s'en souvient) qui serait propre à l'Élysée et opérerait dans le cadre de la protection présidentielle qui, d'après lui, ne peut être efficace sans renseignements. Or un service de ce type autonome à l'Élysée rappelle un passé critique. Mais pas de quoi cependant décourager Alexandre Benalla, qui est visiblement séduit par cette idée.

Je découvre en effet qu'il a consulté bien au-delà des cadres supérieurs de la gendarmerie. De grosses pointures du renseignement, tel Bernard Squarcini, l'ont ainsi prévenu des risques de dérive. Mais Benalla paraît ne pas s'en inquiéter. De quelle nature aurait été ce service de renseignements et quels en auraient été les contours ? On l'ignore. Lorsque l'affaire éclate l'Élysée songe depuis quelque temps déjà à la mise en place d'une direction consacrée à la sécurité présidentielle autonome et placée sous l'autorité du chef de l'État. Le fondateur du GSPR, Christian Prouteau, épaulé et porté par le puissant réseau

1. La patronne du GSPR, la commissaire Sophie Hatt, durant les cinq années de la présidence Hollande écope d'un flot de critiques. Le véhicule présidentiel ne ferait l'objet d'aucun « déminage systématique », l'on emploierait des chauffeurs non entraînés à la « conduite rapide » ou bien encore les policiers seraient de piètres tireurs.

2. Entretien avec l'auteur.

que constituent les anciens et autres amis du GIGN, y était associé. Flotte alors un petit parfum de revanche sur l'ère Sarkozy, ce président qui « n'aimait pas les gendarmes », dit Prouteau, et les avait évacués du service de protection présidentielle en 2007.

Est-ce pour compromettre ce retour en force que la vidéo de la Contrescarpe est devenue publique ? Difficile de l'affirmer. L'hypothèse n'est pas à rejeter par principe, ne serait-ce que parce que l'affaire va provoquer un réel remue-ménage dans les sphères chargées de la sécurité à l'Élysée.

Bienvenue en Françafrique

Avec l'ex-superviseur de la cellule de l'Élysée, le vieux monde a refait surface. Long corps mince au visage émacié, la chevelure grisonnante mais pas plus, toujours vif à 70 ans passés, Christian Prouteau est toujours dans le coup. En bon camarade, lorsque Benalla trébuche, il active ses réseaux et lui vient en aide. Ce personnage devenu légendaire des services spéciaux de la défense ne lâche pas son jeune camarade ballotté en pleine tempête et en butte à la furia médiatique.

Bien sûr, l'un et l'autre n'ont pas le même parcours. Peut-être ont-ils au moins ce point en commun tout juste symbolique, le quai Branly, cette annexe de l'Élysée mise en vedette par la double vie de Mitterrand ? Si Benalla n'a pas eu le temps d'y habiter, Prouteau y a occupé jusqu'en mai 1995 un petit bureau dont il a été chassé par Alain Juppé, devenu Premier ministre, qui l'accusait de faire du renseignement au bénéfice de François Mitterrand.

Au cours de l'été 2018, Christian Prouteau improvise autour de Benalla une chaîne d'amitié. L'ex-chef de la cellule élyséenne n'est pas étranger à l'« exfiltration » momentanée d'Alexandre Benalla vers le Maroc, cette terre d'asile pour les barbouzes françaises et poste avancé de la Françafrique, où les talents de Christian Prouteau ont été souvent appréciés.

Dès lors commencent les pérégrinations de Benalla dont *Le Monde* donne un aperçu[1] qui laisse songeur car elles exhalent un parfum vintage. Elles nous projettent dans le passé, au cœur d'une galaxie peuplée de chevaux de retour, d'indécrottables et interlopes personnages qui ont fait il y a quelques années les unes de la presse, souvent sur fond de canailleries pasquaïennes.

L'ex-gros bras du PS, garde du corps du président, désormais au cœur du premier grand scandale de la Macronie, a fait du chemin. Il ne sera pas le premier, après un passage – le sien a été plutôt bref – à l'Élysée, à profiter de ce tremplin qu'offre un séjour dans l'intimité du chef de l'État, c'est-à-dire au sommet de l'État et immergé dans les secrets.

Créée jadis par le général de Gaulle et son fidèle Jacques Foccart, la Françafrique est pour les hommes de l'ombre la promesse d'une seconde vie. Elle unit un petit monde où, en dépit des concurrences et de féroces luttes d'influence, l'on se serre les coudes comme si, au-delà du réseau, existait une sorte de fraternité, une entraide de principe.

Alexandre Benalla débarque en jet privé à l'aéroport de Marrakech. Il s'engouffre dans une voiture de luxe qui l'achemine jusqu'à la palmeraie du Cheval d'Or, située non loin du palais du roi Mohammed VI. Cette oasis avec tennis, piscines, salles de prière, appartements grand luxe, mais un peu clinquants, et une domesticité pléthorique est un étourdissement pour les yeux. Benalla va s'y ressourcer et se reposer quelques jours.

L'homme qui l'accueille, Vincent Miclet, est un ami de Christian Prouteau. Fils de coopérants français, né au Tchad, il fait aujourd'hui des affaires au Bénin et possède en conséquence un passeport diplomatique béninois. Cet homme fortuné

1. *Le Monde* du 17 novembre 2018.

pèse 500 millions d'euros, et vit sur un grand pied : château en Dordogne, avec bowling et discothèque privée, et Global Express, un jet privé parmi les plus luxueux. Il possède aussi un appartement dans le 16e arrondissement de Paris où son voisin et ami n'est autre que Marc Francelet, celui-là même qui a joué les *public relations* pour Benalla et organisé chez lui un entretien avec deux journalistes du *Monde*.

Vincent Miclet s'est initié au business du pétrole aux côtés de quelques célébrités telles qu'André Tarallo – au cœur de l'affaire ELF et vieil ami de Jacques Chirac – ou Denis Sassou-Nguesso, le président congolais, ou encore du clan Feliciaggi, des « Corso-Africains » proches de Charles Pasqua. Puis, dans les années 1990, Miclet fait fortune en Angola en important des denrées alimentaires et des uniformes militaires. À cette époque, il se lie durablement à l'ancien patron de la cellule élyséenne Christian Prouteau, venu monnayer son savoir-faire auprès du président congolais. Il se liera aussi avec Bruno Joubert, le « Monsieur Afrique » de Nicolas Sarkozy. Miclet est alors au zénith de sa gloire. Mais le vent tourne quand ses amis et protecteurs angolais tombent en disgrâce, impliqués dans des affaires de détournement de fonds. Il quitte alors l'Angola et débarque en 2012 à Libreville, au Gabon, où son ami Christian Prouteau l'introduit dans les cénacles du renseignement gabonais.

Les tribulations africaines de Benalla n'en sont qu'à leur début. Après Miclet et son éblouissante palmeraie, Benalla rencontre Philippe Hababou Solomon, qui le prend sous son aile. Il l'a fait approcher par l'un de ses amis, branché dans le foot-business et dont Benalla a été par le passé le garde du corps. Solomon et l'ex-garde du corps du couple Macron se découvrent à Paris à l'automne 2018. Le courant passe. Ils sympathisent. Solomon lui prête un appartement à Londres, où – chaîne de coïncidences qui n'en seraient peut-être pas – Benalla se lie d'amitié avec Germain Djouhri, le fils d'Alexandre, cet autre initié des affaires africaines.

Présenté comme un spécialiste de la « diplomatie privée » au service du Qatar et de la présidence sud-africaine, l'entreprenant Philippe Hababou Solomon a un CV pour le moins contrasté. Il a dans le passé collectionné les ennuis judiciaires, transitant sans s'y attarder, en France et aux États-Unis, par la case prison.

« Business is usual »

Ce joaillier de formation ayant pignon sur rue place Vendôme a dû fermer boutique en 1991 pour cause de faillite. Philippe Hababou Solomon migre alors aux États-Unis, tandis que son ami l'avocat Thierry Herzog – le futur défenseur de Nicolas Sarkozy – s'efforce à Paris de régler ses problèmes. Aux États-Unis, Solomon a financé la campagne d'un sénateur démocrate, Robert Torricelli, un proche de Clinton auquel il voulait avoir ainsi accès – ce qui était illégal, Solomon l'a reconnu. On lui tape encore sur les doigts. Cet homme au caractère aventureux s'exile ensuite un temps en Israël avant de croiser la route de quelques notoriétés des affaires des années 1990, comme le capitaine Barril, Bernard Tapie, Arcadi Gaydamak, ou encore le député-maire de Levallois, Patrick Balkany.

À ses côtés, en décembre 2018, Alexandre Benalla qui amorce sa reconversion débarque au Tchad. Cette visite révélée par *La Lettre du continent*[1] soulève l'indignation des adversaires de Macron, mais pas seulement. Le séjour de l'ex-garde du corps à l'hôtel Hilton, accompagné d'une demi-douzaine de personnes arrivées en jet privé, met en transe l'Élysée pris,

1. Datée du 12 décembre 2018.

semble-t-il, au dépourvu. On y traîne cette histoire mal gérée et exploitée contre la présidence comme un boulet.

Le Monde apporte des précisions sur le séjour de Benalla au Tchad et lâche le nom de Solomon : « À N'Djamena, le jeune homme de 27 ans a été reçu début décembre par le président Idriss Déby lui-même, et par son frère, Oumar, qui, comme patron de la direction générale de la réserve stratégique, a la haute main sur les commandes d'équipements militaires du Tchad.

« Venu de Yaoundé, la capitale du Cameroun, par avion privé, M. Benalla est ensuite reparti vers Istanbul, en Turquie. Les nuitées au Hilton, elles, ont été réglées par un discret homme d'affaires franco-israélien, spécialiste de la diplomatie privée en Afrique pour le compte de gouvernements : Philippe Hababou Solomon. »

Ajoutons que la délégation comprenait quatre Turcs et agissait pour le compte d'une société soudanaise de textile, Sur International, et la Barer Holding, un « joint-venture » entre le Qatar et la Turquie. Elle est venue négocier la vente d'uniformes pour les forces de sécurité camerounaises et tchadiennes, et discuter d'investissements du Qatar.

Mais Benalla n'est pas le seul collaborateur de l'Élysée à avoir attiré l'attention de Solomon. L'homme d'affaires a pris contact avec d'autres acteurs de la campagne, que Macron a cooptés à l'Élysée dans son brain-trust, tels Ludovic Chaker et Paul Soler. Ils avaient eux aussi été approchés par la femme d'affaires Pascale Jeannin-Perez qui, par humanité dira-t-elle, a hébergé l'épouse de Benalla la nuit du 18 juillet 2018, alors que *Le Monde* vient d'allumer la mèche. Avec son enfant, l'épouse de l'ex-garde du corps a quitté ce soir-là précipitamment son logement d'Issy-les-Moulineaux pour se réfugier avenue Foch, une des avenues les plus chics de la capitale, chez cette amie opérant au carrefour de divers réseaux d'influence russes et africains[1]. Elle-même a connu Benalla par l'entremise d'un de ses amis, proche d'Iskander Makhmudov, ce businessman russe avec lequel ont été en contact pour affaires Benalla et son ami et complice Vincent Crase, affecté à la réserve de l'Élysée et employé de La République en marche. Et lui aussi présent le 1er mai place de la Contrescarpe…

Décidément riche en rebondissements, l'affaire connaît un énième épisode qui met en scène un oligarque russe, soupçonné d'être lié à un groupe criminel moscovite qui, pour assurer la sécurité de ses biens et de sa famille résidant en France, fait appel à la société de sécurité de l'un des principaux protagonistes de l'« affaire Benalla », Vincent Crase. Pour cette mission, ce dernier aurait, le 28 juin 2018, empoché 294 000 euros[2]. À cette date, Crase est encore salarié de La République en marche (LREM) comme responsable adjoint « sûreté et sécurité » du mouvement. Crase travaille en effet lui aussi pour le commandement militaire de la présidence, mais comme réserviste. Ce qui fait jaser : on pourrait en effet subodorer quelques conflits d'intérêts.

Cette affaire qui à ce jour n'a pas livré tous ses secrets provoque à son tour la chute de la chef du groupe de sécurité du Premier ministre Édouard Philippe. Son compagnon, Chokri Wakrim, semble lui aussi impliqué dans la négociation du fameux contrat que l'oligarque russe a dénoncé dès que l'affaire Benalla a éclaté.

L'Élysée, en quelques mois, a perdu son aura vertueuse, c'est le vieux monde qui récidive.

1. *Le Monde* du 1er février 2019.

2. Voir le papier publié sur le site de Mediapart « L'homme de Moscou derrière Benalla », 15 mars 2019.

Le nouveau monde prend l'eau

Tout avait si bien commencé, la Macronie semblait sur un petit nuage. Et tout bascule le 1er mai 2018, véritable prologue de l'affaire Benalla que lance le 18 juillet *Le Monde,* suscitant immédiatement un emballement général. Le lendemain, le parquet ouvre une information. Le 20 juillet, une procédure de licenciement est engagée à l'encontre de Benalla. Tout va vite et, le 22 juillet, la justice procède à cinq mises en examen : celles de Benalla, de son ami Vincent Crase et de trois policiers. Peut-être pense-t-on que, en allant vite, l'abcès vidé, l'affaire se dégonflera aussi vite qu'elle est apparue. C'est une erreur de jugement et d'appréciation.

En quelques jours l'affaire Benalla tétanise la présidence. L'Élysée, pris de court, tergiverse. Il fait la sourde oreille, profil bas. Il se tait et esquive les questions, laissant ses partisans hagards et sans consignes. Soyons juste : pendant le temps de l'atermoiement, certains à l'Élysée sont eux sur la brèche et dans l'action. Ils agissent en secret car, pour l'heure, il n'est pas question de lâcher Benalla.

Le 18 juillet – le premier jour de l'affaire –, Benalla évacue le stress de la journée au café Le Damas, un bar à chicha de la rue du Colisée, près des Champs-Élysées et non loin du palais. Il n'est ni seul ni abandonné. Il reçoit des SMS dont ceux en particulier d'Ismaël Emelien, le stratège et chargé de la communication de crise à l'Élysée, où il agit en duo avec Sibeth Ndiaye, la directrice de la communication de l'Élysée à qui on doit cet aveu : « J'assume parfaitement de mentir pour protéger le président » qui jette un éclairage cru sur le « nouveau monde ».

Ce jour-là, Emelien envoie des textos à Benalla jusqu'à 2 h 28 du matin, et sans doute agit-il en service commandé.

Il intervient avec l'aval de l'Élysée en défense de Benalla. Ludovic Chaker lui aussi se manifeste. Grâce à lui, Benalla est devenu en décembre 2016 le responsable de la sécurité d'En marche ! À l'époque, Mimi Marchand avait poussé l'un de ses pions, proposant que cette tâche soit confiée à un ancien flic, Philippe Féval, descendant du grand feuilletoniste et qui passera quelque temps en prison.

Emelien à la stratégie, Chaker aux opérations et Benalla à la sécurité formaient un trio soudé par l'amitié. Dans l'épreuve, il ne s'est pas désuni. Et ce 18 juillet, Benalla est toujours et encore un des leurs.

Alors que l'Élysée patauge dans l'indécision, Emelien s'active. Il va faire circuler une vidéo qu'ont livrée à Benalla des policiers de la préfecture de police, images extraites d'une vidéosurveillance où on voit le couple molesté lancer sur les policiers des projectiles[1]. La vidéo est mise en ligne sur le compte twitter @FrenchPolitic d'un salarié de la LREM, responsable du pôle e-influence du mouvement. Elle ne sera visible que deux ou trois heures avant d'être retirée[2].

Le 24 juillet 2018, Emmanuel Macron rompt enfin le silence. Le voilà à 20 h 30 en première ligne dans les jardins parisiens de la maison de l'Amérique latine. Les parlementaires de LREM s'y sont donné rendez-vous pour un pot. Macron profite de l'aubaine. Il s'invite avec les poids lourds du gouvernement. Et, pour la première fois, il s'exprime sur l'affaire. Il dément le montant du salaire de Benalla ou encore la superficie de son appartement du quai Branly. Il fait aussi cette surprenante déclaration, une première dans l'histoire de la Ve, sidérante : Benalla n'a jamais été son amant ! dit-il

1. *Le Monde* du 2 février 2019.

2. Le couple a été condamné à 500 euros d'amende pour avoir jeté des projectiles sur la police.

répondant (ce que la plupart des gens ignorent) à un faux article qui circule sur les réseaux sociaux, prétendument écrit par le journal *Le Monde*. On y évoque une relation amoureuse entre lui et son garde du corps. Certes, en leur temps, d'autres présidents ont dû eux aussi faire face à des rumeurs abjectes – qu'on se rappelle Georges Pompidou et les photomontages, Nicolas Sarkozy et les infidélités dans son couple. Aujourd'hui, ces rumeurs sont plus perfides, tant les nouveaux circuits de l'information facilitent leur propagation. Fallait-il vraiment y répondre ?

À la maison de l'Amérique latine, Emmanuel Macron bat sa coulpe mais il le fait sans excès. Il reconnaît ses torts mais pondère leur gravité. « Celui qui a fait confiance à Alexandre Benalla, c'est moi. » Il parle au sujet de son garde du corps de « déception » et de « trahison ». « La République exemplaire n'empêche pas les erreurs », dit-il avant de lancer : « S'ils veulent un responsable, il est devant vous, qu'ils viennent le chercher. » Cette tartarinade n'empêchera pas l'affaire de prospérer.

Le 25 juillet la police saisit dans le bureau de Benalla à l'Élysée deux passeports, un sauf-conduit, une montre du GIGN[1]. On mettra plus tard, le 4 octobre 2018, la main sur son téléphone crypté Teorem[2], qui permet d'accéder à des informations classées confidentielles ou secret-défense, en s'apercevant que l'appareil manque à l'appel.

Ceux qui ont cru qu'ils pouvaient entraver le cours de l'affaire se sont trompés. La commission d'enquête du Sénat rencontre un vif succès. Ses auditions où défilent le gratin élyséen et les protagonistes du scandale sont le feuilleton de l'été 2018. Son rapport étrillera l'Élysée qui se cabre lors de sa

1. *Le Canard enchaîné* du 2 janvier 2019.
2. *Le Canard enchaîné* du 23 janvier 2019.

parution et dénonce l'ingérence des sénateurs et une manœuvre politique.

L'affaire laisse sur le carreau quelques victimes collatérales telles qu'Ismaël Emelien, qui quitte l'Élysée en mars 2019. Quelques semaines plus tôt, le 16 janvier, un commissaire de l'IGPN l'a entendu à propos de la diffusion des images de la vidéosurveillance[1]. Le « conseiller spécial » a reconnu avoir aidé Benalla tout en soulignant que c'était son rôle en tant que conseiller chargé de la communication de crise.

Si la chute du garde du corps n'a pas entraîné celle du président, l'affaire clôt la phase doucereuse du « macronisme ». Une page du quinquennat se tourne. Mais la présidence vacille pour de bon avec l'avènement du mouvement social dit des Gilets jaunes. Une jacquerie dirigée contre les élites, mâtinée au début de poujadisme et récupérée par les groupes politiques et syndicaux de gauche. Le mouvement s'inscrit dans la durée et la violence. Le temps où, avec son épouse, Emmanuel Macron s'évadait de l'Élysée pour un dîner ou une soirée au cinéma est révolu, le Président se terre comme jadis de Gaulle avait filé en douce à Baden-Baden alors que Paris s'insurgeait.

Le couple Macron ne sort plus sans bonne raison ni sous bonne escorte. À Amiens, sa ville d'origine, des Gilets jaunes conspuent les employés de la chocolaterie familiale et crachent sur ses vitrines. L'effigie du président est brûlée et lacérée dans les manifs. Gibets, cibles, cercueils décorent les abris des Gilets jaunes sur les ronds-points où ils se sont installés.

Le président fait pâle figure. Son visage chiffonné semble amaigri. « Il ne sort plus sans se maquiller tellement il est marqué. Il se maquille même les mains », écrit *Le Monde* en citant un député de La République en marche.

1. *Le Monde* du 8 mars 2019.

Un an plus tôt, *Le Point*[1] avait révélé qu'au cours des trois premiers mois qu'il avait passés à l'Élysée, Macron avait dépensé rien que pour son maquillage 26 000 euros. Son prédécesseur François Hollande, lui, ne se séparait jamais de sa maquilleuse, payée 6 000 euros net par mois sur les deniers publics.

1. Daté du 24 août 2017.

Un mot pour conclure

Que retenir de cette longue chevauchée dans les coulisses les plus opaques de l'histoire de la Ve République ? D'abord cette évidence : le monde et les hommes ont changé, qu'il s'agisse des chefs d'État qui se sont succédé de De Gaulle à Macron ou de leurs collaborateurs, de Foccart à Benalla.

Mais la « toute-puissance » reste le marqueur indélébile de la présidence. Elle n'a pas été affectée par la réduction du mandat présidentiel de sept à cinq ans. Hier comme aujourd'hui, ce superpouvoir suscite la même griserie et inspire un égal sentiment d'impunité. Le pouvoir élyséen demeure un monde à part, arc-bouté sur le refus de la transparence et du contrôle démocratique.

Exception faite du général de Gaulle, la vie privée des présidents a alimenté les dérèglements de toute nature, les abus de pouvoir, les dérives personnelles, autocratiques et arbitraires. Les moyens de l'État ont pu être ainsi en quelque sorte « privatisés », ce qui est inévitablement source d'injustice. Valéry Giscard d'Estaing et François Mitterrand ont incarné à son plus haut degré cette dérive, leur vie privée l'emportant sur l'intérêt général en détournant de leur usage et fonction des services officiels.

La concentration des flux d'informations des structures de renseignements au sein même du périmètre élyséen, concentration accrue sous le quinquennat de Nicolas Sarkozy, n'a fait qu'aggraver ce sentiment d'hyperpuissance donnant au chef de l'État des capacités d'influence illégitimes.

Enfin la « pipolisation » de la vie politique, la révolution des réseaux sociaux tout comme l'hyperexposition médiatique des présidents ni ne freinent ni ne constituent un contrepoids à cette toute-puissance, qui recourt désormais à des experts en gestion de crise, voire du *soft power* et de la guerre psychologique.

Reste que la présidence ne peut échapper aux ressources inaliénables de la démocratie, car elle a ses zones de fragilité et de faiblesse. De Ben Barka à Benalla, le monarque a dû se justifier.

Quant à l'« affaire Benalla », la justice dira sa vérité, ce qui n'est pas le but de cet ouvrage. Elle a fait trembler la présidence mais elle n'a pas ébranlé la République. Elle souligne toutefois que des réseaux à l'affût, hier comme aujourd'hui, prospèrent à l'ombre et en marge du pouvoir. Ce sont le plus souvent les héritiers directs des réseaux de la Françafrique, désormais plus tournés vers l'affairisme que vers la défense des intérêts stratégiques français.

Table

Du même auteur

Aux mains des Soviets
(avec José Abel)
BD, Les Humanoïdes associés, 1984

Conspiration de l'étoile blanche
(avec José Abel)
BD, Les Humanoïdes associés, 1989

Contrat sur un pasteur
Éd. Vaugirard/Presses de la Cité, 1992

Au cœur de la PJ : enquête sur la police scientifique
Flammarion, 1997

Affaire Hernu
(avec Patrick Hernu)
Ramsay, 1997

Les RG et le Parti communiste
Un combat sans merci dans la guerre froide
Plon, 2000

Histoire de l'extrême gauche trotskiste :
de 1919 à nos jours
Éditions n° 1, 2002

Génération Occident
Seuil, 2005

L'Obsession du complot
François Bourin éditeur, 2005

Nicolas Sarkozy :
enquête sur un homme de pouvoir
Presses de la Cité, 2006
édition revue et augmentée, 2007

Les Dessous de l'affaire Colonna
(avec Antoine Albertini)
Presses de la Cité, 2007

La CIA en France – 60 ans d'ingérence
dans les affaires françaises
Paris, Seuil, 2008

Bertrand Delanoë
Une irrésistible ambition
Presses de la Cité, 2008

Une histoire de fous
Le roman noir
de l'affaire Clearstream
Seuil, 2009

Histoire secrète du patronat de 1945 à nos jours
(sous la direction de Benoît Collombat et David Servenay)
La Découverte, 2009

L'économie c'est la guerre !
Les agents secrets au service du big business
Paris, Seuil, 2012

Les Valets de la guerre froide
Comment la République a recyclé les collabos
Paris, François Bourin, 2013

Les Officines
Paris, Seuil, 2013

L'Agent Jacques Duclos : histoire de l'appareil secret
du Parti communiste français, 1920-1975
Paris, Seuil, 2015

Arnaud Montebourg, l'homme girouette
La Découverte, 2016

60 ans de lutte antiterroriste
Tallandier, 2017

Les plastiqueurs
Une histoire secrète
de l'extrême-droite violente
La Découverte, 2018

RÉALISATION : NORD COMPO À VILLENEUVE-D'ASCQ
IMPRESSION : CPI FRANCE
DÉPÔT LÉGAL : SEPTEMBRE 2019. N° 142996-2 (155018)
Imprimé en France